유대인의 자녀교육 〈IQ는 아버지 EQ는 어머니 몫이다〉 총서 ③

― EQ의 원리를 알아야 IQ교육을 살릴 수 있다 ―

제3권: 제4부~제6부 제1장

IQ·EQ 박사 **현용수** 지음
2008년

성공 집단 유대인의 자녀교육 분석,
한국인과 유대인 자녀의 인성교육 비교,
현대 교육의 근본 문제와 그 해결 방안 제시

IQ·EQ 박사 현용수의 유대인의 자녀교육
《IQ는 아버지 EQ는 어머니 몫이다》 총서 ③ : 인성교육시리즈

현용수의 인성교육노하우 3

초판 1쇄(동아일보, 2008년 11월 3일)
초판 6쇄(동아일보, 2013년 12월 15일)
2판 1쇄(도서출판 쉐마, 2015년 8월 6일)

지은이   현용수
펴낸이   현용수
펴낸곳   도서출판 쉐마
등록   2004년 10월 27일
       제315-2006-000033호
주소   서울시 강서구 공항대로71길 54
       (염창동, 태진한솔아파트 상가동 3층)
전화   (02) 3662-6567
팩스   (02) 2659-6567
이메일   shemaiqeq@naver.com
홈페이지 http://www.shemaiqeq.com
총판   한국출판협동조합(일반) (070) 7116-1740
       소망사(기독교) (02) 392-4232

Copyright ⓒ 현용수(Yong Soo Hyun), 2008
본서에 실린 자료는 저자의 서면 허가 없이 복제를 금합니다.
Duplication of any forms can't be published without written permission.

ISBN 978-89-91663-68-8 04370
ISBN 978-89-91663-70-1 04370(세트)

값 22,000원

도서출판 쉐마 는 무너진 교육을 세우기 위한 대안으로
인성교육과 쉐마교육의 원리와 실제를 연구하여 보급합니다.

▲ 모성애(母性愛)를 상징하는 사랑·정서·눈물(Compassion, EQ)을 뜻하는 히브리어 어원은 여성의 '자궁'이다. '자궁'은 생명체를 사랑으로 키우는 곳이다. 따라서 자궁이 있는 모든 여성은 사랑·정서·눈물이 많다. 때문에 EQ는 어머니 몫이다.
사진은 아기를 품에 안은 유대인 어머니.

▲ 감성(EQ)을 높이는 또 다른 방법은 자연과의 접촉이다. 유대인 학교에서는 어린 학생들의 EQ를 높이기 위해 일주일에 세 번씩 흙을 만지며 농사를 짓거나 화초를 가꾸게 한다.
사진은 유대인 유치원 학생들이 화초를 가꾸는 모습.

▲ 감성(EQ)을 높이는 또 다른 방법은 불우한 이웃을 돕는 선행의 연습이다. 유대인은 어려서부터 고아, 과부, 나그네를 돕는 쩨다카 교육을 시킨다.
사진은 안식일 전 세 남매가 불우 이웃을 돕는 데 사용할 헌금을 쩨다카 상자에 넣고 있는 장면.

▲ 미국을 건국한 청교도들이 세운 '선조에게 드리는 국립 기념비'에는 미국 인성교육의 핵심 단어 5개가 새겨져 있다. 위에는 믿음, 하단 각 4면에 자유, 도덕, 율법 및 교육이란 키워드가 새겨져 있고, 각 키워드 밑에는 2개의 보조 지침들이 새겨져 있다.
사진은 '교육'이란 키워드 양면에 '청소년'과 '지혜'가 새겨진 기념비. 왼쪽 동상에는 '율법', 오른쪽 동상에는 '자유'가 새겨져 있다.

▲ 정통파 유대인 자녀들은 매일 1시간씩 기도로 학교생활을 시작한다. 그리고 오전 내내 종교교육만 하고 세상 학문은 오후 시간에 공부한다. 그래도 그들은 일류학교에 진학해서 두각을 나타내고 있다.
사진은 정통파 유대인 중·고등학교인 예시바 학교의 아침기도회 장면. 모두 기도복을 입고 이마와 팔에 경문을 붙이고 있다.

▲ 아침기도회가 끝나면 각자 쉬는 시간에 그날의 성경 말씀과 탈무드를 공부한다. 그들은 시간이 아깝다.

▲ 유대인은 어려서부터 교육의 내용으로 하나님 공경과 부모 공경을 가르치지만 이를 표현하는 교육의 방법으로 예절교육도 철저히 한다. 사진은 저자가 유대인 유치원 학생들의 공부방에 들어서자 모두 일어나 예를 갖추고 있다.

◀ 고홍주 박사(전 클린턴 행정부에서 국무부 인권담당 차관보, 예일대 법대 학장, 2004년)는 인성교육과 IQ교육을 함께 받아 성공한 대표적 모델이다. 그는 부모로부터 철저한 한국의 신언서판 교육과 기독교교육을 받은 기초 위에 IQ교육을 받아 존경받는 한국계 미국인이 되었다. 그는 한국인 기독교인으로 자라 손님을 만날 때는 항상 정장을 한다.

▲ 전 세계에 흩어진 정통파 유대인들은 시간과 공간을 초월하여 수천 년간 세속 문화에 물들거나 타협하지 않고, 자신들의 성경 가치관을 자자손손 전수하는 데 성공했다.
사진은 정통파 유대인 할아버지, 아버지, 아들의 3대가 신년 절기 마지막 저녁에 회당에 모여 기도하고 있는 모습.

▲ 하나님을 진정으로 사랑한다면 하나님에 대한 예를 갖추어야 한다. 마찬가지로 부모님을 진정으로 사랑하면 부모님에 대한 예를 갖추어야 한다. 사진은 정통파 유대인 중·고등학생들이 오후 수업 전에 정장에 중절모를 쓰고 하나님에 대한 예를 갖추고 경건하게 기도회를 하는 모습.

◀ 인성교육에는 내용과 형식이 필요하다. 유대인은 이를 철저히 구분하여 체계적으로 가르친다. 따라서 좋은 인성을 키우기 위해 절기교육은 필수다.
사진은 정통파 유대인 소년이 초막절 식사 전 초막 밖에서 손을 씻는 예식을 하고 있다.

Modeling Orthodox Jews

The Essence and Principles of Character Development III

(Make a Success of Your IQ by Applying the Principles of EQ)

Vol. Three
Parts 4 ~ Part 6 Chapter 1

By
Dr. Yong Soo Hyun (Ph. D.)

**Presenting
Modern Educational Problems
and Their Solution**
2008 Edition

Shema Books
Seoul, Korea

차례

개정판 서문 인성교육 노하우 수정 증보판을 내며 · 10

저자 서문 인성교육 노하우 시리즈를 펴내면서
  – 무너진 교육을 세우는 혁명적 대안을 찾아서
- 잘못 가는 현대 교육: 왜 인성교육 없는 IQ교육은 독소인가 · 12
- 왜 수직문화는 인성교육의 본질과 원리인가 · 15
- 예수님 믿기 이전: 왜 인성교육은 Pre-Evangelism인가 · 16
- 왜 인성교육론이 'Know-Why'라면, 유대인 쉐마교육은 'Know-How' 인가 · 21

추천의 말
- 이영덕(전 국무총리) · 26
- 김의환(전 총신대학교 총장) · 29
- 고용수(전 장로회신학대학교 총장) · 32
- 〈L.A. 타임스〉 현용수 교수 특집 보도 · 35
- 마빈 하이어(로스앤젤레스 예시바 대학교 학장) · 36

제4부 인성교육과 EQ(감성지수): IQ보다 EQ가 더 중요하다

제1장 EQ(감성지수)란 무엇인가

I. IQ와 EQ의 차이 · 43

II. 지·정·의(知情意)에서 EQ의 위치 · 50

  1. 지·정·의(知情意)의 균형이 왜 필요한가 · 50

2. 유대인의 4차원 영재교육 노하우 · 54
　　3. 수직문화와 지·정·의(知情意) 교육의 관계 · 58

Ⅲ. IQ와 EQ로 본 4가지 교육 모델 · 62
　　1. IQ 위주의 교육(IQ 모델) · 62
　　2. 먼저 IQ, 후에 EQ교육(IQ · EQ 모델) · 62
　　3. EQ 위주의 교육(EQ 모델) · 64
　　4. 먼저 EQ, 후에 IQ교육(EQ · IQ 모델) · 65

Ⅳ. 유대인의 EQ교육은 성경교육 · 67

제2장 EQ의 양을 늘리는 4가지 방법

Ⅰ. EQ는 어머니 몫이다 · 74
　　1. 자녀를 임신 중일 때 어머니의 역할 · 74
　　2. 자녀를 낳은 뒤 어머니의 역할 · 77

Ⅱ. 신앙교육 · 78
　　1. 성경과 신앙교육 · 78
　　2. 성령을 받아라 · 80

Ⅲ. 자연(Motherland)과 친해져라 · 82
　　1. 자연 속에 하나님의 사랑이 있다 · 82
　　2. EQ적 측면에서 본 동물학대 금지 이유 · 84
　　　A. 유대인은 동물에게까지도 친절을 베푼다 · 84
　　　B. 동물의 고통보다 나의 인성이 망가진다 · 86

Ⅳ. 약자, 가난한 자, 병자를 도와라(쩨다카 교육, 사회 구제) · 90

제3장 한국인 EQ의 장단점 분석

Ⅰ. 미성숙한 EQ의 문제 · 95
  1. EQ의 양(量)과 질(質) · 95
  2. 한국에서 잘못 알고 있는 EQ 개념 · 99
  3. EQ의 양과 질에 따른 4가지 EQ 모델 · 101
    A. 4가지 EQ 모델 · 101
    B. EQ(감성지수) 측정 도구 · 104

Ⅱ. IQ 위주 교육의 문제점 · 107

제4장 결론 · 112

제5부 온전한 인간교육의 순서

제1장 왜 인성교육에 종교교육이 필요한가

Ⅰ. 현대 교육은 도덕 발달에 도움을 주는가 · 119

Ⅱ. 2종류의 학문: 세상 학문과 사상 학문(지식과 지혜의 차이) · 121
  1. 종교는 사상의 어머니다 · 121
    A. 종교교육은 선악(善惡)의 분별력을 키운다 · 121
    B. 범죄(crime)와 죄(sin)의 차이점 · 126
  2. 미국 교육의 예 · 127
  3. 유대인 교육의 예 · 131

Ⅲ. 인성교육 측면에서 본 한국과 미국의 교육이념 · 140

1. 한국의 핵심 인성교육 내용 · 141
2. 미국의 핵심 인성교육 내용 · 145
3. 한국과 미국의 인성교육 내용 비교 · 153
4. 선교사가 한국에 전한 북미주의 기독교 인성 · 157
   A. 당신 가문에 감사를 드립니다 · 157
      1) 윌리엄 제임스 홀 선교사 · 158
      2) 부인 로제타 홀 선교사 · 161
      3) 아들 닥터 셔우드 홀과 그 부인 닥터 메리안 홀 선교사 · 163
   B. 한국에서 자선활동에 앞장선 기독교 · 165

제2장 인성의 기본은 사상: 인간은 빵만으로 살 수 없다

Ⅰ. 한국 교육, 무엇이 잘못됐나 · 171

1. 사상은 배운 사람의 전유물이 아니다 · 171
2. 사상 없는 현대 교육은 부패한다 · 174
3. 한국인의 고유사상이 없어진 역사적 배경: 군사문화 30년 · 181
4. 왜 한국의 대학생들이 좌경화되고 있는가 · 185

Ⅱ. 유대인의 인성교육 내용은 신본주의 사상 · 191

1. 유대인의 리더십, 무엇이 다른가 · 191
2. 유대인의 가장 큰 재산은 유대주의 사상이다 · 196

Ⅲ. 왜 공산주의는 망했고 그 후 타락하고 있는가 · 202

제3장 결론: 한국인의 바람직한 자녀교육 · 204

제6부 인성교육과 예절교육: 동양과 유대인 인성교육의 내용과 형식

제1장 인성교육에 예절이 필요한 이유: 인성교육에는 내용과 형식이 있다

Ⅰ. 인(仁)과 예(禮), 사랑과 율법 · 213
  1. 예는 인격(인성)을 담는 그릇이다 · 213
  2. 예(율법)는 자기의 유익보다 남의 유익을 구하는 것이다 · 220
  3. 속리산(俗離山)과 법주사(法住寺) vs. 시내산과 율법 · 224

Ⅱ. 교육의 내용과 형식: 믿음과 율법의 행함 · 227
  1. 반석(믿음) 위에 어떤 집을 지어야 하는가 · 227
  2. 한국 교회 최대과제 '신앙과 삶의 불일치' · 235
  3. 유대교와 바울, 천주교와 개신교(칼빈) · 238
    A. 유대교의 교육 내용과 형식 · 239
    B. 천주교와 개신교의 교육 내용과 형식 · 242
    C. 구약도 율법주의를 책망했다 · 244
    D. 결론: 대안 제시 · 246
  4. 신약교회도 '내면화(interiorized)'와 '제도화(institutionalized)'가 필요하다 · 253
  5. 대안: 한국 기독교교육에도 한국인 기독교인에 맞는 율법과 전통을 만들어야 한다 · 258
    A. 전통이 형성되는 과정 · 258
    B. 서양 것 모방은 그만하고 한국 것 개발해야 · 259

III. 동양인 예절의 근거: 삼강오륜(三綱五倫)과 신언서판(身言書判) · 263

1. 삼강오륜(三綱五倫): 인간관계의 기본 도리 · 263
    - A. 삼강오륜의 기본 뜻 · 263
        1) 삼강(三綱) · 264
        2) 오륜(五倫) · 264
    - B. 성경에도 삼강오륜(三綱五倫)이 있다 · 267
        1) 성경의 삼강(三綱) · 267
        2) 성경의 오륜(五倫) · 268

2. 신언서판(身言書判): 지도자의 기본 덕목 · 274
    - A. 지도자가 갖추어야 할 4가지 덕목: 신언서판 · 274
        1) 신언서판의 내용 · 274
        2) 신언서판의 비유: 씨줄과 날줄 · 277
    - B. 신언서판에 기(技, Technics)를 더하라 · 281

3. 신언서판과 기독교인과의 관계 · 283
    - A. 왜 한국인 기독교인에게 신언서판 교육이 필요한가 · 283
    - B. 신언서판과 한국인 기독교인과의 관계 · 294
        1) 양반이 예수님을 믿으면 양반 교인, 상놈이 예수님을 믿으면 상놈 교인이 된다 · 294
        2) 인성교육학적 측면에서 본 고린도 교회와 데살로니가 교회의 차이 · 301
    - C. 부모가 자녀를 제자 삼는 3단계 · 311
    - D. 왜 자녀가 말을 안 듣나: 잡견(雜犬) 이야기 · 313

부록 1 쉐마교육 체험기 및 실천기 · 320
부록 2 국악 찬양 · 345
참고자료 · 347

현용수의 인성교육 노하우 1권의 내용

제1부 서론

제1장 인성교육이란 무엇인가?
제2장 한국 자녀교육의 문제점과 유대인식 자녀교육의 필요성
제3장 유대인은 누구인가
제4장 유대인의 선민교육

제2부 인성교육의 본질과 원리: 수직문화와 수평문화

제1장 인성교육과 세대차이: 세대차이는 교육의 적이다
제2장 인성교육의 본질과 원리: 수직문화와 수평문화

현용수의 인성교육 노하우 2권의 내용

제2부 인성교육의 본질과 원리: 수직문화와 수평문화

제3장 대안 제시: 유대인이 수평문화를 차단하고 수직문화를 입력하는 방법
제4장 심리학적 측면에서 본 수직문화와 수평문화
제5장 수평문화를 이루는 4대 요소
제6장 한국인은 왜 세대차이가 많이 나는가

제3부 인성을 해치는 현대 교육: 현대 교육과 유대인 자녀교육의 차이점

제1장 현대 교육과 유대인 자녀교육 무엇이 다른가
 - 인성교육 측면
제2장 인성교육과 공교육: 무너진 한국 공교육의 원인 분석과 대안 제시

현용수의 인성교육 노하우 4권의 내용

제6부 인성교육과 예절교육
동양과 유대인 인성교육의 내용과 형식
제2장 추상적 언어와 구체적 언어의 차이
제3장 전인교육적 측면에서 본 바울 연구

제7부 한국인의 세계관: 다문화 속의 인성교육
(해외동포의 바른 자녀교육법)
제1장 문제 제기: 지구촌에서 더불어 살아야 하는 한국인
제2장 다문화 속의 인성교육:
　　　한국인의 세계화 원리와 다문화권에서 동화의 원리
제3장 코리안 디아스포라 2세의 인성교육
제4장 한국인 기독교인은 예수님을 안 믿는 동족보다
　　　예수님을 믿는 타인종을 더 사랑해야 하는가
제5장 대한민국 국민의 민족관과 국가관 그리고 세계화
제6장 결론

제8부 4권의 인성교육을 마치며

개정판 서문

인성교육 노하우
수정 증보판을 내며

부족한 종이 '인성교육'이란 학문의 영역을 개척한다는 것은 꿈에도 생각하지 못했다. 그러나 하나님께서 주신 지혜로 박사학위 논문에서 '인성교육의 본질'에 관한 수직문화와 수평문화를 개발한 것이 그 단초가 되었다. 박사학위 논문은 이미 《문화와 종교교육》이라는 책으로 나왔다.

이 연구 결과를 바탕으로 계속 인성교육을 연구하게 되었다. 처음 1996년 《IQ는 아버지 EQ는 어머니 몫이다》(전2권)(국민일보)라는 책 1~2부에 발표했을 때 독자들의 폭발적인 관심에 놀랐다. 당시 1년에 17쇄를 찍을 정도였다. 그 뒤 1999년 조선일보에서 3권으로 수정·증보한 책이 나왔다. 다시 2005년에 대폭 수정·증보하여 《유대인의 인성교육 노하우》(쉐마)라는 제목으로 3권 분량의 책이 나오게 되었다.

'인성교육'이라는 제목으로 책이 나오자 더 많은 분들이 관심을 갖기 시작했다. 주로 교육계나 학계 및 목회자들이었다. 이때 한국이 얼마나 '인성교육'이라는 교육의 원리 그리고 인성교육의 내용과 방법에 목말라했는지 알게 되었다. 인성교육을 강조하지만 인성교육에 대한 학문적 논리가 빈곤했던 까닭이다.

저자는 이에 더욱 힘을 입어 각 학계의 질문들을 수집하고, 조언을 받아들여 이번에 드디어 다시 미진한 부분들을 대폭 수정·증보한 4권의 《현용수의 인성교육 노하우》를 집대성하게 되었다. 《문화와 종교교육》까지 합치면 총 5권이 된다.

부족한 종이 '인성교육'이란 새로운 학문적 영역을 개발하게 된 것은 결코 남보다 탁월해서가 아니라 온전히 하나님의 은혜로 된 것이다. 독자 여러분에게 도움이 된다면 온전히 살아계신 하나님 아버지에게 감사와 찬송과 영광을 돌린다.

또 늘 부족한 남편을 위해 쉼없이 기도하는 아내 현(황)복희와 승진, 재진, 상진, 호진 4형제에게도 감사한다. 아울러 이번에 특별히 이 책을 정성스럽게 일일이 읽고 조언과 함께 편집을 해 준 동아일보사 출판팀 여러분들께 감사를 드린다.

2008년 8월 18일 쉐마교육연구원에서
현용수

서문

인성교육 노하우 시리즈를 펴내면서
무너진 교육을 세우는 혁명적 대안을 찾아서

현용수의 인성교육 노하우(전 4권)

제1권 인성교육 노하우 Ⅰ (부제: 인성의 원리를 알아야 교육의 성공이 보인다)
제2권 인성교육 노하우 Ⅱ (부제: 한국·미국·유대인 교육의 차이를 알면 교육의 지혜를 얻는다)
제3권 인성교육 노하우 Ⅲ (부제: EQ의 원리를 알아야 IQ교육을 살릴 수 있다)
제4권 인성교육 노하우 Ⅳ (부제: 세계화의 원리를 알아야 성공이 보인다)

잘못 가는 현대 교육: 왜 인성교육 없는 IQ교육은 독소인가

인성의 토양이 점점 더 황폐화되고 있습니다. 이런 토양 속에서는 훌륭한 민주 시민은 물론 훌륭한 학자도 경제인도 종교인도 기대하기 힘듭니다. 공교육이 무너진 지 오래입니다. 선생님이 더 이상 학생들을 지도하기 힘든 상태에 있습니다. 직업윤리를 생각하기보다는 돈이 되는 일이면 무엇이든지 하는 세상입니다. 여기에 주부들도 끼어들고 있습니다. 정말로 속수무책입니다. 더 이상 방관자일 수는 없습니다. 정말로 대안은 없을까요?

한국의 모 대학 인성교육 담당 주임 교수님의 초청으로 그 대학 강당에서 700여 명의 학생들에게 강연을 했습니다(2000년 5월). 강연이 끝나고 교수님이 식사를 하면서 제게 물었습니다.

"인성교육이 무엇입니까? 솔직히 저는 모르겠습니다."

"모르면서 어떻게 인성교육을 시킵니까?"

저자가 되물었습니다.

"그냥 이름 있는 분들을 초청하여 학생들에게 좋은 말씀을 듣게 해주죠."

그의 답이었습니다. 그 교수님은 아예 솔직하기라도 하지만 대부분은 그냥 넘깁니다. 미국을 방문한 한 초등학교 교장 선생님은 인성교육이 무엇이냐고 묻는 말에 '회초리'라고 대답했습니다. 회초리가 없어지면서 인성이 파괴되었답니다. 어느 초등학교 정문에 '깊은 생각, 바른 행동'이란 큰 표어가 있었습니다. 그런데도 대부분 학생들은 '얕은 생각, 제멋대로 행동'입니다.

실제로 한국은 유치원에서 대학까지 인성을 앞세우지 않는 학교가 없습니다. 그런데도 왜 인성이 점점 더 엉망이 되어 갑니까? 가장 큰 이유는 인성교육에 대해 말은 많이 하지만 인성교육의 원리는 물론 그 내용이 무엇인지, 그것을 어디에서 누가 어떻게 가르쳐야 하는지 모르기 때문입니다.

막연히 《명심보감》이나 성경 혹은 효도나 예절을 가르치면 되는 줄 알고 있습니다. 물론 이것도 중요합니다. 그러나 인성의 본질과 원리에 대한 논리적인 체계를 모르기 때문에 인성교육을 위한 균형 잡힌 커리큘럼을 만들 수가 없습니다. 이는 한국이나 미국이나 전 세계가 동일하게 겪고 있는 문제입니다.

학교에서는 아이들의 환심을 끌기 위해 컴퓨터를 이용한 영상교육만 점점 더 고급화시키고 있습니다. 그것이 왜, 얼마나 큰 독소인지도 모른 채 서로 경쟁하고 있습니다.

정통파 유대인 교실에는 아예 영상 기구가 없습니다. 그런데도 그들의 교육은 성공합니다. 열린 교육이 실패라고만 얘기하지 왜 잘못되었고, 그 보완책이 무엇인지 제시하지 못하고 있습니다.

대학 주위가 온통 타락하고 있습니다. 맹모삼천지교(孟母三遷之敎)란 고어가 이제 적용이 안 됩니다. 왜냐하면 대학 주변으로 이사를 가면 온통 술집에다 모텔촌이어서 자녀들의 교육에 해롭기 때문입니다.

국제사회에서 어떻게 경쟁력을 갖추면서도 인성교육에 성공할 수 있겠습니까? 한국만큼 교육에 열심이면서도 문제가 많은 나라도 드뭅니다. 왜 현대 교육은 점점 더 발달하는데 인간은 더 타락합니까?

저자는 이 명제를 풀기 위해 박사학위 과정에서 현대 교육의 근본 문제를 연구하던 차에 현대 교육의 철학적, 교육학적, 문화인류학적 그리고 신학적인 문제점을 발견하고 그 해결 방안을 유대인의 성경적 자녀교육에서 발견하였습니다. 유대인의 성공적인 천재교육(IQ)과 감성교육(EQ)의 비밀은 가정에서 가르치는 특수한 전통적인 인성교육의 내용과 방법, 그리고 성경과 탈무드의 가치에 기초한 삶에 있었습니다.

세속 사람들이 무조건 의존하는 학교에서 가르치는 현대 교육이나 현대 과학에 있지 않았습니다. 그리고 한국이 인성교육 없는 현대 학교교육(IQ)에만 투자하는 현실을 보면서 한국의 장래를 심히 걱정하지 않을 수 없습니다. 그래서 이번에 새롭게 인성교육론을 쓰기로 마음먹었습니다.

논문이 발표된지 14년, 성경적 유대인의 자녀교육 《IQ는 아버지 EQ는 어머니 몫이다》(국민일보, 1996; 조선일보, 1999)라는 책을 펴낸 지 8년만의 결실입니다.

왜 수직문화는 인성교육의 본질과 원리인가

왜 자녀교육이 1970년대 이전보다 힘듭니까? 왜 자녀들의 행동양식이 거칠어지며 기성세대와 다릅니까? 왜 부모와 자녀 사이에 코드(code)가 맞지 않아 대화가 안 됩니까? 그 원인은 무엇이고 대안은 무엇입니까? 유대인은 어떻게 수천 년 동안 자녀와 코드를 맞추는 교육에 성공했습니까?

한 걸음 더 나아가, 왜 각 민족의 행동양식이 동일한 예수님을 믿은 이후에도 다르게 나타납니까? 영국인 기독교인과 한국인 기독교인은 각각 다른 음식을 먹고 예절 등 다른 행동양식을 보입니다. 아프리카 케냐에서 온 기독교인도 한국인 기독교인과 다릅니다. 성격도 다릅니다. 그 이유가 무엇일까요?

위와 같은 질문들에 이 책이 답을 줍니다. 인류학자 히버트(Hiebert)는 한 인간 혹은 한 민족의 행동을 가능케 하는 사고의 틀(Thinking System or Structure)이 다름을 발견했습니다(1985). 저자의 연구에 의하면 그것이 바로 13세 이전에 형성된 문화라는 것입니다.

저자는 이에 앞서 한국 교회가 서구 문화를 어떻게 해석하고 한국의 전통문화와 가치를 어떻게 해석할 것인가에 대한 물음에 답하기 위해 한국의 전통문화와 가치가 인간의 종교성과 영적 만족감에 어떠한 영향을 미치는지를 실험적으로 연구(Empirical Research)한 바 있습니다[기독교교육학 박사(Ph.D.) 학위 논문: Biola University, Talbot Graduate School of Theology, 1990].

이로써 "왜(Why) 한국인에게 한국 전통문화와 가치를 가르쳐야 하는가?"의 이유를 찾았고, 이를 토대로 《문화와 종교교육》(쿰란출판사, 1993; 쉐마, 2007)이란 책을 발간하여 '2세 종교교육의 방향'을 학문적으로 제시했습니다. 그리고 이 연구에서 한국인의 수직문화가 한국인 인성교육의 본질과 원리라는 확신을 얻었습니다.

이때 왜 한국의 자녀들이 서구화되어 가는지 원인을 발견했습니다. 우리 자녀들에게 서양의 가치관 교육과 서양 학문만 가르쳤기 때문입니다. 이 책은 한국인에게 맞는 인성교육의 논리와 방법을 제공해 줍니다.

예수님 믿기 이전: 왜 인성교육은 Pre-Evangelism인가

많은 기독교인들이 예수님만 믿으면 모든 인성교육이 잘 되는 줄 알고 있습니다. 그러나 반드시 그런 것은 아닙니다. 왜 유교교육을 받은 가정의 어린이들이 기독교교육을 받은 어린이들보다 더 예의 바르고 효자가 많습니까? 왜 예수님을 믿는다고 하면서 사람의 근본은 잘 변하지 않습니까? 예수님을 믿고 성령의 은사가 많았던 고린도 교회는 왜 데살로니가 교회보다 도덕적으로 문제가 더 많았습니까? 왜 성령 충만한 바울도 실라와 다투었습니까? 왜 현대(2000년대)에는 1970년대 이전보다 복음을 전하기가 더 힘듭니까? 아마 생각 있는 교육자라면 모두가 이런 고민을 안고 살았을 것입니다.

힌트를 드리겠습니다. 옛말에 "양반이 예수님을 믿으면 양반 기독

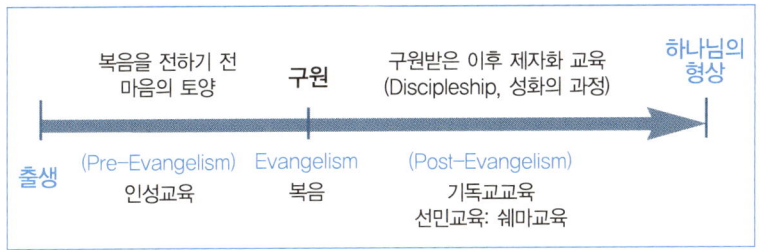

자세한 내용은 2권 2부 제4장 II. 2 기독교교육의 새로운 영역: 종교성 토양교육 151쪽 참조.

교인이 되고, 상놈이 예수님을 믿으면 상놈 기독교인이 된다."고 했습니다. 여기에서 저자는 오랜 연구 끝에 온전한 인간교육을 위해 크게 2가지가 필요하다는 사실을 깨달았습니다.

진정한 기독교적 자녀교육의 원리는 보편적인 인성교육을 바탕으로 성경적 기독교교육(쉐마교육)을 해야 한다는 것입니다.

따라서 기독교교육을 2가지 주제로 나누어 설명해야 합니다. 예수님을 믿기 이전에는 보편적 인성교육을, 예수님을 믿은 후에는 쉐마교육을 시켜야 합니다. 그래서 유대인 자녀교육 총서 'IQ는 아버지 EQ는 어머니 몫이다'는 인성교육편과 쉐마교육편으로 나누어 정리했습니다.

예수님 믿기 이전 인성교육의 필요성을 성경에서 발견했습니다. 예수님께서 '씨 뿌리는 자의 비유'에서 말씀하신 4가지 종교성 토양(길가, 돌밭, 가시떨기, 옥토)입니다(마 13:3-7, 18-23; 막 4:1-25; 눅 8:4-15).

현대인에게는 전도하기도 힘들거니와 기독교인이 된 후에도 헌신도가 매우 약하다는 것을 발견했습니다. 부모가 자녀에게 올바른 인성교육을 시키지 않고 수평문화에 물들게 방치하고 IQ교육만 시킨 결과입니다. 그래서 자녀들의 마음밭이 황폐화되어 돌밭이 되었기 때문입니다.

다른 말로 표현하면, 한 인간이 태어나 복음을 접하기 전에 사람다운 사람이 되는 인성교육을 잘 받아, 마음밭이 옥토가 되어야 복음을 영접하기도 쉽거니와 구원을 받은 후 예수님을 닮는 제자화도 쉽다는 말입니다.

이것은 어린 자녀들에게 예수님을 믿기 전에 인생의 의미를 깊이 생각하게 하고, 바른 행동을 할 수 있게 하는 인성교육을 시키는 것이 그만큼 중요하다는 뜻입니다. 13세 이전의 인성교육이 평생을 좌우합니다. 이를 'Pre-Evangelism'(예수님을 믿기 이전의 복음적 토양교육)이라 이름했습니다.

왜 수많은 한국 기독교인 중에서도 주기철 목사님, 손양원 목사님, 박윤선 박사님, 한경직 목사님, 안창호 선생님이 더 존경을 받았습니까? 물론 기독교의 영향도 있었겠지만 그들이 복음을 받아들이기 전에 한국의 양반 수직문화 교육, 즉 한국인다운 한국인의 인성교육을 잘 받았기 때문입니다.

그렇다면 현대에도 그들과 같은 지도자들을 배출할 수 있습니까? 물론 있습니다. 위의 분들이 받으셨던 20세기 초 한국의 양반 수직문화, 즉 한국인다운 한국인의 인성교육을 잘 시키고, 그 후에 복음을 전하면 '인격적인 한국인 기독교인'이 될 수 있습니다. 만약 미국식이나 인도식 수직문화 교육을 시킨 후 복음을 전하면 '인격적인 미국인 기독교인'이나 '인격적인 인도인 기독교인'이 될 것입니다.

그렇다면 인성교육의 본질은 무엇입니까? 인성의 원리와 실제는 무엇입니까? 더 나아가 보편적 인성교육과 한국인의 인성교육의 차이는 무엇입니까? 어떻게 이상적인 한국인의 인성교육을 잘 시킬 수 있겠습니까? 그리고 어떻게 인격적인 한국인 기독교인을 배출할 수 있겠습니까? 다문화권에서 한국인 2세에게는 어떻게 인성교육과 세계화 교육을 시켜야 합니까? 이 책에 답이 있습니다.

객관적 학문에 근거한 인성교육의 본질과 원리를 연구하다 보니 양질의 인성교육은 특별히 기독교교육에만 적용되는 것이 아님을 발견했습니다. 비록 복음이 없어 구원은 받지 못한다 해도 다른 종교인의 종교교육에도 적용될 수 있습니다. 또한 엔지니어, 의사, 변호사, 경영인 및 농부 등과 같은 직업인에게도 동일하게 적용됩니다. 즉, 그들이 평생 도덕적으로 타락하지 않고 꾸준히 남에게 유익을 주며 성공적인 삶을 사는 데도 적용된다는 의미입니다.

히버트가 먼저 '한 민족의 행동을 가능케 하는 사고의 구조(Thinking System or Structure)가 있음'을 발견했다면, 저는 '그 사고의 구조를 어떻게 형성해야 하는가?'를 인성교육의 측면에서 연구했습니다. 그것이 바로 수직문화입니다. 특히 유대인을 모델로 인격적인 한국인 기독교인을 어떻게 배출할 수 있을까에 초점을 맞추었지만 이 원리는 각 개인이나 민족에게 모두 적용될 수 있습니다. 조직적이고도 반복적인 수직문화 교육 없이는 육(肉)을 따라 제멋대로 사는 수평문화를 막을 길이 없습니다.

결론적으로 인성교육 노하우 전 4권은 다음 18가지 질문에 대한 대안을 제시합니다.

교육학적 측면

첫째, 왜 현대 교육은 점점 더 발달하는데 인간은 점점 더 타락하나요?

둘째, 왜 자녀들이 부모나 어른들에게 예절이 없나요?

셋째, 왜 한국인은 한국인에게 맞는 인성교육을 시켜야 하나요? 그 방법은?

넷째, 왜 미주 한인 2세가 일류대학을 졸업하고도 대부분 미국 주류사회 진출에 실패하나요?

다섯째, 똑똑한 우리 자녀, 어떻게 국제적인 인물로 키울 수 있을까요?

여섯째, 한국인은 자녀를 그렇게 공부에 혹사시키는데 왜 영재는 잘 안 나오나요?

일곱째, 유대인은 어떻게 아브라함 때부터 현재까지 4200년 동안 성결교육을 시키는 데 성공했나요?

여덟째, 유대인은 IQ교육의 성공을 위해 어떤 인성교육을 시키나요?

아홉째, 무너진 공교육을 세우는 최상의 대안은 무엇인가요?

열 번째, 왜 한국에는 진보와 좌파세력이 늘어나나요? (올바른 한국인의 국가관은?)

교회 성장학적 측면

첫째, 왜 교회의 성장이 멈추고 새롭게 전도하기가 힘든가요?

둘째, 왜 기독교인에게 (다른 종교도 동일함) Pre-Evangelism(예수님을 믿기 이전 복음적 토양 교육) 교육이 필요한가요?

셋째, 왜 현대인은 복음을 받아들인 이후에도 제자화 하기가 힘든가요? (왜 헌신도가 약한가요?)

넷째, 왜 한국과 미국에서 2세들이 대학을 졸업하면 90% 이상 교회를 떠나나요? 즉, 왜 교회학교 교육이 천문학적 투자에도 불구하고 90% 이상 실패하나요?

다섯째, 미주 한인 2세 기독교인이 10% 정도 남는다고 해도, 왜 그들은 1세 교회를 떠나나요?

여섯째, 왜 신약 교회들은 2천 년간 다른 나라에 선교하는 데는 성공했는데 자손 대대로 하나님의 말씀을 전수하는 데는 실패했나요? 그런데 유대인은 어떻게 아브라함 때부터 현재까지 4200년간 말씀을 전수하는 데 성공했나요?

일곱째, 왜 한국의 선교사들이 해외에서 50% 이상 실패하나요? (문화인류학적 측면)

여덟째, 왜 선교지의 원주민에게 복음을 전할 수는 있어도 그들을 성화하기가 힘드나요?

왜 인성교육론이 'Know-Why'라면, 유대인의 쉐마교육은 'Know-How'인가

유대인 자녀교육의 우수성은 이미 역사를 거듭하면서 증명되었습니다. 그러나 2가지 의문이 아직까지 남아 있습니다. 첫째, 그것이 왜 우수한지에 대한 교육학적, 심리학적 및 철학적 이유를 설명하지는 못했습니다. 둘째, 왜 유대인 자녀교육이 기독교교육에 필요한지 그 이유를 설명할 수 있는 확실한 교육신학적 해답을 제공하는 데 미흡했습니다. 따라서 비기독교인이든 기독교인이든 그들의 교육이 좋다는 것은 알면서도 그 교육을 자신에게 적용하는 데에는 문제가 많았습니다.

이 문제를 해결하기 위한 전자의 답이 '인성교육 노하우'라면, 후자의 답은 '성경적 유대인의 쉐마교육'입니다. 왜 유대인 자녀교육이 한국인에게 필요한지를 교육학적, 심리학적 및 철학적으로 분석하고 그 이유를 설명한 책, '인성교육 노하우'가 'Know-Why'라고 한다면, 성경적 유대인 자녀교육(쉐마교육)은 'Know-How'가 될 것입니다.

원인을 밝히고 당위성을 설명하는 'Know-Why'가 있기에 성경적 유대인 자녀교육인 'Know-How'가 더 파워풀합니다. 그리고 확신을 갖고 자신과 자신의 가정 그리고 교회에서 적용할 수 있습니다.

물론 성경적 유대인 자녀교육 속에도 2가지, 성경적 자녀교육의 원리와 방법이 소개되어 있습니다. 그러나 그것은 기독교교육학적 측면에서 예수님을 믿은 후, 즉 하나님의 선민이 된 후의 교육입니다. 따라서 자녀교육의 원리에는 2가지가 있습니다. 예수님을 믿기 이전에는 보편적 인성교육을, 예수님을 믿은 후에는 성경적 기독교교육을 시켜야 한다는 사실입니다.

물론 예수님을 믿은 후에도 성령님의 능력으로 13세 이전에 형성된 잘못된 인성, 즉 기질을 어느 정도 다스릴 수 있습니다. 완전히 없앨 수는 없지만(Impossible to remove bad personality or character) 상대적으로나마 바른 길로 훈련(Discipline)을 시킬 수는 있습니다. 그러나 그 결과는 본인의 의지와 훈련의 정도에 따라 변화의 양이 달라집니다. 즉 하나님의 말씀과 성령님은 인성의 교정에 크게 도움이 될 수 있다는 뜻입니다. 하지만 그럴지라도 먼저 좋은 마음의 옥토를 가꿀 수 있는 13세 이전의 인성교육도 무엇보다 중요합니다.

이번에 IQ-EQ시리즈로 출간되는 책들은 일반 학문과 성경 신학으로 구분될 수 있습니다. 저자의 '인성교육 노하우'는 교육학적, 심리학적, 철학적 및 문화인류학적 인성교육에 관한 원리라면, '성경적 유대인 자녀교육론(쉐마교육)'은 성경에 기초한 가정교육의 원리라고 요약할 수 있습니다. 물론 전자와 후자 모두에는 원리뿐 아니라 방법도 포함되어 있습니다.

현재까지 천문학적 헌금을 교육에 투자하고도 교육의 열매가 바람직하지 못한 것은 교육의 참 원리를 발견하지 못했기 때문입니다. 원리를 알아야 참 자녀교육이 보이는 법입니다. 모쪼록 이 책을 읽고 더 이상 자녀교육을 위한 시간과 물질의 낭비가 없기를 간절히 소원합니다.

이 책을 집필하는 데 많은 정통파 유대인 학자들의 특별한 도움을 받았습니다. 정통파 탈무드 학교인 예시바 대학(Yeshiva University)의 학장이시며 사이먼 위센탈 센터(Simon Wiesenthal Center) 국제본부장이신 랍비 마빈 하이어(Marvin Hier)와 랍비 쿠퍼(Cooper) 부학장님, 그리고 특별히 저자에게 탈무드를 가르쳐 주고 절기 때마다 자신의 집에 초대하여 탈무드의 삶을 연구하게 도와 준 예시바 대학의 탈무드 교수이며 로욜라 대학 법대 교수인 랍비 애들러스테인(Adlerstein) 부부와 그 가정, 서기관 랍비 그래프트(Kraft) 씨 부부와 그 가정에 심심한 사의를 표합니다. 에이쉬 하 토라(Aish Ha Torah) 회당의 랍비 코헨(Cohon) 씨 가정과 그외 많은 정통파, 핫시딤파 랍비들, 보수파, 개혁파 랍비들 및 유대인 친구들에게 감사드립니다.

이들의 특별한 도움이 없었으면 저자의 연구는 완성될 수 없었습니다. 정통파 유대인의 생활 모습을 카메라에 담을 수도 없었습니다. 그리고 계속적인 쉐마교사대학의 현장실습도 할 수 없었을 것입니다.

저의 논문 지도교수이셨던 바이올라(Biola) 대학교 탈봇(Talbot) 신학대학원의 기독교교육학 윌슨 박사님과 이제 고인이 되신 저자의 선교학(Ph.D.) 지도교수이셨던 풀러(Fuller) 선교신학대학원의 유대교(Judaism) 교수이신 글래서(Glasser) 박사님에게 특별히 감사드립니다. 그리고 저자를 물심양면으로 도와 주신 이영덕 전 총리님, 김의환 총장님과 고용수 전 총장님 및 국내외 많은 교계 어른들과 쉐마교육 동역자님들께 감사드립니다.

저를 키워 주신 어머님과 형님 내외분께 감사드립니다. 지금도 내조를 아끼지 않는 아내 황(현)복희, 그리고 원고 정리 작업을 도와 준 내일의 희망인 네 아들들 승진(Stephen), 재진(Phillip), 상진(Peter), 호진(Andrew)에게 감사드립니다.

이 책은 방향 없이 혼란스런 교육의 시대에 참교육을 갈구하는 독자들에게 뚜렷하고 확실한 대안을 제시할 수 있다고 확신합니다. 이 연구는 분명히 하나님의 지혜로 하나님이 하셨습니다. 세세토록 영광 받으실 오직 우리 주 예수님께만 감사와 찬송과 영광을 드립니다.

2003년 10월 3~13일
로쉬 하샤나와 욤키퍼(유대인의 신년과 대속죄일) 절기에
미국 웨스트 L.A. 쉐마교육연구실에서
저자 현용수

> 중국의 고전에 다음과 같은 말이 있습니다.

"일년지계(一年之計·한 해의 계획)로는 농사를 짓고, 십년지계(十年之計)로는 나무를 심으며, 종신지계(終身之計) 또는 백년대계(百年大計)로는 사람을 키운다."

사람을 키우는 일이 그만큼 가정이나 국가에 중요하다는 뜻입니다.

추천의 말씀 1

무너진 교육을 바로 세우는 최선의 대안

한국처럼 인성교육을 강조하면서 인성 발달이 잘 되지 않는 나라도 드물 것이다. 공교육이 무너진 지 오래다. 특히 인성교육에 관한 심증은 있었으나 뚜렷한 이론이 없었다. 그런데 이번에 현용수 교수가 성공집단 유대인을 모델로 이렇게 논리 정연한 인성교육의 본질과 원리는 물론 그 방법까지 제시했으니 그 노고를 치하하지 않을 수 없다. 제4권에서는 국제사회에서 인간관계와 경쟁에 취약한 한국인의 인성을 어떻게 양육해야 할지를 유대인을 모델로 이론과 실제를 정립했다. 그야말로 무너진 교육을 바로 세울 수 있는 최상의 교육 대안이다.

뿐만 아니라 현용수 교수가 성경적 유대인 자녀교육에 관한 《IQ는 아버지 EQ는 어머니 몫이다》란 책을 펴낸 지 8년 만에 유대인의 쉐마교육을 집대성한다니 기뻐하지 않을 수 없다. 쉐마교육은 성경적 유대인 자녀교육을 한민족 자녀교육의 방법으로 접목시킨 새로운 교육의 패러다임이다. 될 수 있는 한 많은 사람들이 꼭 읽고 연구하여 실제 자녀교육에 적용해 보도록 추천하는 바이다.

현용수 교수의 저서를 이와 같이 추천하는 데에는 몇 가지 이유가 있다.

첫째, 내가 한때 총장으로 있었던 대학에서 화학공학을 전공하고 미국에 가서 여유 있는 삶의 터전을 잡았던 그가, 신학을 공부하고 이어서 기독교교육을 연구했다는 점에서 그의 튼튼한 학문적 기초에 대해서 신뢰감을 갖는다.

둘째, 문헌 연구나 탐문에서 얻은 지식의 전달이기보다는 유대인들의 교육 현장인 탈무드 학교와 정통파 유대인 가정에서 그들과 같이 생활하면서 그들의 교육을 탐구해 얻은 지식을 토대로 한 책을 만들어 냈다는 점에서 존경이 간다.

셋째, 현대 교육이 발전했다고는 하지만 참으로 인간다운 인간을 길러내는 데는 계속 실패하고 있다는 것은 현대 교육이 대표하는 세속 교육의 한계를 드러내는 것이다. 그러한 효능 없는 세속 교육을 보완해 주거나 혹은 대체할 수 있는 새로운 교육의 대안을 찾고 있던 차에 강력한 시사점을 내포하는 유대인의 가정교육을 종합적으로 정리해서 우리들에게 제시해 준 점에서 현 교수의 저서를 높이 평가하는 바이다.

넷째, 부모를 공경하고 자녀를 노엽게 하지 말아야 하는 가정이 하나님의 법과 축복에서 멀어져만 가고 있는 오늘날, 우리에게 도움을 주는 성공 사례들이 애타게 요구되고 있는데, 현 교수께서 근거를 갖춘 많은 사례들을 제시해 주고 있으니 이 어찌 반갑지 않겠는가?

  끝으로 인격 형성을 위한 교육은 학교에서보다는 가정에서, 그리고 사회의 모든 삶의 현장 속에서 이루어진다는 사실을 학교교육에만 매달리다시피 하는 한국의 부모들에게 이해시키고, 그들의 자녀교육에 대한 시야를 넓히는 기회가 된다는 믿음으로 이 책을 모든 부모와 교사들에게 권하고 싶다.

전 국무총리
이영덕

추천의 말씀 2

기독교 2천 년 만에 발견한
개혁주의 교육의 획기적 쾌거

한 민족의 역사는 교육에 의하여 흥하고 망한다. 신약 시대 교회사의 흐름도 기독교교육의 방향과 그 교육의 내용에 따라 흥하기도 하고 쇠하기도 했다. 유대인의 성공적인 삶 역시 그들의 교육에 있음은 주지의 사실이다. 그러나 구약 성경과 탈무드에 의한 유대인의 생존과 천재교육의 비밀은 아직도 우리에게 충분히 알려지지 않았다. 그러던 차에 수년 전 현용수 교수의 《IQ는 아버지 EQ는 어머니 몫이다(부제: 성경적 유대인 자녀교육)》을 접하게 되었다.

그리고 이번에 새로 출간된 《현용수의 인성교육 노하우》는 한국인과 유대인의 자녀교육을 비교 분석하면서 '현재 우리가 당면하고 있는 인간교육의 문제는 무엇이고, 그 해결책은 무엇이며, 그 교육의 방법은 무엇인가'란 질문에 명쾌한 답을 주고 있다.

예수님을 믿기 이전에 받은 인성교육이 마음을 옥토로 가꾸게 하므로 예수님을 믿은 후에 기독교교육을 시키는 데 지대한 영향을 미친다는 새 발견은 대단히 중요하다. 현 박사는 그것을 '복음적 마음의 토양교육(Pre-Evangelism)'이라고 명명했다. 이것은 그동안 복음(Evangelism)과 제자화 교육(Post Evangelism)만 강조해 왔던 2천 년간 기독교의 약점을 보완하는 개혁주의 교육의 획기적 쾌거다. 이로써 그간의 의문점들, 왜 예수님을 믿는데도 근본 인간은 변하지 않는가, 왜 지구촌은 점점 현대화되는데 복음을 전하기는 점점 더 힘들어지는가에 대한 이유를 알고 그 대안을 찾게 됐다.

본인이 가까이서 아끼던 현용수 교수는 신학교를 졸업하고 기독교교육학을 전공한 후 랍비 신학교에서 수학하면서 유대인 자녀교육을 학문적으로 폭넓고 깊게 연구했을 뿐만 아니라 정통파 유대인의 탈무드 학교와 정통파 유대인 가정에서 그들과 함께 생활하면서 그들 교육의 비밀을 캐는 데 오랜 세월을 투자했다. 그리고 교육학적인 측면에서 새롭게 '유대인의 자녀교육'이란 주제를 학문적으로 정리했다. 따라서 이 저서는 이론과 실제를 겸한 기독교교육학의 새로운 패러다임을 구축한 방대한 연구의 결실이다.

뿐만 아니라 현 박사는 연구를 거듭한 결과 성경적 유대인 자녀교육도 해를 거듭할수록 완성도가 높아지고 있다. 천재적인 유대인 자녀교육 자체가 바로 토라 말씀이고, 말씀 속에 그들의 생존 비밀이 있음을 확인시켜 주고 있다. 저자는 개혁주의 신학이 '오직 성경(Sola

Scriptura'인 것처럼 기독교교육도 "성경으로 돌아가라."고 외친다. 따라서 이 저서는 자유주의 신학이 승하는 이때에 개혁주의 교육에 크게 공헌하리라 믿는다.

나는 개인적으로도 미국 '나성 한인교회'를 섬길 때 현용수 교수를 초청하여 교육 세미나를 개최해 크게 도전받은 바 있다. 목회자 및 신학생들에게는 물론 일반 평신도들에게도 이 저서를 꼭 권하고 싶다.

전 총신대학교 총장
김의환

기독교교육의 블라인드 스팟(Blind Spot)을 발견한 역사적 쾌거

오늘 우리 사회가 겪고 있는 가치관의 혼돈과 도덕적 무질서는 사회의 기본 단위인 가정의 뿌리가 크게 흔들리는 데서 비롯된다. 전래의 대가족 제도가 무너진 자리에 핵가족화가 박차를 가하면서 가정의 기본 체제가 혼란을 겪고 있다. 이러한 시대적 요청과 때를 같이 해서 미국에서 2세 교육에 깊은 관심을 갖고 연구해 오신 현용수 박사가 성경적 유대인 자녀교육에 관한 책을 출판하게 된 것을 매우 환영한다. '자녀교육을 어떻게 할 것인가'를 생각하면서 성경적 모델을 찾을 때, 우리는 구약의 쉐마(신 6:4-9)에 기초한 이스라엘 가정의 자녀교육에 주목하게 된다.

특히 이번에는 현 박사가 계속 연구해 오던 수직문화와 수평문화를 더 연구 개발하여 인성교육의 원리와 실제를 4권《문화와 종교교육》포함 인성교육 시리즈 전 5권》으로 정리했다. 이 책은 기독교 2천 년 동안 예수님을 믿은 이후의 기독교교육에만 관심을 가졌던 학계에 예수님을 믿기 이전의 인성교육(Pre-Evangelism)도 대단히 중요하다는 새로운 영역을 발견하고 이에 대한 이론을 개발했다.

현 박사에 의하면, 예수님께서 말씀하신 어려서부터 양육한 마음의 옥토가 복음을 받아들이는 것은 물론 그 이후 예수님의 제자화에도 지대한 영향을 준다는 논리다. 따라서 예수님을 믿기 이전에 인격적인 한국인 기독교인이 되기 위한 교육을 시켜야 한다는 것이다. 그리고 이에 대한 인성교육의 내용과 방법을 제시했다.

 이것은 기독교교육의 블라인드 스팟(Blind Spot)을 발견한 역사적 쾌거다. 인성교육의 중요성은 강조했지만 인성교육의 원리를 몰라 인성이 파괴되는 현대 교육에 너무나 절실한 대안이다.

 유대인들이 세계 역사상 최악의 조건에도 불구하고 가장 우수한 민족으로 생존해 온 그 배후에는 유대인 부모들의 헌신과 열정이 자리하고 있음을 우리는 본다. 그들은 토라와 탈무드에 기초한 신본주의의 절대 가치를 그들 문화의 중심에 두고 자녀들에게 철저한 사상교육을 행했다.

 이 책의 저자 현용수 박사는 미국 동포 자녀들의 2세 교육에 특별한 관심을 가지고 유대인의 자녀교육에 관한 연구를 위해 랍비 신학교와 탈무드 학교에서 다년간 수학했다. 그리고 정통 유대인의 가정에서 생활하면서 얻은 경험과 함께 방대한 자료를 수집해서 신학대학교와 교회들을 순방하면서 유대인의 자녀교육을 강의한 적도 있고,

지상에 많은 글을 연재하기도 했다.

저자의 확신은 신앙(사상)이 없는 민족은 일시적으로는 흥할 수 있지만 곧 망하고 만다는 역사적 교훈을 바탕으로 한 것이며, 유대인의 교육철학 속에 자리한 성경적 자녀교육 원리가 오늘의 흔들리는 기독교 가정의 자녀교육의 실제 지침이 될 수 있다는 것이다. 따라서 이 저서의 내용은 한국 교육의 근본 문제를 정확히 지적하고 그 해결 방법을 제시한 책이다.

부모 되기는 쉬우나 부모 노릇 하기는 참으로 어려운 시대에 살면서 자녀교육을 어떻게 할까 고민하는 기독교 가정의 부모들에게 이 책은 좋은 지침서가 될 수 있다고 믿고 이에 적극 추천한다.

전 장로회신학대학교 총장
고용수

Los Angeles Times

SATURDAY, JULY 13, 2002 — Religion

'We have to learn the secrets of the Jews.'
The Rev. Yong-Soo Hyun

LORI SHEPLER / Los Angeles Times
The Rev. Yong-Soo Hyun, left, who has immersed himself in the study of Orthodox Judaism, meets with Rabbi Yitzchok Adlerstein at a Shabbat meal.

Taking a Cue From Jews' Survival

Culture: Minister studies Orthodox Judaism to teach Korean Americans how to educate children, help churches thrive.

By TERESA WATANABE
TIMES STAFF WRITER

The Rev. Yong-Soo Hyun says God called him to abandon a well-paying engineering career 20 years ago in favor of Christian ministry.

So what is he doing shepherding a group of Korean visitors around Southern California to attend a Shabbat dinner, an Orthodox Jewish temple and a lecture by a Jewish rabbi on how to keep children holy?

Hyun, 53, may be the biggest booster of traditional Jewish education in all of Korean America.

It is, he tells you, the antidote to the loss of cultural identity and religious grounding he sees in successive generations of Koreans here.

So the minister now writes books, conducts tours and has even opened the Shema Education Institute to teach Koreans the Jewish "secrets of survival."

"For Korean churches to survive in America, we have to successfully pass down the word of God from generation to generation, just as Jews have done since the time of Moses," said Hyun, a short, dynamic man with an easy grin. "We have to learn the secrets of the Jews."

Hyun, who immigrated to the United States in 1975 at age 28, says he sees several parallels between Korea and Israel.

Both, he says, are small nations surrounded by large and sometimes menacing neighbors.

Both, he says, prospered when their people honored God and became imperiled when they did not. The Israeli captivity in Babylonia, he says, mirrors the Korean colonization by Japan.

His fascination with traditional Judaism was sparked 12 years ago, when he was a doctoral student at Biola University. He was studying the philosophy of Christian education and wrote a term paper comparing secular education with traditional Jewish education.

What struck him, he says, was the way Jewish education seemed to produce children who were intellectually excellent, honed through hours of Torah training and Socratic-style questioning, as well as religiously pious and morally grounded.

Traditional Jews also seemed to keep family ties strong, with fewer generation gaps than he says he found in his own community, and low divorce rates.

Persistence Pays Off

Trying to learn more about Jewish religious education, however, wasn't easy. He called the Orthodox Yeshiva University in Los Angeles but says he was told it was not open to non-Jews. He called again and was told the same thing. The third time, he said he began to argue with the rabbi on the other end:

"Why do you want to hide? God gave the Torah not just for you but also to shine for all nations. If you teach me the secrets of survival, how to keep your children holy, I will teach this to the Koreans. This will be good for you and good for God!" Hyun said he told the rabbi.

There was a pause. Then the rabbi gave him the name and number of Rabbi Yitzchok Adlerstein, a professor of Jewish law at Loyola University and prominent member of the Orthodox community known for reaching out to non-Jews.

Hyun called Adlerstein, who immediately invited him to his home for Shabbat dinner. Even better, Hyun said, Adlerstein agreed to guide his research into Jewish education.

"He allowed me to attend his meals—the Passover Seder, Sukkot, Rosh Hashana. I asked so many questions and he answered them all."

The Shabbat meal, in particular, left a lasting impression, Hyun says. He was moved by the way the family sang a ritual song of praise to Adlerstein's wife—a contrast, he says, with an old Korean saying that the "three dumb things" a man must not do are praise his wife, his children or himself. He was touched by the way Adlerstein blessed each of his children.

And he was impressed at the way Adlerstein taught his children the Torah, quizzing them on passages, never spoon-feeding answers but asking more questions to stimulate their critical thinking skills and creative intellects.

For his part, Adlerstein said he initially thought the idea of a Korean Christian minister wanting to learn about Orthodox Judaism seemed "a little odd."

Although traditional Jews don't believe Judaism was meant for the world—they do not proselytize and often discourage would-be converts—Adlerstein was willing to guide Hyun.

"Our attitude generally as a community is that when you're enthusiastic about God and his teachings, you have a gift that you want to share with any well-intentioned person," he said.

Armed with his experiences, Hyun was ready to try the techniques on his four sons at home. He announced that, like Adlerstein, he would no longer allow them to watch TV. Instead, three evenings a week he would teach them the Bible.

The reaction? "They rejected it all," Hyun said, laughing.

After too many nights of arguments, Hyun got them interested in Bible studies by asking them to take turns preaching. But more than the intellectual training, Hyun said, it was his ministry of Jewish expressions of family love that seemed to bring the most dramatic results.

Praise for His Wife

For the first time, Hyun says, he began praising his wife as he had seen his Jewish mentor do. He took her to Malibu at night, and strolled around the waterfront. He began washing the dishes and taking his wife on his travels. Before, he said, their marriage was characterized by "no romance—just orders" to her from him.

For the first time, he gathered his sons around to bless them. He asked God to bless them with wisdom, prosperity, leadership and the light of the gospel. "I cried, and they cried," he said.

From then on, he says, his family life dramatically improved. "Judaism showed me patience and how to lead children by wisdom and not authoritarianism. Now our family friendship has recovered."

Eager to share his experiences with other Koreans, Hyun has written a book on Jewish religious education that has sold more than 120,000 copies.

Hyun writes that Jewish fathers develop a child's IQ through Talmudic teachings, while mothers nurture their "EQ," or emotional quotient, with their maternal love—a thesis Adlerstein himself rejects in favor of viewing both parents as responsible for nurturing both aspects.

Experiencing Judaism

Hyun also figures he's reached 300,000 other Koreans in lectures on Jewish education at various seminars and conferences around the world.

And he says he has brought at least 150 people to Los Angeles to experience traditional Judaism firsthand in visits to synagogues and Friday night Shabbat dinners.

During one recent tour, Hyun led a group into the Beth Jacob congregation on Olympic Boulevard, wearing a traditional Korean jacket and a Jewish yarmulke.

After Sabbath prayers, Rabbi Shimon Kraft fielded a stream of lively questions: Why do you wear a head covering? Why do you wear a beard? Why kiss the door? Why do men shake when they pray? Why do you have two pulpits? Do you evangelize?

Finally, someone asked: "We've learned about Jews, but what do you think about Koreans?"

Kraft gave the crowd a broad smile.

"They are bright, hard-working, studious—just like Jewish people," he said. "We seem to share a lot of the same values."

유대인 생존의 비밀을 밝히다

많은 학자들이 유대인 생존의 비밀에 관해 관심을 가져왔습니다. 수천 년의 박해와 유랑에도 불구하고 살아난 유대인의 생존에 관한 학설들은 수없이 많습니다. 현용수 박사가 비유대인으로 유대인의 생존의 비밀을 정확히 지적한 사실은 의외이며, 이를 축하합니다. 현 박사는 유대인에게는 토라-그들의 가장 신성한 율법서-에 대한 충성심이 생존의 도구였고, 죄악이 만연하는 바다를 표류하는 동안 성결을 지키게 한 결정체란 것을 확신하고 있습니다. 그는 3천 년 이상 유대인을 다른 민족과 구별되게 한 교육의 기법, 부모가 자녀에게 자자손손 끊어지지 않는 연결 고리로 유대주의의 메시지를 전한 구전의 방법에 주목하고 있습니다. 그는 이러한 방법의 핵심을 빌려 그가 속한 한국 민족이 그들의 전통과 가치를 보존할 수 있는 힘을 찾으려 합니다.

현 박사는 수년간 정통파 유대인 공동체에서 열심히 연구했습니다. 그는 유대인의 교육이론을 연구해 왔고, 철저한 관찰을 통해 실제적인 유대인의 생활방식을 조사했습니다. 우리는 그가 우리의 로스앤젤레스 예시바의 학자들과 접촉하고 특별히 그의 연구를 지도하기 위해 탈무드와 유대학 교수인 랍비 애들러스테인과 만나게 된 것을 기쁘게 생각합니다.

우리는 그가 지구촌의 많은 사람에게 2가지, 도덕과 관용을 전파하려는 노력에 성공하기를 기원합니다.

로스앤젤레스 예시바 대학교 학장
진실한 랍비 마빈 하이어

ב"ה

yeshiva of los angeles

Rabbi Marvin Hier
Dean
Rabbi Sholom Tendler
Rosh Hayeshiva
Director, Academic Programs
Rabbi Meyer H. May
Executive Director
Rabbi Nachum Sauer
Rosh Kollel
Mr. Paul S. Glasser
Director
Rabbi Yitzchok Adlerstein
Director,
Jewish Studies Institute
Rabbi Harry Greenspan
Coordinator,
Beit Midrash Programs

April 2, 1996

To whom it may concern:

Many scholars have been intrigued by the longevity of the Jewish people. Theories concerning the survival of the Jews despite millennia of persecution and exile fill volumes.

Dr. Yong-Soo Hyun should be congratulated for pointing to a factor that is unusual for a non-Jew to note. Dr. Hyun believes that the faithfulness of the Jews to the Torah - their corpus of Divine Law - conferred upon them the tools for survival, and the resolve to keep holiness afloat in a sea of unholy influences. He is intrigued with the educational technique that has distinguished the Jewish people for over three millennia - the method of oral transmission that passes on the message of Judaism from parent to child, from one generation to the next in an unbroken chain. He is attempting to distill some of these tools in a way that may help his own Korean people find the strength to preserve elements of their tradition and values.

Dr. Hyun has spent a few years of hard research studying the Orthodox Jewish community from the inside. He has studied Jewish educational theory, and investigated practical Jewish lifestyle by thorough observation. We are pleased that he has turned to the scholars associated with our own Yeshiva of Los Angeles, particularly Rabbi Yitzchok Adlerstein, a member of our Talmud and Jewish Studies faculty, for guidance in his research.

We wish him success in his endeavors to spread both morality and tolerance to large populations of the globe.

Sincerely,

Rabbi Marvin Hier
Dean

9760 West Pico Boulevard, Los Angeles, CA 90035/(310) 553-4478

제4부

인성교육과 EQ(감성지수): IQ보다 EQ가 더 중요하다

제1장
EQ(감성지수)란 무엇인가

제2장
EQ의 양을 늘리는 4가지 방법

제3장
한국인 EQ의 장단점 분석

제4장
결 론

다 같이 생각해 봅시다

EQ교육 없는 참담한 우리의 현실

"오늘만이라도 학교 안 갔으면…"

"나를 괴롭히는 인간들, 사람 좀 괴롭히지 마라. 샤프를 훔쳐 가고 자기 것이라고 우기고, 자는데 먼지 묻은 과자를 입에 넣고…. 내가 만약 귀신이 되면 너그는 (너희는) 다 주겨(죽여) 버린다." (2002년 4월19일 경남 마산시 15세 A군 유서)

"친구 하나 없고, 난 너무 바보인가 보다. 멸시 받는 것이 내 운명인가 보다. 마음속엔 언제나 증오의 감정과 상처뿐이다. 이 속에서 헤어나기란 목숨을 끊는 것보다 더 힘들지도 모르겠다." (2005년 1월 15일 경기 안산시 18세 B군 일기)

"학교 복도에서 아니면 다른 데서 만나면 꼭 어떤 애는 욕을 한다. 막 때리기도 한다. 날 흉보기도 하고, 그 애가 협박도 했다. 오늘만이라도 학교 가기가 싫다. 이 세상 모든 게 싫다." (2005년 4월 27일 부산 동래군 12세 C양 일기)

"심심하면 시비 걸고, 맞아주고 욕 들어야 하고, 죽고 싶다. 모든 것이 무섭게 보인다. 가슴이 답답하고 미칠 것 같다. 죽으면 이런 고통은 없겠지. 춥다. 나는 엄마 아빠를 사랑한다." (2005년 10월5일 경기 시흥시 17세 D양 유서)

아이들은 세상을 떠나기 전 마지막 글을 남겼다. 아이들이 죽음으로 고발하려 했던 것은 지긋지긋한 학교폭력과 집단 따돌림이었다.　_한국일보, 2005년 11월 25일

제 1 장

EQ(감성지수)란 무엇인가

I. IQ와 EQ의 차이
II. 지·정·의(知情意)에서 EQ의 위치
III. IQ와 EQ로 본 4가지 교육 모델
IV. 유대인의 EQ 교육은 성경 교육

I. IQ와 EQ의 차이

"사회에서 성공하기 위해서는 지능지수(IQ)보다 감성(정서)지수(EQ)가 더 중요하다." "IQ는 성공에 20%만 기여한다."

1995년 10월, 미국의 주간지 및 일간지들이 일제히 크게 보도한 대니얼 골먼(Daniel Goleman)이 지은 《감성지능》(EI : Emotional Intelligence, 1995)이란 책의 주제이다. 이 기사는 삽시간에 전 세계로 퍼져 나갔다. 골먼은 하버드 대학에서 심리학 박사 학위를 받고, 〈뉴욕타임스〉에서 행동 및 두뇌 과학 분야의 전문기자로 일했다.

원래 골먼의 원저에는 '감성지능'을 'EI(Emotional Intelligence)'로 명기했으나 〈타임〉지에서 'IQ'와 대치되는 'EQ'로 표기하면서 'EQ'라는 용어가 일반화되었다. EQ란 감성(Emotional) 지수(Quotient)를 가리킨다. 사실 감성지수(EQ)는 현재 IQ처럼 측정하여 수치화할 수 없기 때문에 엄격하게 말하면 'EI(Emotional Intelligence)'라고 해야

> **저자 주** 지금까지 나타난 용어는 '감성지능(EI)', '감성지수(EQ)', '감성(E)'이다. 엄격하게 말하자면 각 용어들이 서로 다른 뜻을 갖고 있다. 그러나 이 책에서는 이 3가지 용어를 편리상 EQ란 용어로 통일하여 사용하고자 한다. 따라서 EQ는 엄격히 '감성지수'라는 용어이지만 인간의 마음을 표현하는 '감성', '정(情)', '사랑·정서·눈물'을 표현하는 보편적 용어로 사용함을 밝혀 둔다.

옳다. 왜냐하면 감성지수 자체도 여러 지능 중 일부라고 보기 때문이다(Maertin & Boeck, 1996, p. 21). 감성지수(EQ)의 요인들은 IQ 테스트에서 잡히지 않는다. 그러나 머지 않아 감성지능(EI)도 감성지수(EQ)로 비교적 정확하게 측정될 것이다.

감성지능은 인간 사회에서 생활에 꼭 필요한 요인임에도 그동안 관심을 받지 못한 분야다. 현대 교육계는 지난 100여 년 동안 수리·언어능력·창조적 추리 능력 및 논리적 능력을 말해 주는 IQ 위주의 교육에만 전념해 왔기 때문이다. 그러나 최근 학교의 우등생이 왜 사회에서 성공하지 못하는가에 대한 의구심이 강하게 대두되었다.

그러던 중 1990년 초 예일 대학 피터 샐로비(Peter Salovey) 교수와 그의 동료인 뉴햄프셔 대학의 존 메이어(John Mayer) 교수가 처음으로 감성지능의 개념을 정리했다. 그들은 감성지능을 '자신의 감정을 이해하고, 남들의 감정을 공감하고, 그 감정들을 통제하는 능력'이라고 정의했다. 감성(E: Emotion)도 하나의 지능으로 IQ처럼 계발할 수 있다는 시도였다. 머리만 똑똑한 우등생보다 정서적인 능력을 소유하는 우등생이 사회에서 더 성공한다는 논리였다.

한국말로 표현하면 측은지심(惻隱之心: 가엾고 불쌍히 여기는 마음), 또는 자비(慈悲: 남을 사랑하고 가엾게 여김)나 긍휼(불쌍히 여겨 돌보아 줌)과 비슷하다. 다만 측은지심, 자비 및 긍휼에는 메이어 교수가 정의한 '그 감정들을 통제하는 능력'이 없는 것이 다르다.

그 뒤 골먼이 그들의 연구와 다른 임상실험을 광범위하게 종합하여 《감성지능》이란 책을 썼다(1995). 그에 의하면 '감성지능'이란 충동 자제 능력, 동기 부여 능력, 타인과의 감정 공유 능력, 인간관계 능력

등을 말한다(pp. 42~46). 이러한 능력들을 갖추려면 먼저 자기 스스로 남을 돕는 따뜻하고 아름다운 마음, 남을 포용할 줄 아는 넉넉한 마음, 즉 EQ를 가져야 한다. 반대로 차갑고 메마른 마음을 가진 사람은 EQ 자체가 빈약한 사람이다. 이러한 사람에게 성숙한 EQ를 기대하기 어렵다.

여기서 'EQ의 양이 많고 적은 것'과 '성숙한 EQ'의 의미는 다르다는 사실을 알아야 한다. 'EQ의 양'은 따뜻한 감성을 얼마나 많이 가졌느냐 하는 양(quality)을 의미하지만, '성숙한 EQ'는 그 감성을 얼마나 이성적으로 잘 절제할 수 있느냐 하는 절제 능력을 말한다.

감성지능이 높은 사람은 자신의 감정 상태를 정확히 인식할 줄 알 뿐 아니라, 그 기분에 대한 자신의 생각도 안다. 자신의 감정 상태를 정확히 알고 선악에 대한 분별력이 있는 사람은 실수를 줄일 수 있다. "나도 모르게 그런 일을 저질렀다."고 말하는 사람들을 흔히 보는데 그런 사람들은 EQ의 양은 많을지 몰라도 성숙한 EQ를 가졌다고 할 수는 없다.

또 EQ가 높고 성숙한 사람은 타인의 감정을 읽을 줄 알고, 돌발적인 충동을 절제할 줄 알고, 분노를 삭일 줄 알며, 사물을 긍정적으로 파악할 줄 알고, 자신의 풍부한 감성을 상대방에게 표현할 줄 아는 능력을 가진 사람이다. 따라서 우리는 자녀를 첫째 풍성한 EQ를 가지도록 교육하고, 둘째 그 풍성한 EQ가 좋은 열매를 맺도록 다듬어 성숙한 EQ의 사람이 되도록 교육해야 한다.

우리가 여기에서 주목해야 할 것은 EQ와 행복지수(Happy Quotient)의 상관관계다. EQ가 높은 사람은 행복지수(HQ)도 높다. 왜냐하면 EQ가 높을수록 긍정적인 사고를 가지고 있기 때문이다. 이런 사람은 매사에 자신이나 타인에게 긍정적인 시각에서 용서하고 이해하며 도와준다. 인간의 행복이란 그 사람이 처한 상황보다는 그 상황을 바라보는 마음의 자세에 달려 있다. 아무리 물질적으로 부자여도 항상 부족함을 느끼는 사람은 가난한 사람이고, 설령 가난해도 스스로 풍족하다고 생각하면 부유한 사람이다.

실제로 다윗은 삶과 죽음의 기로에 선 극한 상황에서도 "여호와는 나의 목자시니 내가 부족함이 없으리로다"(시 23:3)라고 노래했다. 따라서 행복한 삶은 마음의 부유함에서 오게 되고 마음의 부유함은 풍부한 EQ에서 오게 된다. 풍부한 EQ는 바로 어머니와 종교교육에서 얻을 수 있다(차후 설명함).

교육학적으로 IQ가 무엇을 어떻게 아느냐(what to know and how to know) 하는 지식의 영역(the cognitive domain)이라면, EQ는 무엇을 어떻게 느끼느냐(what to feel and how to feel), 그리고 어떻게 그 감정을 조절하느냐(how to control his/her feelings) 하는 감성의 영역(affective domain)이다. 전자가 논리적으로 사고하는 머리 부분이라면 후자는 감정을 느끼는 가슴에 속한다.

인간의 두뇌에는 논리적으로 생각하고 기억하는 부분(IQ)과 정서를 생산하는 부분(EQ)이 따로 있다(World Book Encyclopedia, Vol. 2. 1986, p. 460d). 혹자는 저자가 유대인의 자녀교육에서 강조하는 인간의 사상이 이성과 연관되기 때문에 IQ 영역에 속한다고 말할 수도 있을 것이다. 그러나 사상과 IQ에는 커다란 차이가 있다. 사상은 종교교육에서 나오기 때문이다. 최근에 발견된 새로운 사실은 좋은 정서가 사상에도 지대한 영향을 미친다는 점이다. 그뿐만 아니라 정서지수가 높으면 명확하게 생각하고 현명하게 결정하는 데도 큰 도움이 된다. 정서지수가

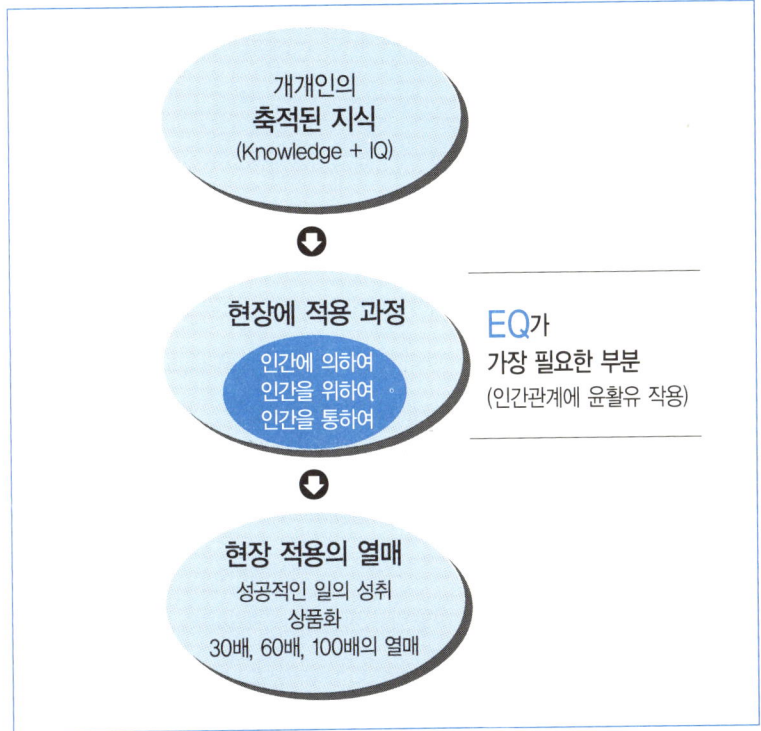

높으면 분석적인 사고도 높아지고 상상력도 풍부하게 되며 창의력 발달에도 커다란 도움을 준다(Goleman, 1995, pp. 27~28 및 EI 참조).*

이는 무엇을 뜻하는가? 한 인간이 어떠한 종교를 가시느냐에 따라 그의 사상이 정립되며 그 사상은 그의 정서에 막대한 영향을 끼친다는 의미이다. 기독교 사상을 가진 수많은 사람들이 세계 도처에서 고

---

* '이것은 이성과 EQ의 양을 겸비한 서양인의 종합적인 EQ지수(혹은 성숙한 EQ)를 말한다.

아나 극빈자를 도와주는 이유가 여기에 있다. 이 말은 한 가정에서 아버지와 어머니가 하나님의 말씀대로 자신의 역할을 잘 수행할 때 비로소 자녀들이 전인적인 인격체로 모든 면에서 균형 있게 성장할 수 있다는 것을 증명한다.

그리고 가정에서 EQ교육을 잘 받은 사람은 도덕지수(MQ: Moral Quotient)나 사회지수(SQ: Social Quotient)도 자연히 높아질 수밖에 없다. 그러므로 EQ가 높은 사람은 대인관계가 좋아서 많은 사람들에게 호감을 주고 존경을 받는다. 대인관계의 성공은 가정에서나 사회에서의 성공을 의미한다. 따라서 인간의 성공 요인으로 IQ보다 EQ(감성 지수)가 더 중요한 비중을 차지하게 되는 것이다.

뿐만 아니라 EQ는 예수님이 '씨 뿌리는 자의 비유'에서 말씀하신 좋은 마음밭, 옥토로 만드는 데 가장 중요한 요소다(마 13:3-7, 18-23; 막 4:1-25; 눅 8:4-15). 옥토는 복음의 씨를 잘 받아들이고 그 씨가 잘 자라 열매를 맺을 수 있는 마음의 토양이다. 즉 옥토는 영성개발(Spiritual Development)에 가장 적합한 마음의 토양이다. EQ와 영성(Spiritual Quotient)은 서로 높은 상관관계가 있다. 예를 들어 성령을 받고 영성이 높은 사람은 그만큼 EQ가 높아진다. 따라서 EQ는 사람과의 관계뿐만 아니라 하나님과의 관계도 좋게 하는 가장 중요한 요소이다.

사회에서 성공하기 위해서는 지능지수(IQ)보다
감성(정서)지수(EQ)가 더 중요하다.
IQ는 성공에 20%만 기여한다. (대니얼 골먼)

마음을 닦는 것이
두뇌를 개발하는 것보다 더 소중하다

Tokayer

이 속담은 "옳은 것을 배우기보다 옳은 것을 행하는 것이 더 낫다."는 말과 같은 뜻이다.

명망 있는 랍비가 제자 한 사람을 저녁 식사에 초대했다. 그러고는 포도주를 먹기 전에 외우는 기도를 올리라고 했으나 제자는 몇 줄밖에 외우지 못했다.

화가 난 랍비는 다른 기도문을 외우라고 말했다. 그것도 외우지 못했다. 지금까지 자기가 가르친 내용도 충분히 외우지 못하고 있었다. 랍비는 그를 심하게 꾸짖었다. 그 제자는 저녁 식사를 마친 뒤 고개를 들지 못하고 돌아갔다.

며칠 뒤 랍비는 지난번 식사에 초대한 제자가 스스로 일해 번 수입으로 병자나 가난한 사람들을 돕고 있다는 사실을 알게 되었다. 랍비는 자신이 부끄러웠다. 그는 선행의 주인공인 제자를 다시 불렀다.

"마음속에 있는 생각은 즉시 행동으로 나타나게 마련이다. 비록 많은 책을 읽어 지식을 쌓았다 해도 마음을 닦지 않으면, 그것은 알고 있는 것에 그치고 만다. 알면서 실천하지 못하면, 그것은 모르는 것보다 못하다."

_탈무드 잠언집, 동아일보, 2009

II. 지·정·의(知情意)에서의 EQ의 위치

1. 지·정·의(知情意)의 균형이 왜 필요한가

한 인간이 출생하여 성장하면서 직접, 간접적으로 교육을 체험한다. 그런데 그 교육 과정에서 인간의 여러 가지 능력 중 한 가지에만 너무 집착하는 것은 매우 위험한 일이다. 예를 들면, IQ 교육에만 집착하거나 혹은 EQ에만 집착해서는 안 된다. 지·정·의(知情意)를 고루 갖춘 전인 교육을 해야 한다.

예수님은 우리 삶의 모델이다. 예수님도 이 땅에 유대인으로 태어나 어려서부터 부모와 하나님의 은혜로 전인교육을 받으셨다. 그분은 하나님과 모든 백성 앞에서 말과 일에 능하신 선지자이셨다(눅 24:19).

누가복음 2장 52절에는 예수님의 어린 시절 성장 과정을 이렇게 서술한다. "예수는 그 지혜와 그 키가 자라가며 하나님과 사람에게 더 사랑스러워 가시더라(And Jesus grew in wisdom and stature, and in favor with God and men)." 이 말씀은 무엇을 뜻하나? 예수님의 지혜(wisdom)가 자라는 것은 IQ의 증가를, 키(stature)가 자라는 것은 체력(PQ)의 성장을, 하나님과의 관계는 영적 성장(Spiritual Growth, SQ)을, 사람과의 관계는 도덕적 성장(Moral Development, MQ)을 뜻한다. 또한 예수님은 남을 긍휼히 여기시는 감성(EQ)과 온갖 멸시와 고난을 이겨내는 의지력(Perseverance Quotient, PQ)도 초인적이셨다.

먼저 지·정·의의 개념을 설명해 보자.

지(知)는 지식(知識) 교육으로서 현대 학문인 IQ교육을 통한 인지발달(cognitive development) 영역을 말한다. 이는 가정이나 학교에서의 전문 교육으로 가능하다. 유대인의 경우는 아버지가 토라나 탈무드 교육을 통해 자녀의 IQ를 계발시켜 준다.*

정(情)은 정서(情緖), 즉 EQ교육을 말한다. 이는 어머니들에 의한 교육이나 성경을 통한 종교교육으로 가능하다. 특별히 EQ교육은 성령의 은혜를 크게 받았을 때 잘 이루어진다. 성령의 은혜를 받으면 아무리 정서가 메마른 사람이라도 사랑과 정서가 있고 눈물을 흘릴 줄 아는 사람으로 변한다.**

의(意)는 어떤 목적을 세우면 결코 포기하지 않는 의지(意志, perseverance)를 말한다. 의지력을 키우려면 어려서부터 수직문화에 대한 교육을 철저히 시켜서 자긍심을 높이고 깊이 있는 인간으로 키워야 한다. 특히 성경교육을 통해 확실한 신본주의 사상을 가지게 할 때 확고부동한 정체성을 가질 수 있을 뿐만 아니라 의지력도 강하게 발달된다. 이와 더불어 고난의 역사 교육***도 인간의 의지를 강하게 해 준다는 사실을 잊어서는 안 된다.

이제 전인교육적인 측면에서 왜 지·정·의 교육이 필요한가? 지·

---

* 더 자세한 내용은 '유대인의 4차원 영재교육' 참조.
** 더 자세한 내용은 다음에 이어지는 제2장 'EQ의 양을 높이는 4가지 방법' 참조.
***유대인의 고난의 역사 교육 참조.

정·의 교육 중 한 가지에만 너무 치중하거나 부족할 경우 어떠한 어려움이 생기는가에 대하여 알아보자.

첫째, EQ교육은 자녀를 착한 사람이 되도록 가르치는 것이다. 어머니가 어릴 때부터 다음과 같은 예수님의 사랑의 말씀을 자녀에게 들려준다.

> 누구든지 네 오른편 뺨을 치거든 왼편도 돌려 대며, 또 너를 송사하여 속옷을 가지고자 하는 자에게 겉옷까지도 가지게 하며, 또 누구든지 너로 억지로 오리를 가게 하거든 그 사람과 십리를 동행하고, 네게 구하는 자에게 주며 네게 꾸고자 하는 자에게 거절하지 말라. (마 5:39-42)

이런 말씀을 자주 가르치면 자녀들이 한없이 착해진다. 대부분 다른 건전한 종교의 가르침도 선행을 강조한다. 그렇다면 자녀들이 착하기만 해서 험난한 이 세상의 생존경쟁에서 살아남을 수 있을까? 그럴 수 없다. 착한 사람의 단점은 심약하거나 사기를 잘 당한다. 자신의 몫을 챙기지 못한다. 왜냐하면, 사람을 너무 잘 믿고 인정이 많아 분별력과 논리력 및 의지력과 추진력이 부족하기 때문이다.

둘째, 따라서 경쟁 사회에서 승리하려면 마음(EQ)은 착하지만 머리(IQ)는 똑똑해야 한다. 그래야 남에게 사기도 안 당한다.*

셋째, 인간이 EQ교육으로 착해지고, IQ교육으로 똑똑한 사람이 되었다고 성공할 수 있는가? 아니다. 이에 더하여 굳센 의지력(PQ, Perseverance Quotient)이 있어야 한다. 굳센 의지력은 투철한 정신세계에서 나올 수 있다. 투철한 정신세계는 수직문화 교육과 고난의 역사 교육 및 자신이 직접 체험한 고난을 통해 다져지고 깊어진다.

따라서 인간은 지·정·의를 모두 갖추어야 전인교육을 받았다고 할 수 있을 뿐만 아니라 생존경쟁에서도 살아남을 수 있다. 생존경쟁에서 패배하여 힘이 없거나 물질의 여유가 없다면 남을 도울 수도 없다는 사실을 명심해야 한다.

여기에 더 온전한 전인교육의 요소로 '덕(德, 벧후 1:5-7)'과 '체(體)'를 더해야 한다. 덕은 자신의 수양이 타인과의 관계에서 나타나는 것이며, 건강한 체력은 하나님의 사람으로 세상을 살아 나가는 데 필수요건이다. 물론 기독교인의 이러한 전인교육의 요소들은 예수님처럼 하나님과의 관계가 잘 맺어졌다는 전제 조건하의 전인교육이다.(60쪽 '전인교육을 위한 3가지 요소' 도표 참조)

한국의 교육 현실은 어떠한가? 대부분 감성(EQ)과 의지(PQ)교육은 무시하고, IQ교육만 강조한다. 더구나 인품이 배어나오는 덕(德)의 교육은 더욱 시키지 않아 매우 안타깝다. 한국은 신체적으로도 건강하면서 지·정·의와 덕을 함께 갖춘 큰 인물을 배출하기 힘든 교육 풍토다. 이제 이 책을 읽는 독자들에게 희망을 걸어 본다.

---

* 더 자세한 머리(IQ, 영재교육)교육에 대해서는 다음에 이어지는 '유대인의 4차원 영재교육 노하우'에서 설명함.

2. 유대인의 4차원 영재교육 노하우

이 세계에는 수많은 민족들이 살고 있다. 그 중에 어떤 민족이 우수한 민족인가? 우수한 민족을 측정하는 기준은 무엇인가? 우수한 인물을 많이 배출한 민족이다.

어느 민족이 우수한 인물을 많이 배출했는가? 유대 민족은 인구 수는 적지만 우수한 인물들을 가장 많이 배출했다. 심리학자 프로이트, 화가 샤갈, 과학자 아인슈타인, 지휘자 번스타인, 국제 외교가 키신저, 영화감독 스필버그 등이 유대인이다. 역대 노벨상 수상자들만도 30% 이상을 배출했다.

그들의 교육은 우리의 것과 무엇이 다른가? 왜 한국은 그렇게 자녀들을 공부에 혹사시키는데도 천재들이나 우수한 인물들이 잘 배출되지 않는가?

유대인을 모델로 교육학을 연구하다 보면 그들만의 특성을 발견할 수 있다. 인성교육뿐만 아니라 영재교육도 마찬가지다. 위에서 전인교육적 측면에서 지·정·의에 대한 감성(EQ)교육, 인지발달(IQ) 및 의지교육(PQ)을 살펴보았다. 이제 여기서는 4가지 중에 인지발달(cognitive development, 知, IQ)에 대해 더 자세히 살펴보자.

일반 학교교육에서 추구하는 영재교육과 유대인이 추구하는 영재교육은 무엇이 다른가? 일반 교육에서는 주로 지식 위주의 지능(IQ) 개발을 추구하지만, 유대인에게는 다음의 4가지 인지개발 단계를 추구한다. 여기서는 간단히 유대인의 영재교육을 소개하여 한국 영재교육 개발에 도움을 주고자 한다.*

유대인의 4차원 영재교육

제4차원 영재교육	지혜교육 문제 해결의 도구, 지식을 담는 그릇
제3차원 영재교육	'슈르드' 교육 악인의 올무에 걸리지 않는 율법교육
제2차원 영재교육	질문식과 탈무드 논쟁식 IQ계발 교육
제1차원 영재교육	일반 학교의 세상 학문 교육 지식 위주의 단계별 학습법

제1차원 영재교육은 이방인이나 유대인 모두 유사하게 사용하는 교육 방법이지만 **제4·3·2차원 영재교육**은 유대인만이 갖는 독특한 교육 방법이다.

제1차원: 학교교육 – 일반 학교교육에서 배우는 지식 위주의 IQ교육.
제2차원: IQ계발 교육 – 질문과 탈무드 논쟁을 통한 IQ계발 교육.
제3차원: 슈르드(shrewd) 교육 – 악인의 올무에 걸리지 않는 율법교육.
제4차원: 지혜(wisdom)교육 – 인생의 어려운 문제가 생길 때 그 문제를 해결하는 도구.

지식이 '무엇이냐(what)'에 대한 공부라면, 지혜는 '어떻게 대처하

---

* 더 자세한 내용은 저자의 저서 《유대인의 아버지의 4차원 영재교육》(동아일보, 2006)을 참조하기 바란다.

느냐(how)' 의 방법을 배는 것이다. 지식이 수평문화라면, 지혜는 수직문화다. 예를 들어 컴퓨터는 지식에 속한다. 기술이 개발됨에 따라 자주 변하는 컴퓨터 지식은 수평문화다. 그러나 성경 말씀은 지혜에 속한다. 그러므로 변하지 않는 성경 말씀은 수직문화다.

하드웨어의 용량이 많아야 소프트웨어의 프로그램이 효과적으로 무리 없이 잘 작동하는 것처럼, 유대인은 자녀교육에도 수직문화인 지혜교육과 슈르드교육 그리고 IQ계발 교육으로 하드웨어의 용량을 많이 키워낸 후 일반 교육에서 배우는 IQ교육을 시키기 때문에 일평생 동안 그들의 IQ교육이 100% 이상의 효율을 낼 수 있다.

반대로 수직문화인 하드웨어의 용량은 적은데, 일반 교육에서 배운 IQ교육의 소프트웨어의 용량만 많으면 컴퓨터가 열을 받아 작동을 멈추는 것처럼, IQ교육만 받은 사람들은 처음에는 이기는 것 같으나 나중에는 지기 쉽다. IQ교육만 받은 사람들은 자기 꾀에 자기가 넘어가 낭패를 보는 경우가 많기 때문이다. 숲 전체는 보지 못하고 나무만 보고 일하기 때문이다.

요즘 한국의 최첨단 교육을 받았다는 IQ 지식인들이 왜 옛 선인들보다 인성교육적 측면에서도 뒤지고 매사를 처리함에 단견적(短見的)인가? 그리고 실수를 많이 하는가? 지식은 많은데 지혜가 부족하기 때문이다. 따라서 한국은 IQ 지식인들보다는 지혜를 가진 지식인들이 많아야 한다. 더 바람직한 것은 유대인처럼 지혜와 슈르드 그리고 IQ계발 한 지혜인이면서도 최첨단 IQ교육도 겸한 지식인이어야 한다.

유대인 자녀들은 학교에서 지식을 배우고, 가정에서 부모로부터 지혜를 배운다. 이들은 지식이 기록된 책과 지혜가 기록된 책을 구별한다. 책을 통해 배우는 지혜보다는 부모를 통해 배우는 지혜가 더 소중하고 훌륭한 것이라고 가르친다.

유대인 부모는 자녀가 세 살 때부터 까다로운 율법을 줄기차게 가르쳐 몸에 완전히 배도록 한다. 율법을 배우면서 선악을 구분하는 능력이 생기고 사고력, 비판 능력, 창조력이 함께 자란다. 이것이 유대인 특유의 '슈르드' 교육이다. 'shrewd'란 흔히 아는 'wisdom'과는 다른 의미를 지닌다. shrewd에는 슬기로운, 영리한, 현명한 등의 뜻이 있다.

예수님은 당대의 율법에 능통한 똑똑한 유대인들이 쳐놓은 덫에 한 번도 걸리지 않으셨다. 유대인의 3가지 영재교육인 지혜교육, 슈르드 교육 그리고 질문과 탈무드 논쟁을 통한 IQ계발 교육을 모두 받았기 때문이다. 기독교인이라면 예수님을 닮아 마음은 순결하나, 머리는 '슈르드' 해야 한다.

지식 위주로 가르치는 일반 학교교육이 가장 낮은 단계인 제1차원적 교육이라면, 질문과 탈무드 논쟁을 통한 IQ계발 교육이 제2차원 영재교육이며, 악인의 올무에 걸리지 않는 율법교육인 슈르드 교육이 제3차원 영재교육, 문제 해결의 도구인 지혜를 기르는 지혜교육이 가장 높은 단계인 제4차원 영재교육이다.

유대인은 낮은 단계에서 높은 단계로 가르치는 게 아니라, 제4차원 교육부터 먼저 가르친다. 시간과 물질을 제2~4차원 교육에 80%를 투자하고 일반 학교교육에는 20% 정도 투자한다. 이 점에서 거의 100%를 일반 학교교육에만 투자하는 한국과 다르다.

결론적으로 유대인은 교육의 내용도 하나님이 주신 지혜의 말씀이지만, 교육의 방법에서도 인간의 IQ를 계발하는 최상의 방법을 조상 대대로 사용해 왔다. 따라서 그들의 우수성은 세상의 학교교육에서 나오는 것이 아니고 그들의 특수한 종교교육에 기인한다. 그러므로 유대인의 영재교육은 그들의 종교교육을 거론하지 않고는 설명할 방법이 없음을 알아야 한다. 그들의 민족적인 응집력 역시 그들의 성경적인 종교교육에 기인한다.

"너희는 뱀같이 지혜롭고(Shrewd) 배둘기같이 순결하라(innocent)"(마 10:16).
예수님은 EQ(사랑, 순결) 그 자체이시지만
지혜인 율법도 통달하신 IQ(shrewd) 모두 최고의 모델이셨다.
따라서 기독교인도 예수님을 닮아
자녀들을 순결하고 슬기롭게 키워야 한다.

3. 수직문화와 지·정·의(知情意)교육의 관계

이 책 제1, 2권에서 인간다운 인간교육을 위한 인성교육의 내용으로서 수직문화에 대해 설명했다. 그러나 EQ교육을 설명하면서 몇 가지 질문이 제기될 수 있다. 수직문화 교육은 단지 자녀의 의지력만 강하게 키워주는가? 그리고 수직문화는 EQ와 상관이 없는가? 수직문화가 EQ와 상관이 있다면 수직문화 중 어떠한 내용이 관계가 있는가? 우리의 자녀들에게 수직문화 교육을 시킬 경우 지

(知)·정(情)·의(意) 전 영역의 발달에 어떠한 영향을 미치는가? 이것은 수직문화 교육의 내용과 방법에 따라 다를 수 있다.

수직문화 교육의 내용은 인간의 정신세계에 영향을 미치는 역사, 전통, 효도, 고전, 종교, 철학, 사상, 뿌리 문화, 도덕과 윤리 등이다. 이러한 교육의 내용들은 다음의 3가지로 분류할 수 있다.

첫째, 의지력을 키우는 내용: 전통, 사상, 철학 및 고난과 고난의 역사
둘째, EQ의 양과 질을 높이는 내용: 선조들의 권선징악(勸善懲惡)의 교훈과 종교적 교훈
셋째, 지혜의 내용: 역사와 고전 및 종교

그러나 대부분의 수직문화 교육의 내용에는 위의 3가지, 의지력을 키우고 EQ를 높이고 지혜를 얻게 하는 내용들이 부분적으로 모두 포함되어 있다고 보아야 한다. 다만 어느 내용은 지(知)에 관한 부분이 더 많고, 어느 내용은 정(情)에 관한 부분이 더 많고, 어느 내용은 의(意)에 관한 부분이 더 많을 뿐이다.

물론 수직문화 교육에서 얻는 지식은 지혜에 속한다. 이것은 일반적으로 세상 학교에서 가르치는 교육의 방법과 내용인 세상 학문에서 얻는 IQ와는 다르다. 왜냐하면, 세상 학문은 삶의 생업을 위한 전공에 속하는 수리와 언어 및 과학의 지식이기 때문이다. 따라서 지(知, IQ)·정(情, EQ)·의(意, PQ)의 도표에서 말하는 지(知)에는 IQ와 지혜가 함께 포함돼야 한다.

유대인의 IQ교육 방법은 종교적인 면에서 2가지, 비종교적인 면에

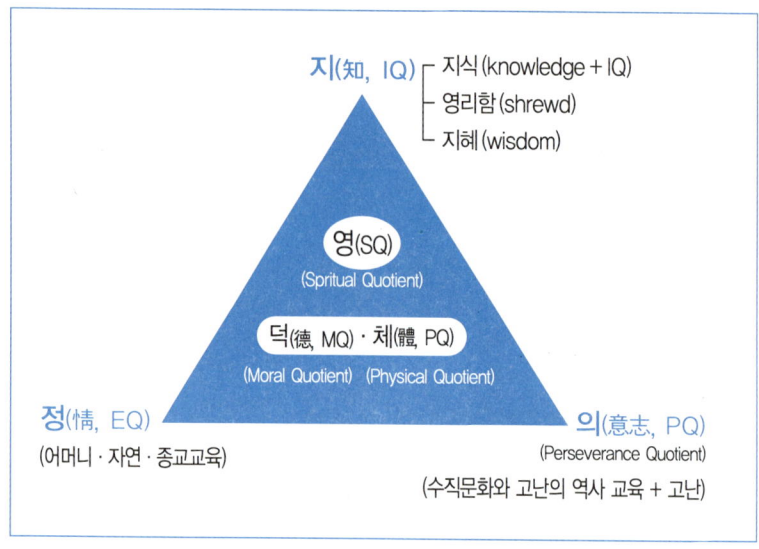

서 한 가지를 합해 3가지가 있다. 먼저 유대인의 종교적인 면에서 IQ 계발은 2가지, 지혜의 말씀인 성경 자체와 탈무드를 가르치는 교육과정에서 이루어진다. 성경과 탈무드를 가르치는 과정에서 자녀의 지능(IQ)만 높아지는 것이 아니고, 성경과 탈무드의 내용인 성경적 수직문화를 체득하게 함으로써 삶의 지혜도 함께 배우게 된다.* 그리고 그 이후 세상의 현대 학문(IQ교육)을 병행한다.

이것은 이방인이 세상의 현대 학문(IQ교육)에만 의존하여 IQ를 계발하는 방법과는 엄청난 차이가 있다.

물론 EQ는 예수님이 '씨 뿌리는 자의 비유'에서 말씀하신 좋은 마

---

* 더 자세한 내용은 《유대인 아버지의 4차원 영재교육》 참조.

음밭, 옥토로 만드는 데 가장 중요한 요소다(마 13:3-7, 18-23; 막 4:1-25; 눅 8:4-15). 그러나 이와 함께 수직문화에 속하는 성경 공부를 통해 선과 악을 구분하고 선하게 살려는 의지를 높이는 교육의 내용 또한 EQ를 높여 준다.

수직문화 교육을 시킬 경우 지(知)·정(情)·의(意)
전 영역의 발달에 어떠한 영향을 미치는가?
이것은 수직문화 교육의 내용과 방법에 따라 다를 수 있다.

III. IQ와 EQ로 본 4가지 교육 모델

1. IQ 위주의 교육(IQ 모델)

'IQ 모델'은 IQ만을 강조하는 교육이다. 이는 수리, 지식 및 논리를 강조하는 방법으로 머리는 발달되어도 가슴으로 느끼는 감성(EQ)이 부족하기 때문에 차가운 사람이 되기 쉽다. 도덕 및 윤리성도 낮은 사람이 될 수 있다. 가정과 사회에 해악을 주는 지식인을 만들기 쉽다. 따라서 'IQ 모델'은 전인교육 측면에서 볼 때 인성교육 부분이 약하기 때문에 추천할 만하지 않다.

2. 먼저 IQ, 후에 EQ교육(IQ · EQ 모델)

'IQ · EQ 모델'은 IQ교육을 먼저 하고 나중에 EQ교육을 하는 모델이다. IQ만 강조하는 교육보다는 낫다고 보겠으나 나이가 들어서 EQ교육을 하면 효과가 더디다. EQ교육을 실시할 때는 먼저 좋은 감성을 갖게 하고 이를 훈련을 통해 습관화되도록 도와주는 것이 중요하다.

지성만으로 사람들에게 존경받으려 하는 것은 마치 사막에서 물고기를 잡으려는 것과 같다

Tokayer

사막에서 물고기를 잡으려고 하는 것은 헛수고다. 지성만으로 사람들에게 존경받으려 하는 것은 마치 사막에서 물고기를 잡으려는 것과 같다.

지성이 있다는 것은 지식을 풍부하게 가지고 있다는 것이다. 지성을 많이 쌓은 사람은 다른 사람들에게 소중한 대접을 받는다. 왜냐하면 식자(識者)를 알고 있으면 편리하기 때문이다. 그러나 그는 그가 알고 있는 지식 때문에 소중히 여겨지는 것이지, 인간으로서 사랑받고 존경받는 것은 결코 아니다.

이와는 반대로 아름다운 마음을 가진 사람은 인간으로서 사랑을 받는다. 언뜻 보면 지성을 가진 사람이 마음씨 고운 사람보다 더 소중히 여겨지는 것 같다. 그러나 결국은 마음씨 고운 사람이 승리하게 된다.

마음씨 고운 사람이 많은 지식까지 겸비하고 있다면 금상첨화(錦上添花)일 것이다. 이런 사람은 지도자감으로 매우 좋다. 그런 사람은 사막에서도 사람들이 물고기를 구해다 줄 것이다.

_탈무드 5 (부제: 유대인의 격언), 동아일보, 2009

그러므로 인성교육의 원천인 EQ교육은 출생 이전 태아 때부터 시작하여 태어난 뒤에도 계속해야 효과가 높다. 만약 EQ교육의 시기가 늦었다고 생각되더라도 그때부터 바로 종교교육과 함께 꼭 EQ교육을 시켜야 한다. 전인교육은 평생을 통하여 이루어지는 평생교육이기 때문이다.

3. EQ 위주의 교육(EQ 모델)

'EQ 모델'은 EQ만을 강조하는 교육이다. EQ의 사람은 남의 아픔을 자신의 아픔으로 공유하기 때문에 슬퍼하는 자와 함께 슬퍼한다. 이 경우 남을 위해 살고자 하는 풍성한 정(情)을 갖고 남에게 상처를 주지는 않지만 이성적인 논리가 약하여 인정에 이끌리어 준법정신이 약해지기 쉽다. 자녀를 냉철한 이성을 가진 똑똑한 사람으로 키우려면 반드시 IQ교육도 병행해야 한다.

특히 기독교인들은 시대를 앞서가야 하나님의 주권의 말씀을 세상에 올바로 전할 수 있다는 점을 명심해야 한다. EQ만을 고집하는 'EQ 모델'은 바람직한 교육 방법이 아니다.

EQ의 사람은 남의 아픔을
자신의 아픔으로 공유하기 때문에
슬퍼하는 자와 함께 슬퍼한다.
남에게 상처도 주지 않는다.

4. 먼저 EQ, 후에 IQ교육(EQ · IQ 모델)

'EQ · IQ 모델'은 먼저 EQ교육을 하고 후에 IQ교육을 하는 모델이다. EQ교육을 먼저 하는 것은 인성교육 위주의 수직문화를 먼저 가르치고 그 뒤 생활에 필요한 현대 교육을 중심으로 한 수평문화 교육(수평문화 중 인간의 지식의 차원)을 시키는 모델이다. 이때 수직문화의 교육 내용에는 의지를 키우는 사상에 관한 내용과 EQ를 풍성하게 하고 EQ의 질을 높이는 내용도 포함된다. 기독교인에게도 반드시 IQ교육이 필요하다. 세상을 이겨 하나님께 영광을 드리기 위해서다. EQ · IQ 모델의 교육을 실시할 경우 자녀를 좋은 성품을 가지고 가정과 사회에 기여하는 지식인으로 키울 수 있다. 그러므로 가장 바람직한 교육은 EQ · IQ 모델이라고 하겠다.

정통파 유대인의 자녀교육은 이 모델에 속한다. 그런데 유대인의 IQ계발은 지혜의 하나님 말씀인 성경과 탈무드를 가르치는 과정에서 이루어진다. 이 과정에서 자녀의 지능만 높아지는 것이 아니고, 성경적 수직문화를 함께 배우게 된다.* 그리고 그 이후에 세상의 현대 학문(IQ 교육)을 병행한다. 이 점이 이방인의 IQ계발 방법과 다르다.

EQ + IQ 모델의 교육을 따를 경우 자녀를 좋은 성품을 가지고
가정과 사회에 기여하는 지식인으로 만들 수 있다.
유대인의 자녀교육은 이 모델에 속한다.

---

* 더 자세한 내용은 《유대인 아버지의 4차원 영재교육》 참조.

평판은 가장 좋은 소개장이다.

Tokayer

아키바는 탈무드에 나오는 위대한 랍비다. 그가 임종할 무렵에 아들이 말했다.

"아버지, 아버지 친구분들께 제가 얼마나 공부를 열심히 하고 잘하는지 말씀해 주시지요."

아들도 아버지를 닮아 꽤 우수한 젊은이였다. 그러나 아키바는 이렇게 대답했다.

"아들아, 나는 너를 추천할 수 없다. 왜냐하면 내가 너를 추천하지 않아도 너에 대한 평판이 가장 좋은 소개장이니까."

평판이란 것은 수천 장의 소개장을 세상에 뿌리는 것과 같다. 그리고 자신의 업적만큼 설득력 있는 대변자도 없다. 업적이 남기는 목소리는 높고 널리 그리고 아주 멀리 퍼지는 것이다.

_탈무드 잠언집, 동아일보, 2009

IV. 유대인의 EQ교육은 성경교육

유대인들이 성공하는 이유는 그들이 IQ뿐만 아니라 EQ도 타민족보다 더 높기 때문이다. 이것 역시 그들의 종교교육에 기인한다. 유대인의 EQ와 유대인의 어머니 교육은 어떠한 상관관계가 있는지 살펴 보자.

지금까지 나온 EQ의 논리를 몇 가지로 요약하면 다음과 같다. 첫째, 자녀들이 어떻게 풍성한 감성을 가질 수 있고 잘 느끼느냐. 둘째, 자신의 감성이 어떠한지 잘 알고 어떻게 절제할 수 있느냐. 셋째, 타인과의 관계에서 감성을 어떻게 공유하고 긍정적으로 표현하며 성공적인 삶을 살 수 있느냐 하는 것이다. 이 3가지 주제에 대한 답을 유대인의 어머니 교육에서 찾아보자.*

첫째, 유대인은 왜 EQ가 높은지에 대해 알아보자. 유대인 가정에서 자녀에게 사상교육을 시키는 것은 아버지의 역할이고, 정시교육은 어머니의 몫이다. 어머니의 사랑과 정서, 눈물은 어머니의 가슴에서 생성된다. 어머니의 가슴은 그래서 중요하다. 과학적으로 따지면 마음

---

* 자세한 내용은 저자의 《IQ-EQ》 책 제3권 '유대인의 어머니 교육' 참조.

의 정서를 생산하는 부분은 머리(두뇌)이지만, 그 마음의 정서를 상징적으로 표현하는 부분은 가슴이다. 마음이 아픈 것을 머리가 아프다고 말하지 않고 가슴이 아프다고 표현한다.

성경에서 감성(EQ)에 해당하는 단어는 히브리어의 '라하밈(영어의 Compassionate)' 이다. '동정, 자비'란 뜻이다. 한글 개역 성경에서는 '불쌍히(긍휼히) 여기시다'(마 5:7, 18:33)라고 표현했다. 그 원어는 아기를 사랑으로 양육하는 어머니의 '자궁'이란 뜻이다. 그러므로 히브리어의 '라하밈'은 어머니의 사랑, 정서, 눈물을 뜻한다. 즉 여성의 자궁은 모성애를 뜻한다(어머니 교육, '모성애의 히브리 어원: 자궁의 역할' 참조). 성경적 '긍휼'은 밖에서 주는 동정이나 자비가 아니고, 상대방의 입장에 서서 그가 느끼는 아픔을 그대로 느끼는 마음이다. 탈무드에 의하면 "동료에게 자비가 없는 사람은 하나님으로부터 그 무엇도 받을 것을 기대할 수 없다"(Shabbath 151b). 그만큼 하나님은 남을 돕는 생활을 원하신다.

성숙한 EQ의 사람은 남의 아픔을 자신의 아픔으로 여기기 때문에 슬퍼하는 자와 함께 슬퍼한다. 반면 성숙치 못한 EQ의 사람은 잔칫집에 가는 것은 잘 하지만 슬픔을 함께하는 것은 잘 하지 못한다.

정통파 유대인이셨던 예수님은 얼마나 EQ가 많으신 분이신가? 그분은 권력이 있는 자나 부유한 자 혹은 명예가 많은 사람들과 함께하시지 않으셨다. 잔칫집보다는 초상집을 많이 찾으셨다. 건강한 사람보다는 병든 사람을 많이 찾으셨다. 그분은 시각장애인 바디매오의 아픔을 불쌍히 여기셨고(막 10:46-52), 나사로의 죽음 앞에서 눈물을 흘리셨다(요 11:35). 그리고 그들의 아픔을 치료해 주셨다. 뿐만 아니라 그분 스스로 일생을 가난한 자와 병든 자 및 슬픈 자와 함께하셨다.

성경은 근본적으로 하나님 사랑과 이웃 사랑에 관한 책이다. 따라서 성경을 많이 읽으면 EQ의 양이 무척 많아진다. 사진은 정통파 유대인 아버지가 두 아들에게 성경을 가르치는 모습.

따라서 예수님을 닮은 성숙한 기독교인일수록 슬퍼하는 자와 함께 슬퍼하지만, 미성숙한 기독교인일수록 자신에게 유익을 주는 잔칫집 같은 데서는 함께 기뻐하나 자신에게 부담이 되는 슬퍼하는 자와는 함께 슬퍼하지 못한다는 사실을 알 수 있다.

둘째, 유대인은 성숙한 EQ 능력, 즉 자신의 감정을 알고, 그 기분 상태의 선악을 판단하고, 그것을 절제할 줄 아는 성품을 어머니로부터 배운다. 어머니는 자녀와의 상담과 예절교육을 통해 EQ를 가르친다.

셋째, 유대인이 자신의 풍부한 감성을 남에게 긍정적으로 표현할 줄 아는 것도 어머니로부터 쩨다카 교육을 받은 덕분이다. 유대인 어머니는 자녀에게 남을 동정하고 도와주는 쩨다카 교육을 시킨다.*

그들은 자녀에게 어려서부터 남의 마음을 상하지 않게 하면서 남에게 긍정적으로 말하는 훈련을 시킨다. 유대인의 성품(character) 교육이다. 그렇기 때문에 그들은 사회생활에서 인간관계가 좋다. 그들의 이 모든 교육 방법이 성경에 근거한 것임을 주목할 필요가 있다. 이 말은 우리도 성경대로 살면 유대인처럼 EQ가 높아진다는 뜻이다.

유대인이 정서가 풍부하다는 증거는 그들의 생활에서도 찾아볼 수 있다. 그들은 삶 그 자체를 값지고 행복한 것이라고 여긴다. 하나님께서 창조하셨기 때문이다. 정통파 유대인 중 하시딤파는 늘 기쁜 생활을 유지하는 것을 삶(Joyful life)의 목표로 삼는다. 항상 웃는 얼굴이며, 회당에서 만나면 노래도 부르고 춤도 춘다. 이러한 기쁜 생활은 매사를 긍정적인 사고로 보려고 노력할 때에 가능하다.

유대인은 슬플 때나 기쁠 때 그 상황에 적절한 노래와 시와 유머를 즐긴다. 노래와 시와 유머를 즐기는 것은 정서가 풍부해야 가능하다. 구약 성경을 보면 많은 하나님의 말씀들이 유대인들을 통하여 시(詩)라는 문학 형태로 전달되었음을 알 수 있다. 특히 문학서와 선지서는 거의 시의 형태로 쓰였다. 그러면 하나님이 선지자를 선택하실 때 일부러 시인을 선택하셨는가? 그렇게 볼 수는 없다. 하나님에게 쓰임 받은 신앙심 깊은 선지자들은 일반적으로 악한 백성들보다 정서지수가 높다고 보아야 한다. 이 말을 바꾸어 말하면, 하나님의 백성이 정서가 풍부한 것은 하나님의 성품을 닮았다는 것이다. 즉, 하나님은 사랑과 눈물과 정서가 풍부하신 분이시다.

---

* 더 자세한 내용은 '유대인의 어머니 교육' 중 '유대인의 선행 교육' 참조.

그 예로 목동이었던 군인 출신 다윗 왕을 들 수 있다. 다윗은 농촌의 양치는 목동이었다. 다윗이 특별한 전문교육을 받았다는 흔적은 성경에 나타나지 않는다. 유대인 랍비에 의하면, 다윗은 어린 시절 일반 유대인들이 전반적으로 받았던 기본적인 율법교육을 받았을 뿐이다. 그런데도 그는 시편 150편 중 절반에 가까운 73편을 썼다. 결국 그의 투철한 신본주의 사상은 그의 아버지에 의한 교육과 유대인들의 기본적인 교육 때문이고, 풍성한 시상(詩想)은 그의 어머니에 의한 EQ교육에서 연유했다고 볼 수 있다.

EQ교육의 목적도 유대인과 이방인이 다르다. 물론 모든 이방인이 다 그런 것은 아니지만, 일반적으로 이방인이 자녀에게 EQ교육을 하는 목적이 사회에서 출세를 하기 위해서라면, 유대인은 하나님의 영광을 위해 하나님의 자녀답게 하나님의 형상을 세상에 드러내는 데 그 목적을 둔다.

성경에서 감성(EQ)에 해당하는 단어는 히브리어로
'라하밈(compassionate)'으로 어머니의 '자궁'이란 뜻이다.
여성의 따뜻한 모성애다.
"동료에게 자비가 없는 사람은 하나님으로부터 그 무엇도
받을 것을 기대할 수 없다." (탈무드)

제2장

EQ의 양을 늘리는 4가지 방법

I. EQ는 어머니 몫이다
II. 신앙교육
III. 자연(Motherland)과 친해져라
IV. 약자, 가난한 자, 병자를 도와라 (쩨다카 교육, 사회 구제)

들어가며

　EQ의 양을 늘린다는 말은 착하고 너그럽고 남을 돕는 마음을 많게 함을 말한다. 사랑과 정서, 눈물이 풍부한 사람으로 키운다는 의미다. 그런 자녀는 남의 아픔을 나의 아픔으로 여기는 마음이 많다. 학교에서도 EQ의 양이 적은 아이들은 약자보다는 강자 편에 가난한 자보다는 부자에게 더 관심을 보이나, EQ의 양이 많은 아이들은 강자보다는 약자에게, 부자보다는 가난한 자에게 더 마음을 쓴다.
　EQ의 양이 적은 아이들은 신체장애인이나 정신지체아들을 놀리거나 학대하지만 EQ의 양이 많은 아이들은 그들에게 더 관심을 갖고 도와 주려고 노력한다.
　자녀의 EQ를 어떻게 높일 수 있을까? 대략 4가지 방법이 있다. 그 중 3가지는 EQ를 생산하는 근원(어머니, 자연, 신앙교육)이고, 네 번째는 선행을 실천하는 방법이다. 이것은 IQ를 살리는 유대인의 EQ 증진 방법이다. 2장에서는 그 방법을 소개한다.*

＊ 자세한 내용은 '유대인의 어머니 교육' 참조.

I. EQ는 어머니 몫이다

어머니의 EQ교육은 자녀에게 대단히 중요하다. 하나님의 사랑 다음으로 강한 사랑이 어머니의 모성애다. 특히 과거 한국 어머니들은 사랑과 정서와 눈물이 풍부했다. 그것이 한국 어머니들의 모성애로 나타났다. 이것이 가정을 세우고 한국 교회를 세우는 데 지대한 영향을 주었다.* 그런데 오늘날에는 한국의 모성애마저도 현대 수평문화와 IQ교육으로 말미암아 약해지고 있어 안타깝다.

1. 자녀를 임신 중일 때 어머니의 역할

어머니의 희로애락(喜怒哀樂)의 정서(EQ)는 곧바로 태아에게 전달된다. 태아의 정신 건강을 위해서는 어머니가 긍정적이고 행복하고 평안해야 한다. 부정적이고 불행하고 불안하면 태아는 자신도 모르게 부정적이고 불행하고 불안을 느껴 출생 후 신뢰도가 떨어지고 불신이 자라게 된다. 따라서 어머니가 되는 사람은 다음의 사항

---

* 더 자세한 내용은 '유대인의 어머니 교육' 참조.

을 실천해야 한다.

(1) 늘 긍정적인 마음을 가져라. 부정적인 마음은 본인과 아이의 정서에 좋지 않다.
(2) 늘 행복한 생각을 하라. 그리고 마음을 편안하게 하라.
(3) 사랑과 정서와 눈물의 여인이 돼라. 남을 돕는 착한 마음을 가져야 한다. 남을 미워하고 모함하는 악한 마음과 분노의 마음을 가지면 태아에게 그런 정서가 전달되어 나쁜 영향을 미친다.
(4) 아이를 위해 남편을 위해 기도하는 어머니가 돼라. 그리고 성경을 묵상하는 어머니가 돼라.
(5) 위의 행동을 할 때에 뱃속의 아기와 대화하듯이 하라.
(6) 좋은 클래식 음악과 건전한 가곡, 찬송가를 많이 들어라.
(7) 정결하고 정성이 들어간 음식을 먹어라. 혐오 음식은 피하라.
(8) 고운 말을 골라 쓰고 나쁜 말은 사용하지도 듣지도 마라.
(9) 남편은 아내를 사랑하고 기쁘게 해 주라.
(10) 마음을 살찌게 하는 양서(良書)를 많이 읽어라.
(11) 자연(自然)을 즐겨라.

한국에는 조기교육과 관련하여 태교에 관심이 많다. 그래서인지 많은 이들이 내게 유대인의 태교법을 묻는다. 그러나 유대인에게는 태교라는 학문 영역 자체가 없다. 왜냐하면, 유대인 어머니가 매일 하나님이 주신 율법을 지키며 살아가는 것 자체가 바로 태교이기 때문이다. 율법에 따라 아버지가 해야 할 일을 매일 매일 실천하는 것도 바로 아버지의 태교이다. 즉 유대인들은 위의 사항을 임신을 했을 때뿐

모성애를 상징하는 사랑·정서·눈물(Compassion, EQ)을 뜻하는 히브리어 어원은 여성의 '자궁'이다. '자궁'은 생명체를 사랑으로 키우는 곳이다. 자궁이 있는 모든 여성은 사랑·정서·눈물이 많다. 때문에 EQ는 어머니 몫이다.

만 아니라 평생 지키며 산다.

  여기에서 우리는 귀한 교훈을 발견할 수 있다. 만약 어머니가 임신한 10개월 동안만 이런 교육을 실천한다면, 출산 뒤에는 이런 삶이 필요 없다는 말인가? 아니다. 임신 전 평상시에도 늘 이런 삶을 산 여인이라면, 구태여 태교를 강조할 필요가 없다. 왜냐하면 이런 삶이 여인의 본질이기 때문에 특별한 기간에만 강조할 필요가 없다. 따라서 이런 삶은 어려서부터 습관화 되어야 한다.*

---

* 자세한 내용은 '유대인의 어머니 교육' 참조.

2. 자녀를 낳은 뒤 어머니의 역할

(1) 모유를 먹여라. 어머니 가슴은 가나안이다. 가나안은 젖과 꿀이 있어야 한다. 젖은 육을 위한 양식이지만 꿀은 정서를 위한 EQ의 마음이다. 모든 어머니는 젖이 나오나 꿀은 준비하는 자에게만 나온다. 꿀을 준비하라!

(2) 스킨십(Skinship, 아기와의 피부 접촉)을 많이 하라.

(3) 자녀가 어릴 때 한 방에서 함께 자라.

(4) 음식에도 EQ가 있다. 정성들인 따뜻한 밥과 정성 없는 찬밥은 다르다.

(5) 마음을 나타내는 아름답고 고운 말을 가려 써라(고운 말 vs. 욕).

(6) 예절교육을 철저히 하라.
 - 아침에 일어나면 하나님께 감사기도 하기
 - 아침에 일어나 잠자리 개기
 - 아버지 나가시면 문 밖까지 나와 배웅하기
 - 어른들에게 큰절 하기
 - 아버지가 수저를 든 후 자녀가 먹기 등

(7) 고전(古典) 인물들의 이야기를 많이 들려 주라(Story Telling).

(8) 어린이용 의인(義人)들의 비디오를 많이 보여 주라(예: 주기철 목사, 손양원 목사 및 유관순 영화 등).

II. 신앙교육

하나님은 사랑이시다(요일 4:8, 16). 그리고 사랑(EQ)의 원천이시다. 따라서 EQ의 사람이 되기 위해서는 하나님의 감동으로 된 성경(딤후 3:16)을 많이 읽고 묵상하는 가운데 마음의 평온을 찾고 하나님의 EQ 사람이 되어 간다. 그리고 기도를 정규적으로 많이 하여 성령을 받으면 눈물이 많아지고 마음이 풍성해지며 냉랭하고 까다로운 IQ 사람도 따뜻하고 부드러운 EQ 사람으로 변한다.

1. 성경과 신앙교육

아기에게 성경에 나타난 선행을 많이 들려주고 본받게 한다. 반대로 성경에 나타난 악행의 예를 들려주고 삼가게 한다. 그리고 교육을 시킬 때에는 왜 본받아야 하는지, 왜 삼가야 하는지 그 이유를 충분히 설명해 준다(선악간의 분별력 교육).
예) 예수님의 산상수훈 중 이웃 사랑의 방법들

또 눈은 눈으로, 이는 이로 갚으라 하였다는 것을 너희가 들었으나 나는 너희에게 이르노니 악한 자를 대적지 말라 누구든지 네 오른편 뺨을 치거든 왼편도 돌려대며 또 너를 송사하여 속옷을 가지고자 하는 자에게 겉옷까지도 가지게 하며 또 누구든지 너로 억지로 오리를 가게 하거든 그 사람과 십리를 동행하고 네게 구하는 자에게 주며 네게 꾸고자 하는 자에게 거절하지 말라 또 네 이웃을 사랑하고 네 원수를 미워하라 하였다는 것을 너희가 들었으나 나는 너희에게 이르노니 너희 원수를 사랑하며 너희를 핍박하는 자를 위하여 기도하라 이같이 한즉 하늘에 계신 너희 아버지의 아들이 되리니 이는 하나님이 그 해를 악인과 선인에게 비취게 하시며 비를 의로운 자와 불의한 자에게 내리우심이니라 너희가 너희를 사랑하는 자를 사랑하면 무슨 상이 있으리요 세리도 이같이 아니하느냐 또 너희가 너희 형제에게만 문안하면 남보다 더하는 것이 무엇이냐 이방인들도 이같이 아니하느냐 그러므로 하늘에 계신 너희 아버지의 온전하심과 같이 너희도 온전하라. (마 5:38-48)

(1) 성경에 나타난 신앙의 위인들 이야기를 많이 하라.
(2) 성경에 근거한 선악간의 분별력을 철저히 가르쳐라(삶의 가치관 교육). 그렇지 않으면 하나님의 거룩(구별된)한 백성이 될 수 없다.
(3) 찬송가, 국악, 클래식 음악 및 건전한 가곡을 많이 듣게 하라.
(4) 가정과 교회에서 신앙에 도움이 되는 성화 및 상징들을 많이 보게 하라. 그리하여 하나님에 대한 이미지가 아기의 두뇌에 입력될 수 있도록 하라.
예) 십자가 (✝), 촛대, 예수님 초상, 예수님이 양떼를 인도하는 모습 등의 이미지를 많이 입력시켜라.

(5) 기독교인의 생활양식을 반복하여 훈련시켜라. 반복은 습관을 낳는다.
  예) 아침 저녁으로 성경 읽고 기도하는 습관
(6) 안식일 지키기
(7) 십일조 드리기

교육은 반복이다.
반복은 습관을 낳고, 습관은 경건한 자손을 만든다.

2. 성령을 받아라

유대인은 어머니가 오심을 성령님이 오신다고 말한다. 어머니와 성령은 EQ의 양을 높이는 데 절대적인 존재다.

(1) 아기와 함께 늘 기도하라.
(2) 어머니가 가족을 위해, 민족과 하나님의 영광을 위해 기도하는 모습을 자녀에게 보여라.
(3) 어려운 일이 있을 때 그 사실을 아이들에게 알리고 아이들과 함께 눈물로 기도하라. 또 자녀들로 하여금 그 일을 위해 기도하게 훈련시켜라.

(4) 자녀들에게 아버지와 어머니를 기쁘게 해 줄 수 있는 일을 가르쳐 주고 아버지와 어머니를 위해 울며 기도하며 실천하게 하라.

(5) 특히 성령의 은사를 받은 부모들은 자녀에게 함께 기도하며 그 은사가 자녀들에게 전수될 수 있도록 합심하여 기도하라. 자녀교육의 가장 좋은 방법은 부모가 자녀를 육적, 영적으로 제자를 삼는 길이다.

**유대인은 어머니가 오심을 성령님이 오신다고 말한다.
어머니와 성령은 EQ의 양을 높이는 데 절대적인 존재다.**

III. 자연(Motherland)과 친해져라

1. 자연 속에 하나님의 사랑이 있다

하나님은 모든 우주와 지구의 자연을 말씀으로 창조하셨다. 따라서 자연 속에서 하나님을 발견할 수 있다. "창세로부터 그의 보이지 아니하는 것들 곧 그의 영원하신 능력과 신성이 그 만드신 만물에 분명히 보여 알게 되나니 그러므로 저희가 핑계치 못할지니라"(롬 1:20). 그리고 인간은 흙으로 만들어졌기 때문(창 2:7)에 흙과 친해야 자녀의 마음에 EQ가 높아진다.

하나님과 성도를 부부로 비유할 때 하나님은 남편, 성도는 아내를 의미한다. 그리고 남편은 씨이고 아내는 밭, 즉 땅을 상징한다. 땅은 모성이다. 자신의 조국을 모국(Motherland)이라 하지 부국(Fatherland)이라고 하지 않는 이유가 여기에 있다.

어머니는 하나님의 말씀(씨)을 받을 좋은 옥토(땅)를 자녀들에게 전수하고 가꾸어야 할 의무가 있다. 자연을 가까이 하면 사람의 EQ가 높아져 착해진다. 악한 사람이라도 깊은 산속이나 호수가나 바다에서 몇 달 생활하게 하면 마음이 순화된다. 대체로 농부가 도시인들보다 EQ가 높은 이유가 여기에 있다.

자연은 어머니의 가슴처럼 인간의 EQ를 키워 준다. 그래서 불량한 학생들도 깊은 산속에서 한 달간 캠핑을 하고 나오면 마음이 순화된다. 사진은 저자와 세 아들이 미국 King's Canyon 깊은 산속 냇가에서 고기를 잡고 있는 모습.

    어린 자녀는 농촌에서 키우고 자라면 도시로 옮겨 교육시키는 것이 이상적이다. 즉 어릴 때는 농촌의 EQ와 그 지방의 수직문화를 배우게 하여 자녀의 인성을 키운 뒤, 도시학교에서 본격적인 IQ교육을 시키는 것이 옳은 순서다. 자연과 친해지는 방법은 다음과 같다.

(1) 일주일에 두 번 이상 흙을 만지는 일을 함께 하라.
    예) 비온 뒤 모종하기, 화단 가꾸기
(2) 깊은 산속으로 등산을 하거나 텐트(tent) 생활을 하라. 집이 넓고 나무가 많으면 여름에 뒤뜰에 텐트를 치고 자녀와 생활하면 좋다.
(3) 바닷가에서 캠프(camp), 배타기, 파도타기(surfing)를 즐기라.

⑷ 시골의 냇가에서 물고기 잡기나 수영을 즐겨라.
⑸ 가정에 애완용 동물(토끼, 병아리, 개 및 물고기 등)을 키워라.
⑹ 목장 견학－소에게 먹이를 주고 젖소의 젖을 짜보는 체험을 하게 하라.
⑺ 자연을 즐기는 여행을 많이 하며, 그 속에서 깊이 묵상하게 하라.
⑻ 방학 때 농촌에서 농사를 짓고 다양한 추억을 갖게 하라.

- 자녀의 EQ를 높이는 4가지 방법 -
3가지는 EQ를 생산하는 근원(어머니, 자연, 신앙교육)이고,
네 번째는 약자를 돕는 선행을 실천하는 것이다.

2. EQ적 측면에서 본 동물학대 금지 이유

A. 유대인은 동물에까지도 친절을 베푼다

유대인은 동물에게도 친절하라고 가르친다. 하나님이 율법으로 그렇게 말씀하셨기 때문이다. 다음은 마빈 토카이어가 쓴 《탈무드 2-랍비가 해석한 모세오경》에 담긴 내용으로, 유대인들이 동물에게 친절을 베푸는 방법이 소개되어 있다 (탈무드 2, 동아일보, 2007).

노중에서 나무에나 땅에 있는 새의 보금자리에 새 새끼나 알이 있고 어미새가 그 새끼나 알을 품은 것을 만나거든, 그 어미새와 새끼를 아울러 취하지 말고 어미는 반드시 놓아 줄 것이요, 새끼는 취하여도 가하니 그리하면 네가 복을 누리고 장수하리라. (신명기 제22장 제6-7절)

너는 소와 나귀를 겨리하여* 갈지 말며……. (신명기 제22장 제10절)

곡식 떠는 소의 입에 망을 씌우지 말지니라. (신명기 제25장 제4절)

토라는 대부분의 장과 절에서 유대인이 동물들에게 친절해야 한다는 것을 가르치고 있다. 이에 따라 여러 가지 전통이 지켜지고 있다.

- 둥우리에서 알을 취할 때에는 어미새가 보고 있는 상황에서는 피하고 어미새가 없을 때 취하도록 한다.
- 동물에게도 1주일이 끝나는 날에는 휴식을 주지 않으면 안 된다.
- 먹이를 먹을 수 없으므로 절대로 입에 망을 씌워서는 안 된다.
- 힘센 동물과 힘이 약한 다른 동물 두 마리를 한 장소에서 일하게 해서는 안 된다. 이것은 강한 쪽이 앞장서서 끌고 가므로 약한 쪽의 동물에게 고통을 주기 때문이다.

---

* 겨리는 소 두 마리가 끄는 큰 쟁기를 가리킴.

- 동물을 먹기 위해 죽일 때에는 고통 없이 죽여야 한다. 먹기 위해 죽이는 일은 허용된다. 하지만 스포츠로 사냥을 즐기는 일을 유대인은 절대로 하지 않는다.

B. 동물의 고통보다 나의 인성이 망가진다

올해 갓 입학한 중학교 1학년 여학생이 평소 사이가 좋지 않던 같은 학교 학생을 친구들과 함께 집단폭행한 뒤 알고 지내던 '동네 오빠'들에게 부탁, 성폭행하게 한 사건이 일어났다(조선일보, 친구 혼내 달라 중1 여학생이 성폭행 청부, 2007년 4월 16일). 집단 구타도 모자라 한 여학생의 삶을 망가지게 하는 성폭행까지 조장했다. 요즘 왜 이런 생명경시 현상이 만연한가?

그 대안을 찾기 위해 교육에 탁월한 유대인의 인성교육 노하우를 알아보자. 유대인의 인성교육 방법은 한국의 인성교육 방법과 무엇이 다른가?

먼저 한국의 관습적인 예를 들어 보자. 몇 년 전 한국에서 개를 잔인하게 잡아죽이는 모습이 프랑스 TV에 공개된 적이 있다(2000년). 건장한 한국 남자들이 개를 나무에 매달아 놓고 몽둥이로 죽을 때까지 때리는 모습이다. 개를 죽일 때 근육을 많이 때릴수록 육질이 좋아진다는 이유에서였다. 그때 전 세계 동물 애호가들이 한국인의 잔인성을 성토했다.

유대인의 율법은 이런 행동을 철저하게 금한다. 그런데 금하는 이유가 다른 이방인들의 논리와 다르다. 보통 동물학대를 금하는 이들의 주장은 살아 있는 동물을 학대하는 것은 잔인한 행동이기 때문이라고 말한다. 그리고 자연보호를 이유로 든다. 동물을 사랑하는 마음에 연유한다. 그러나 유대인은 물론 그런 이유도 들지만 인성교육적 측면에서 더 큰 이유를 든다.

원래 유대교는 인간이 동물을 죽일 때도 급소를 찔러 고통을 최소화 하도록 율법으로 정해 놓았다. 왜 하나님은 동물을 괴롭히지 말라고 강조하셨는가. 그 근본 이유는 유대교에서 동물은 괴롭힘을 당하거나 잔인한 대우를 받아서는 안 된다는 권리를 가진 독립적인 존재로 보기 때문이 아니라, 그보다는 동물을 잔인하게 다루면 인간의 심성이 거칠어지기 때문이라고 경고한다(Lapin, Thou Shall Prosper, 2002, p. 297). 유대인이 동물에게 친절하게 대하는 이유는 동물에게도 유익하지만, 먼저 자신의 인성에 유익하기 때문이다.

이런 시각으로 한국인이 개를 잡는 모습을 보면 개의 고통도 고통이지만 그것을 행하는 이의 인성이 얼마나 포악할까를 짐작할 수 있다. 이런 모습을 어린이에게 보여 주었다고 생각해 보라. 얼마나 그들의 인성이 망가지겠는가? 요즘 한국에서 대박을 터트리는 폭력을 주제로 한 영화나 게임들이 얼마나 나쁜 영향을 주겠는가.

유대교는 심지어 무생물체에 대해서도 어떻게 행동해야 하는지 가르친다. 이것 역시 무생물체가 자신이 받는 대접에 대해 신경을 쓰기 때문이 아니다. 무생물체를 대할 때조차 조심하는 사람은 사람들을 대할 때도 상대를 배려하고 매우 섬세한 인성을 가질 수 있기 때문이다.

바닷가 돌 하나 풀 한 포기를 해치지 않고 자연 그대로를 가꾸려는 서구 사람들의 자연 사랑은 성경교육에서 나왔다. 한국인 중에도 수석(水石)을 모으는 이들이 있다. 그들은 무생물인 돌들을 정성스럽게 다른다. 감성지수(EQ)가 높은 사람들이다.

유대인에게는 귀먹은 사람에게 욕하는 것을 금하는 율법도 있다(레 19:14). 물론 청각장애를 가진 이가 자기를 욕하는 소리를 들을 리 없다. 그런데 왜 그런 행동을 여전히 금하는가. 그 이유는 누군가를 욕하면 욕을 듣는 사람보다 욕을 한 자신의 인성에 더 큰 피해를 주기 때문이다.

인간은 마땅히 하나님이 창조하신 인간은 물론 동물이나 자연까지도 귀하게 여겨 아끼고 가꾸어야 한다는 사상도 있다. 그러나 여기에서 깨달아야 할 것은 하나님이 창조한 자연을 다스리는 인간의 인성교육을 위해 얼마나 섬세하게 배려하셨는가 하는 점이다. 하나님은 천지의 모든 창조물들을 인간 위주의 역사로 운행하신다. 따라서 하나님이 인간에게 주신 많은 율법들이 결국 인간을 괴롭히고 나쁘게 하기 위해서가 아니다. 그것들을 지켜 행하는 인간 자신이 하나님의 형상을 닮게 하는 데 유익하기 때문에 그런 전통들을 지켜 행하라고 말씀하신 것이다.

유대인은 인간이 자연을 사랑하고 보호하려는 마음이 얼마나 자신들의 인성을 풍부하게 하는지를 알고 이를 자녀들에게 가르치고 실천한다. 그들은 자신들의 전통이 요구하는 그 많은 행동들의 목적이 남을 생각하기에 앞서 자기 자신을 돌아보는 데 있다고 가르친다.

유대인은 이런 교육을 가정에서 어려서부터 한다. 자연과 가까워지기 위해 유치원에서는 일주일에 두 번 이상 흙을 만지게 한다. 직접 화초와 채소를 심고 가꾸게 한다. 비온 뒤 모종을 하게 한다. 화초를 심어서 마당을 아름답게 만들기 이전에 학생들의 심성을 아름답게 가꾸기 위해서다. 가난한 자와 병든 자를 도와주는 이유도 그들이 도움을 받아서 좋겠지만, 이에 앞서 도와주는 사람의 인성이 더 풍성해진 다는 사실을 알기 때문이다.

한국에는 초등학교에서부터 남의 생명과 재산을 해치는 깡패가 나타난다고 한다. 여학생 깡패가 남학생 깡패보다 더 많다는 믿기 어려운 이야기도 들린다. 동물이나 무생물을 학대해도 심성이 거칠어지는데 하물며 사람이 사람을 해치면 얼마나 심성이 거칠어지겠는가! 한참 순수해야 할 초등학교 시절부터 인성이 거칠어지면 앞으로의 인생은 어떻게 되겠는가. 특히 앞으로 결혼하고 자녀를 낳을 여학생들의 심성이 그 정도로 거칠어졌다면 나라의 앞날을 걱정해야 할 일이다. 남을 해칠 경우 상대방의 아픔을 생각하기 이전에 자신의 인성에 어떠한 해가 오는지를 생각해야 한다.*

한국에는 초등학교부터 남의 생명과 재산을 해치는 깡패가 많다고 한다.
더 믿기 어려운 것은 여학생 깡패가 남학생 깡패보다 더 많다는 사실이다.
동물이나 무생물을 학대해도 심성이 거칠어지는데
하물며 사람이 사람을 해치면 얼마나 심성이 거칠어시겠는가!

---

* 여학생의 심성에 대해서는 '유대인의 어머니 교육' 참조.

IV. 약자, 가난한 자 및 병자를 도우라
   (쩨다카 교육, 사회 구제)

아무리 EQ의 사람이라도 실천하지 않으면 죽은 EQ다. EQ를 키우려면 주위의 가난한 자, 약자, 병자를 돕는 생활을 실천해야 한다. 미국의 명문대들은 IQ만 높은 학생들이 아니라 EQ까지 겸비한 학생들을 선발하기 위해 자원봉사 활동을 중시한다. 즉, 병원이나 양로원 및 사회 공공단체에서 자원봉사를 했거나, 홈리스 사역을 한 경력을 바탕으로 학생을 뽑는다.

약자, 가난한 자, 병자를 도와주면 도움을 받는 이들도 좋지만 이에 앞서 도와주는 당사자의 인성이 더 풍성해진다. 그래서 봉사활동이 필요하며 어려서부터 생활화되도록 교육시켜야 한다.

⑴ 3대가 더불어 사는 대가족 제도 속에서 자녀를 키워라.
   3대가 더불어 사는 대가족 속에서 서로 양보하며, 공동체를 발전시키는 산 경험은 어떤 교육보다 효과가 높다. 가정은 할아버지, 할머니 및 부모님을 공경하고 동생들을 사랑하는 인간관계 방법을 훈련시키는 가장 좋은 인성교육의 장이다. 그 속에서 조상 대대로 내려오는 전통과 예절도 배운다. 가정을 위해 자신을 희생하는 마음이 아름답다는 것도 체험한다. 반면 핵가족 상황에서

유대인은 어려서부터 고아, 과부, 나그네를 돕는 쩨다카 교육을 시킨다. 사진은 안식일 전 3남매가 불우이웃을 돕는 데 사용할 헌금을 쩨다카 상자에 넣는 모습.

는 자녀가 더불어 사는 삶을 배우기 어렵다. 집에 혼자 있는 시간이 너무 많고, 그마저도 컴퓨터, TV같은 영상매체에 매달리기 때문에 이기적인 사람이 되기 쉽다. 핵가족은 자녀의 인성교육에는 부정적인 환경이다.

(2) 팀워크(team work) 활동을 늘려라.

보이스카우트, 걸스카우트, MRA와 같은 그룹 활동이나 운동팀 등 여러 사람이 함께 팀워크를 발휘하는 활동을 하게 하면 공동체의 발전을 위해 희생하는 훈련을 할 수 있다.

(3) 생명을 귀하게 여기는 생명 사랑의 철학을 갖게 하라.

(4) 자신보다 상대방을 먼저 배려하는 사람으로 키워라.

　예) 남에게 양보하는 운전 연습

⑸ 예의 바른 행동을 하게 하라.

"실례합니다", "죄송합니다", "감사합니다" 등의 단어를 많이 쓰게 하라.

⑹ 질서를 지키는 사람으로 키워라.

⑺ 자신이 손해를 보더라도 의리 있는 사람으로 키워라.

⑻ 같은 성경적 가치관을 가진 교회의 또래들과 사귀게 하라.

⑼ 그 중에서 리더십을 키우게 하라.

⑽ 자신보다 약한 사람이나 가난한 사람을 돕게 하라. 노약자, 장애인, 병자를 돌보게 하라.

예) 양로원, 병원, 홈리스 캠프, 장애인 캠프 등

⑾ 후진국으로 선교 여행을 보내라.

그들의 가난하고 비참한 삶을 도우면서 EQ를 높인다. 그리고 자신의 현재 생활에 감사하게 한다.

⑿ 남을 위해 헌신하는 모습을 보이며 실천하게 하라.

예) 길을 가다가 노약자를 도와 줌

**사랑하지 아니하는 자는 하나님을 알지 못하나니
이는 하나님은 사랑이심이라. (요일 4:8)**

> 마음을 닦는 것이
> 두뇌를 개발하는 것보다 더 소중하다.
>
> 이 속담은 "옳은 것을 배우기보다
> 옳은 것을 행하는 것이 더 낫다."는 말과 같은 뜻이다.
> _마빈 토카이어의 탈무드 잠언집

제 3 장

한국인 EQ의 장단점 분석

I. 미성숙한 EQ의 문제
  1. EQ의 양(量)과 질(質)
  2. 한국에서 잘못 알고 있는 EQ 개념

II. IQ 위주 교육의 문제점

I. 미성숙한 EQ의 문제

1. EQ의 양(量)과 질(質)

　　　　　세계적으로 일등 국민이라고 자타가 공인하는 유대인이나 독일 및 일본 국민은 대체적으로 질서의식과 감정 통제 능력이 탁월하다. 그들이 어떠한 환경에서도 이성(理性)을 잃지 않을 수 있는 것은 어려서부터 습관화된 질서의식과 감정 통제 능력, 즉 그들의 냉철한 이성교육 덕분이다.

　이것은 무엇을 의미하는가? EQ에도 양(量)과 질(質)이 있다는 얘기이다. EQ(감성)가 얼마나 높으냐 낮으냐는 EQ의 양에 관한 것이고, EQ를 상황에 따라 얼마나 지혜롭게 절제할 수 있느냐 하는 것은 EQ의 질에 속한다.

　따라서 EQ(감성)가 질적, 양적으로 높은 것을 성숙한 EQ라 한다면, EQ의 양은 많은데 질이 떨어지는 것을 미성숙한 EQ라 부를 수 있다. 감성지수(EQ)를 측정해도 2가지, EQ의 양을 측정한 지수(예: 나는 거지를 보면 불쌍한 생각이 들어 도와주고 싶다)와 EQ의 질을 측정한 지수(예: 나는 나를 싫어하는 사람이 약을 올려도 쉽게 화를 내지 않고 참을 수 있다)를 합쳐서 전체 감성지수를 산출할 수 있다. 즉, 이성이 뒷받침되는 감성이

어야 성숙한 EQ라고 말할 수 있다.

옛날 우리 어머니들도 유대인 어머니처럼 자녀에게 풍부한 정(EQ)을 주셨다. 그래서 한국인은 눈물과 인정이 많다. 이는 우리가 선조에게서 받은 좋은 유산이다.

그러나 우리가 유대인들보다 인간관계가 미숙한 이유는 무엇일까? 한국 사람들은 정과 기분을 절제하는 능력이 약하다. 흥분된 감정을 절제하여 지혜롭게 처리하는 능력이 부족하다. 그리고 어떠한 돌발 상황에서 질서를 지키는 인내심이 약하다. 이러한 단점은 6·25 전후 태어난 기성세대에게 특히 많이 나타난다.

이러한 EQ의 미성숙은 바람직하지 않은 2가지 결과를 초래한다.

첫째, 감정의 조절과 통제가 안 되면 대인관계의 지속성에 문제가 생긴다. 우리가 살아가면서 나쁜 감정이나 격한 감정이 안 생길 수는 없다. 그러나 우리의 감정 반응을 적절히 조절하여 직설적인 행동을 자제하고 유머나 반어법 같이 후천적으로 습득된 교양 있는 행동양식으로 보충하거나 대체해야 한다(Maertin, Doris & Boeck Karin, 1996, pp. 23~24).

둘째, 한국인은 정이 많고 법에 약해 사회나 직장에서 부정을 저지르기 쉽다. 사람이 정에 약하면 공(公)과 사(私)를 구분하지 못하고 실수를 할 수가 있다. 한국을 떠들썩하게 한 한보사태나 김현철 씨 비리 사건이 그 대표적인 예다(1997년 4월). 따라서 자녀를 양육할 때에 성숙한 감성(EQ)을 갖게 하는 절제의 훈련이 필요하다.

'공(公)에 바르다'는 말은 정의가 바로 섰다는 말이다. 정의가 바로

한국인 어머니들은 유난히 EQ의 양이 많다. 사랑과 눈물과 정서가 풍부하다. 이에 비해 감정의 절제가 약해서 EQ의 질이 높지 않다. 사진은 유난히 자식 사랑이 강하셨던 저자의 어머니가 첫 손자 돌잔치 때 촛불을 끄는 모습. 양 옆은 저자와 저자의 아내.

선 사회는 법이 통하는 사회다. 법이 통하려면 율법, 즉 IQ교육을 시켜야 한다. 율법 즉 IQ교육을 시킬 때에 이성이 밝아져 선과 악을 구분하고 극단적인 정(情, EQ의 양)을 절제시킬 수 있다.

하나님은 인간이 공의(the justice)와 정(Emotion, 자비: the mercy)을 함께 행하기를 원하신다(미 6:8; 마 23:23). 하나님은 신성한 정의(the divine justice)와 신성한 자비(the divine mercy)를 함께 창조하셨다. 유대인의 미드라쉬에 이런 말씀이 있다. "하나님이 말씀하시기를 '내가 세상을 자비로만 창조했다면, 죄가 깃들 것이다: 그러나 만약 정의로만 세상을 창조했다면 세상이 어떻게 견뎌 낼 수 있겠는가'" (Birnbaum, 1991, p. 569). 이는 인간이 너무 정에 끌리면 법을 어겨 죄를 짓게 되고, 그렇다고 정의만 고집한다면 하나님의 공의의 심판 앞에 설 수 있는 의인은 하나도 없다는 말씀이다. 진정한 하나님의 사람은 공의를 강조하지만, 혹시 공의를 어긴 죄인이 있다 해도 풍성한 정으로 용서와 자비를 베풀 줄 알아야 한다. 이것이 공의와 자비의 조화를 이룬 성숙한 EQ 소유자의 태도다.

요약하면 EQ의 양(量)만 많으면 무절제하고 정에 이끌려 법을 어기게 될 확률이 높다. 그리고 IQ교육만 시킨다면 EQ가 부족하여 인정이 메마를 수 있다. 따라서 유대인은 EQ의 양을 풍성하게 하는 교육과 더불어 예절교육을 시켜 감정의 절제를 습관화하게 함으로써 EQ의 질을 높인다. 뿐만 아니라 하나님의 율법교육(IQ교육)을 통해 선악을 분별하여 이성적인 질서를 지킬 수 있는 교육을 아울러 시킨다. 자녀교육에는 EQ교육과 율법교육(IQ)의 조화가 필요하다.

한국의 어머니들은 자녀를 향한 EQ의 양은 많은데,
절제(EQ의 질)가 부족하다.

하나님이 말씀하시기를 "내가 세상을 자비로만 창조했다면,
죄가 깃들 것이다. 그러나 만약 정의로만 세상을 창조했다면
세상이 어떻게 견뎌 낼 수 있겠는가." (미드라쉬)

2. 한국에서 잘못 알고 있는 EQ 개념

한국에는 EQ의 개념이 잘못 소개된 부분이 있다. 성숙한 EQ의 2가지 요소인 양과 질에서 양은 무시하고 질만 강조하는 경우가 많다. 이것은 매우 잘못된 생각이다. EQ라는 말 자체가 머리(IQ)보다는 가슴을 강조하는 용어로 우선적으로 EQ의 양(사랑, 정서, 눈물)을 강조해야 한다. 그 다음에 EQ의 질인 감정 통제 능력을 언급해야 한다.

EQ의 양은 감정에 의해 노출되는 감성을 뜻하고, EQ의 질, 즉 감정 통제 능력은 이성에 의해 지탱될 수 있는 감성을 뜻한다. 감정은 격앙되는 일은 있어도 오래 지속되지 못한다. 그러나 이성은 일생을 지배할 수가 있다(Tokayer, 탈무드 3, 동아일보, 2008, '감정은 시간의 시련에 견뎌 내지 못한다' 참조).

예를 들어, 교육심리학자 문용린 교수(서울대 교수, 전 교육부 장관)는 EQ의 개념을 "마치 EQ가 높은 사람을 눈물 많은 심약한 사람으로 여기는데, EQ는 그것이 아니고 감정의 통제 능력이다. 따라서 그들은 학업 성취도도 높다."라고 설명했다(KBS 뉴스 대담, *EQ와 학업 성취도*, 1997년 5월 26일). 그러나 이는 성숙한 EQ와 성숙치 못한 EQ를 혼동한 것이다.

이 말은 다음 3가지의 의미로 이해된다. 첫째, EQ가 높은 사람은 눈물이 많은 사람이 아니다. 둘째, 눈물이 많은 사람은 심약하다. 셋째, EQ가 높은 사람은 감정 통제 능력이 있는 사람이다. 그러나 이 3가지 모두 동의하기 어렵다. 그 이유는 다음과 같다.

첫째, EQ가 높은 사람은 사랑과 정서와 눈물이 많은 사람이다. 남의 아픔을 나의 아픔으로 감정을 공유하기 위해서는 인정이 많고 눈물이 많은 사람이어야 한다.

둘째, 물론 EQ가 높은 사람 중에는 눈물 많고 심약한 사람이 많을 수 있다. 그러나 눈물이 많은 사람이 모두 심약한 것은 아니다. 그 예로 테레사 수녀를 들 수 있다. 그녀는 일생 동안 가난하고 병든 사람을 위해 헌신한 높은 EQ의 대명사이다. 그녀는 눈물이 많지만 의지력이 강한 여성이었다.

대부분 하나님의 은혜를 받아 주님의 사역을 감당하는 성직자들도 눈물이 많고 의지력이 강하며 감정 통제 능력이 뛰어나다. 이성에 의해 지탱될 수 있는 감성을 가졌기 때문이다. 그들은 많은 양의 EQ와 높은 질의 EQ를 가졌다. 이들을 성숙한 EQ의 소유자라고 말할 수 있다.

셋째, 감정 통제 능력이 뛰어나다고 모두 EQ가 높다고 단정할 수 없다. 감정 통제 능력이 뛰어난 사람은 오히려 IQ 위주로 훈련받아 성취욕이 강한 사람들 중에 더 많다. 그들은 의지력이 강하고 잘 훈련되어 절제력이 많기 때문이다. 다만 그들 중에는 눈물(Emotion)도 없어 보이는 매정한 사람이 많은 것이 흠이다.

위에서 문 교수가 언급한 '감정 통제 능력'이란 EQ의 양(量)이 아니라 질(質), 즉 성숙한 EQ의 속성 중 일부일 뿐이다. 철저한 수직문화인 정신적 신본주의 문화와 더불어 EQ교육을 많이 받은 사람은 정서적인 EQ도 높고 감정을 통제할 수 있는 의지력도 강하다.

EQ가 높은 사람은 남의 아픔을 나의 아픔으로
감정을 공유하기 때문에 인정 많고 눈물이 많다.
눈물 많은 사람은 심약한가?
아니다. 테레사 수녀는 눈물은 많지만 의지력이 강했다.
감정 통제 능력이 뛰어나다고 모두 EQ가 높은가?
감정 통제 능력이 뛰어난 사람은 오히려 IQ위주로 훈련받아
성취욕이 강하고 매정한 사람들 중에 더 많다.

3. EQ의 양과 질에 따른 4가지 EQ 모델

A. 4가지 EQ 모델

EQ에도 양과 질이 있으며, EQ의 양도 많고 질도 높아야 성숙한 EQ의 소유자라 할 수 있다. 이제 인성교육학적 측면에서 EQ의 양과 질에 따라 4가지 EQ 모델로 분류하고, 각 모델의 장단점을 알아보자. 영어 약자의 뜻은 보기와 같다.

- 모델 A. HNLL EQ: High Quantity EQ +Low Quality EQ(EQ의 양은 많고 EQ의 질은 낮은 형)
- 모델 B. HNHL EQ: High Quantity EQ +High Quality EQ(EQ의 양이 많고 EQ의 질도 높은 형)

- 모델 C, LNLL EQ: Low Quantity EQ +Low Quality EQ(EQ 의 양도 적고 EQ의 질도 낮은 형)
- 모델 D, LNHL EQ: Low Quantity EQ +High Quality EQ(EQ 의 양은 적고 EQ의 질은 높은 형)

모델 A, HNLL EQ형: EQ의 양은 많은데 EQ의 질이 낮은 유형. 사랑, 정서, 눈물은 많은데 율법(원칙)을 잘 지키지 못하는 형이다. 참을성도 부족하다. 이런 사람은 착하긴 한데 한국식으로 표현하면 야물지가 못하다. 어떤 일을 결정할 때 까다롭지 않다. 성격이 급한 사람은 일을 저질러 놓고 눈물을 흘리며 후회하는 경우가 많다. 성경에서 베드로와 같은 인물이다. 따라서 악인의 꾀에 빠져 사기를 당할 확률이 높다.

모델 B, HNHL EQ형: EQ의 양도 많고, EQ의 질도 높은 유형. 사랑, 정서, 눈물도 많고, 율법(원칙)을 잘 지키는 형이다. 예의도 바르고 성취욕도 강하다. EQ교육과 IQ교육을 잘 받은 형이다. 이런 사람은 마음도 착하지만 자녀교육이나 일처리가 야무지다. 인정이 많아 남에게 칭찬을 받을 뿐만 아니라 인내심도 많아서 성공할 확률이 높다. 세상을 사는 데 악인의 꾀에 빠져 사기도 당하지 않는 편이다. 가장 바람직한 EQ의 형이다. 이런 유형은 훌륭한 성직자나 구호기관의 지도자들에게 많다. 성경의 모세나 바울과 같은 인물이다. 물론 약자와 백성을 긍휼히 여기는 세종대왕이나 이순신 장군처럼 일반 지도자들 중에도 이 유형이 많다.

모델 C, LNLL EQ형: EQ의 양도 적고, EQ의 질도 낮은 유형. 인정도

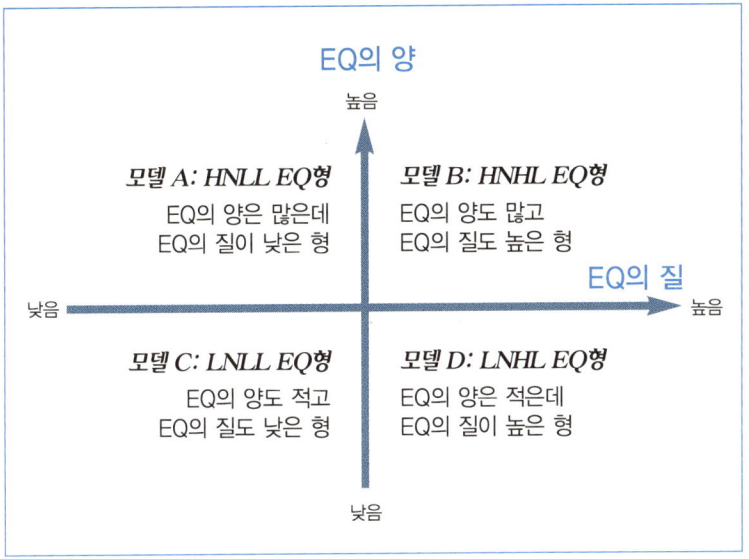

별로 없고 참을성도 별로 없다. 그래서 율법(원칙)을 잘 지키지 못하고 예의도 바르지 않은 유형이다. 이런 사람은 이기적이며 남을 배려하는데 인색하다. 신용도 부족하다. 이런 유형은 수평문화에 물들어 제 멋대로 사는 사람들 중에 많다. 따라서 인간관계가 원만할 수 없다. 인성교육학적으로 가장 바람직하지 않은 유형이다.

모델 D, LNHL EQ형: EQ의 양은 적은데, EQ의 질이 높은 유형. 사랑, 정서, 눈물이 적지만 율법(원칙)을 잘 지키는 형이다. 인내력도 많다. 성취욕도 강하다. 주로 IQ교육을 많이 받은 이들이 이런 형이다. 그들은 똑똑하고 책임감은 많으나 남을 배려하는 이타심이 적고 예의가 부족하다. 교만하기 쉽다. 따라서 인간관계가 원만하지 못해 조직에서 어려움을 겪고 이 때문에 승진할 기회를 놓칠 수도 있다. 또 이런 유형은 수직문화 교육을 제대로 받지 못했기 때문에 큰 지도자가 되기 어렵다. 만약 권력을 쥐면 독재를 할 가능성도 높다.

B. EQ(감성지수) 측정 도구

다음은 연구자들을 위한 EQ(감성지수) 측정 도구를 다음과 같이 첨가한다.

> **저자 주** 본 EQ(감성지수) 측정 도구를 사용하려면 설문지를 만들어야 한다. 만드는 방법은 제1권 부록 2를 참조하기 바란다. 더 자세한 방법은 저자의 저서 《문화와 종교교육》(쿰란, 1993; 쉐마, 2007) 제4부 I. 1. 항과 부록(Appendix) A와 부록 C(설문지), Part A와 Part B를 참조하기 바란다.

EQ(감성지수) 측정 도구

(A항은 긍정적인 EQ, B항은 부정적인 EQ를 다룬다)

ⓒ 현용수(Yong-Soo Hyun)

1A. 나는 거리에서 불쌍한 사람들을 보면 도와주고 싶다.
2A. 나는 거리에서 무거운 짐을 나르는 할머니를 보면 도와주는 편이다.
3A. 나는 버스나 전철에서 노인이 타면 자리를 양보한다.
4A. 나는 강아지를 보면 쓰다듬고 먹을 것을 주고 싶다.
5A. 나는 화초를 가꾸고 싶다.

6A. 나는 남이 화를 내도 잘 참는 편이다.

7A. 나는 슬픈 영화를 보면 눈물이 많이 난다.

8A. 나는 어머니가 속상해서 우시면 함께 운다.

9A. 나는 인정이 많지만 선과 악을 구별하여 원칙(법)을 잘 지키는 편이다.

10A. 나는 종교의 가르침에 따라 선을 행하려고 노력한다.

11A 나는 행복감을 느낄 때가 많다.

12A. 나는 종종 신에게 기도할 때가 행복하다.

13A. 나는 종교서적을 읽을 때 자신감이 생긴다.

14A. 나는 나보다도 남을 많이 배려하는 편이다.

15A 나는 어려움이 있을 때라도 희망을 잃지 않는다.

1B. 나는 거리에서 불쌍한 사람들을 보아도 무관심하다.

2B. 나는 거리에서 무거운 짐을 나르는 할머니에게 관심이 없다.

3B. 나는 버스나 전철에서 노인이 타도 무관심한 편이다.

4B. 나는 강아지를 보면 발로 차고 골탕 먹이고 싶다.

5B. 나는 집안의 화초에는 관심이 없다.

6B. 나는 남이 화를 내면 잘 참지 못하는 편이다.

7B. 나는 슬픈 영화를 보아도 눈물이 나지 않는다.

8B. 나는 어머니가 속상해서 우셔도 상관하시 않는다.

9B. 나는 인정이 많아 남이 사정하면 불쌍히 여기고 원칙(법)을 어기고 잘 도와주는 편이다.

10B. 나는 종교의 가르침보다는 현실에 맞게 살려고 노력한다.

11B. 나는 불행하다는 생각을 많이 한다.

12B. 나는 종종 신에게 기도할 때도 좌절감을 느낀다.
13B. 나는 종교서적을 읽을 필요가 없다고 생각한다.
14B. 나는 남이 기뻐하는 모습을 보면 시기가 난다.
15B. 나는 어려움이 있을 때 절망감을 많이 느낀다.

II. IQ 위주 교육의 문제점

한국전쟁 이후 현대 교육을 받은 이들은 대부분 EQ교육보다 IQ 위주의 교육을 받아왔다. 그런데 IQ 위주의 교육이 오늘날 큰 사회 문제를 야기하고 있다. EQ교육 없이 IQ 위주의 교육을 받은 사람은 매사에 그리고 인간관계에 정이 없고 차갑게 되기 쉽다. 왜냐하면 가정이나 교회에서 성경적 가치관 교육에 근거해 남을 도와주는 사회봉사나 도덕교육을 받지 못하고, 치열한 경쟁의식 속에서 세상 학문만 공부했기 때문이다.

이러한 IQ 위주의 교육을 받은 사람은 남을 배려하지 않고 오로지 나만을 위해 사는 개인주의(individualism)와 이기주의(egoism)에 빠지기 쉽다. 또 그런 사람은 자신보다 뛰어난 사람을 보면 강한 시기와 질투심을 느낀다.

IQ 위주의 교육과 EQ 위주 교육의 결과가 얼마나 다른가를 보여주는 좋은 예가 있다. 소위 한국의 명문 여학교 출신들에 비해 기독교계 여학교 출신들의 이혼율이 훨씬 낮다고 한다. 또 기독교계 여학교 출신 중에는 남을 위해 헌신하는 삶을 사는 목사 사모들이 많다. 1997년 2월 미국 로스앤젤레스에서 기독교계 여고 동창회가 열렸는데 80명이 모인 가운데 목사 사모가 8명이나 되었다.

두 학교의 차이는 무엇인가? IQ 위주로 가르친 명문학교 출신들은 경쟁력 위주의 교육을 받아 남에게 지기 싫어하고 자신만을 생각하는 개인주의와 이기주의적 사고에 젖기 쉽다. 이러한 사람들은 배우자를 선택할 때도 IQ가 높은 남성 위주로 고른다(IQ+IQ의 결혼).

이처럼 엘리트 의식이 강하고 자기 위주의 가치관을 갖고 있는 부부는 상대방을 위해 희생하기보다는 상대가 자기를 위해 살아줄 것을 고집하기 때문에 결혼생활이 원만하기 어렵다. 또한 경쟁심이 지나치게 강하면 항상 자신을 남과 비교하기 때문에 아무리 많이 가져도 부족함을 느끼고 끊임없이 남과 비교하면서 스스로 불행해진다. 잘못된 IQ 위주 교육의 결과다.

이런 현상은 특정 학교나 여성들에게 국한된 문제가 아니다. 대부분 이런 교육을 받고 살아온 우리 모두의 자화상이다.

그러나 남을 돕는 생활을 기본으로 한 EQ 위주의 교육을 받은 사람은 배우자도 EQ 중심인 사람을 원한다(EQ+EQ의 결혼). 이런 부부는 서로를 위하며 살기 때문에 결혼생활이 행복할 수밖에 없다. 매사를 긍정적으로 생각하고 포용력이 있다. 설사 경제적으로 넉넉지 않아도 마음이 넉넉하기 때문에 행복하게 살 수 있다. 이러한 부부의 결혼생활은 점점 더 행복해질 수밖에 없다.

또한 IQ 위주의 교육을 받은 부부는 남편이 실직했을 때 아내가 남편의 무능력을 이유로 이혼하기 쉽지만, EQ 위주로 교육을 받은 부부는 설사 남편이 실직을 했다 해도 아내는 남편의 아픔을 자신의 아픔으로 느끼고 이전보다 더 남편을 위로하고 자신이 생활전선에 나선다. 즉 IQ 위주로 교육 받은 부부는 가정에 어려움이 닥칠 때 헤어질 수 있지만, EQ 위주로 교육 받은 부부는 가정이 더 단합된다.

어릴 적의 교육이 일평생의 행복과 불행을 좌우한다. 물론 IQ 위주의 교육을 하는 학교를 다녔어도 가정과 교회에서 충분한 EQ교육을 받았다면 결혼생활이나 직장생활에 잘 적응할 수 있을 것이다. 과거 한국에서는 특정 고등학교나 대학을 나온 것만으로도 장래가 보장되었지만, 이제 한국 사회에서도 IQ 위주의 교육만 받은 골방 수재들이 설 자리가 점점 좁아지고 있다. 이것이 자녀들을 IQ 위주의 교육에서 해방시켜 EQ교육과 IQ교육을 병행해야 하는 이유다.

IQ교육을 실시할 때도 우리는 유대인에게서 배울 것이 있다. 우리는 동료와 경쟁을 하지만 유대인들의 경쟁 상대는 동료가 아니라 자기 자신이다. 자신과의 싸움을 하는 것이다. 유대인의 격언에 "남을 이기려고 하지 말고 나 자신을 이겨라."라는 말이 있다.

유대인들은 '나의 육', 즉 '자아'와 경쟁하는 것이다. 남을 의식하기에 앞서 자신의 내면세계를 의식해야 한다. 그들은 자신의 육(肉)을 쳐서 복종시켜 하나님의 영광을 위해 시간을 아끼고 열심히 공부한다. 자신과의 싸움에서 승리하면 자연히 남을 앞설 수 있다. 유대인들의 출세 목적이 자신의 유익보다는 하나님의 영광을 위해서이기 때문이다. 그들은 공부하여 출세하면 이웃과 인류를 위해 봉사하는 삶을 원한다.

IQ 위주로 교육 받은 명문학교 출신들의 이혼율은 왜 높은가?
경쟁력 위주의 IQ교육을 받아
자신만을 생각하는 개인주의와 이기주의적 사고가 강하기 때문이다.
반면 EQ 중심의 교육 목표를 갖고 IQ 교육을 겸하여
시키는 종교계 학교 출신들의 이혼율은 적다.

어느 랍비의 유서

쥬다 이븐 티본
(1120~1190, 그라나다 태생, 의사·철학자)

아들아!

책을 너의 벗으로 삼아라.

책장이나 책꽂이를 너의 기쁨의 밭, 기쁨의 뜰로 삼아라.

책의 동산에서 체온을 느끼려무나.

지식의 열매를, 그 침전물을 자신의 것으로 삼아라.

지혜의 향료를 맛보라.

만일 너의 혼이 만족을 느끼고, 혹은 피로에 지친다면

뜰에서 뜰로, 밭이랑에서 밭이랑으로, 또는 이곳저곳의 풍경을 즐기는 것이 좋으리라.

그렇게 하면 새로운 희망이 솟아나고, 너의 영혼은 환희로 가득 차게 되리라.

_탈무드의 처세술, 동아일보, 2009

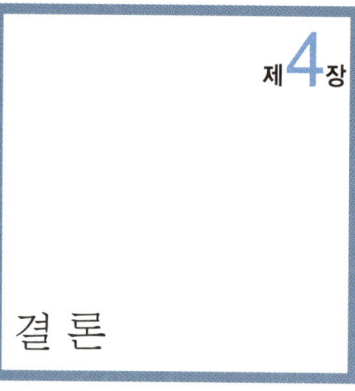

제4장 결론

전문적인 지식이 아무리 넓고 깊어도 머리에 담아 두기만 하면 쓸모가 없다. 그것을 실생활에 적용하는 방법을 터득해야 한다. 실생활에 적용하려면 남에게 알려야 한다. 남에게 알리려면 인간관계가 필수이다. 인간관계의 윤활유 역할을 하는 것은 지능(IQ)이 아니라 감성(EQ)이다.*

EQ+IQ 교육은 어려서부터 습관화되어야 한다. 교육은 빠를수록 좋다. 생후 4년 동안 인간의 뇌는 최종 용적의 3분의 2가 형성된다. 그러므로 유아기는 타고난 소질 계발은 물론 감성 세계의 발달에도 중요한 시기이다(Maertin, Doris & Boeck Karin, 1996, p. 198). 이미 모든 습관이나 인격이 굳어진 다음에는 고치기 힘들다. 성인이 되어 EQ

---

* 47쪽의 '자신의 능력이 열매 맺는 과정에서 EQ의 역할' 도표 참조.

관련 책을 읽는다고 쉽게 성격이 고쳐지는 것이 아니다. 그리고 일상 생활에서 실천할 수 있는 가장 효과적인 EQ교육이 종교교육이다.

EQ가 잘 발달된 사람은 선악의 분별력이 있을 뿐만 아니라, 자신의 지적 능력을 자신과 이웃에 도움이 되도록 사용한다. EQ가 발달된 사람은 자신과 사회에 유익을 줄 뿐만 아니라 인간관계도 좋은 사람이다. 이러한 사람은 사회에서도 인정받고 궁극적으로 승리한다. 그리고 행복한 삶을 살 수 있다. 한국인은 어느 민족보다도 정이 많은 것이 장점이다. 그동안 잘 몰랐던 한국인의 단점을 성경적 가치관으로 보완하면 훌륭한 국민이 될 수 있다. EQ교육은 성공적인 사회생활에도 필수조건이다. IQ는 일자리를 얻게 하지만, EQ는 승진을 보장하기 때문이다.

교회에서도 IQ적 목사보다는 EQ적 목사가 성도들에게 더 감동을 주는 설교를 하며, 당회에도 IQ 장로보다 EQ 장로가 더 많아야 은혜스러운 당회가 되고, 주일학교 교사도 IQ 교사보다는 EQ 교사가 학생들에게 더 깊은 감명을 줄 수 있다. 또한 상담자도 IQ 상담자보다는 EQ 상담자가 피상담자의 상처 난 마음을 더 잘 치료해 줄 수 있다.

한국인은 어느 민족보다도 정(EQ)이 많은 것이 장점이다.
그동안 잘 몰랐던 한국인의 단점을 성경적 가치관으로 보완하면
우리도 훌륭한 국민이 될 수 있다.

"동료에게 자비가 없는 사람은 하나님으로부터 그 무엇도
받을 것을 기대할 수 없다." (Shabbath 151b)

다 함께 생각해 봅시다

- 현대인의 자녀교육, 무엇에 속고 있는가?
- 왜 의학·화학·생물·경제·법학 등 각 전문 분야에서 박사 학위를 받고도 사상이나 철학을 형성하는 데 도움이 안 되는가?
- 왜 한국의 명문대학 주변에는 책방보다 유흥가와 윤락가가 많은가?

★이 책에 답이 있습니다.

제5부

온전한 인간교육의 순서

제1장
왜 인성교육에 종교교육이 필요한가

제2장
인성의 기본은 사상: 인간은 빵만으로 살 수 없다

제3장
결론: 한국인의 바람직한 자녀교육

들어가며

　지금까지 현대 교육의 문제점을 설명하고 왜 이런 문제점이 생기는지 그리고 그 해결 방안은 무엇인지에 대해 유대인을 모델로 설명했다.

　유대인과 한국인의 차이점 중에서 특히 '왜 한국인은 세대차이가 많은가?'에 대해 살펴보았다.

　이를 설명하기 위해 인성교육의 본질과 원리로 왜 인간교육에서 수직문화가 중요하고 수평문화가 해로운지 살펴보고 수평문화를 부추기는 현대 교육의 위험성에 대해 유대인의 자녀교육과 대조하며 설명했다.

　이제 전체 학문을 2가지, '세상 학문'과 '사상 학문'으로 분류하고 서로 어떻게 다른지 알아보자.

　사상 학문의 기초는 어디에서부터 시작하는가? 왜 인간에게 사상 학문이 필요한가? 그리고 유대인의 가장 큰 자산은 무엇인가?

　인성교육 측면에서 한국과 미국의 교육이념에 동질성이 있는가? 아니면 서로 다른가? 또한 왜 한국인에게 고유사상이 없어졌는가?

　한국인의 교육은 무엇이 왜 잘못되었으며, 어떻게 고쳐야 하는가? 왜 공산주의는 망했고, 그 후 타락하고 있는지 알아 보자.

제1장

왜 인성교육에 종교교육이 필요한가

I. 현대 교육은 도덕 발달에 도움을 주는가
II. 2종류의 학문: 세상 학문과 사상 학문
    (지식과 지혜의 차이)
III. 인성교육 측면에서 본 한국과 미국의 교육이념

종교는 '인간이란 무엇인가(What)'
'인간은 무엇을 위해 살아야 가치 있는 삶을 사는가(For what)'
그리고 '어떻게 살아야 하는가(How)'라는 철학적 주제를 해결해 준다.
그 종교교육의 내용이 그 사회의 도덕과 윤리 교육의 가치들이며,
이들이 문화가 된다.
따라서 종교는 사상의 어머니다.

I. 현대 교육은 도덕 발달에 도움을 주는가

미국 하버드 대학의 교육심리학자 콜버그(Kohlberg)는 '도덕발달학'이라는 학문을 개척했다(1981, 1984). 누가 도덕의 단계가 가장 높고 낮은가? 그는 도덕을 6단계로 구분하여 정의했다. 여기서 그가 분류한 도덕률의 단계 기준을 기독교교육학적인 시각에서 '사랑'에 근거하여 다음과 같이 분석한다.

즉 삶의 목적이 누구를 위해 사느냐에 따라 도덕의 단계가 달라진다. 도덕률이 가장 낮은 사람은 자신만을 위해 사는 사람이고, 도덕률이 가장 높은 사람은 자신을 희생하며 남을 위해 사는 사람이다. 어린 아이들은 먹을 것을 잡으면 무조건 자기 입으로 가져간다. 자신밖에 모른다. 그러나 아이가 성장하면서 어머니에게도 좀 나눠 주고 형제에게도 줄 줄 안다. 나이가 들수록 도덕의 단계가 점점 성숙해져 간다는 증거다.

콜비그는 도덕의 단계가 가장 높은 사람의 예로 인도에서 병든 자, 가난한 자, 고아들을 돌보며 일생을 헌신한 테레사 수녀를 들었다. 그녀는 인간의 법이나 인종과 국경을 초월한 보편적 사랑에 헌신한 가장 큰 도덕가였기 때문이다.

과연 현대의 모든 학문은 인간의 도덕 발달에 도움을 주는가? 존 듀이는 모든 세상의 학문이 인간의 도덕 발달에 도움을 준다고 주장했다. 그러나 나의 의견은 다르다. 물론 세상 학문이 일부 세상을 보는 안목을 높여주는 데 도움을 줄 수 있다. 그러나 정신적 수직문화 교육과 EQ교육 없이 현대 학문만을 공부할 경우, 하면 할수록 남과의 경쟁의식이 높아지고, 자신만 아는 이기주의자나 개인주의자가 되기 쉽다. 남의 아픔을 이해하고 남을 돕는 사랑의 헌신력이 부족해진다.

이는 곧 세상 학문은 인간다운 인간이 되게 하는 높은 수준의 도덕 발달에 영향을 주지 못한다는 것을 뜻한다. 오히려 그 자체만으로는 해악이 될 수 있다. 그러므로 현대 학문의 발달에도 불구하고 인간 사회는 점점 더 타락하고 있다. 왜 그런가? 이제 그 이유를 알아보자.

세상 학문은 인간다운 인간이 되게 하는
도덕 발달에 영향을 주지 못한다.
오히려 그 자체만으로는 해악이 될 수 있다.
왜 현대 학문은 점점 발달하는데 인간은 점점 더 타락하고 있는가?
그 이유를 알아보자.

II. 2종류의 학문: 세상 학문과 사상 학문(지식과 지혜의 차이)

1. 종교는 사상의 어머니다

A. 종교교육은 선악(善惡)의 분별력을 키운다

인간의 3대 구성 요소는 무엇인가? 인간은 영과 혼(인격)과 육(肉)으로 구성되어 있다. 따라서 인간은 육적으로, 지식적으로, 심리적으로, 도덕적으로, 영적으로 성장해야 한다. 성장하려면 공급(feeding)이 필요하다. 육체의 성장을 위해 음식을 먹어야 하는 것처럼 지식, 인격, 영의 성장을 위해서도 필요한 영양분을 섭취해야 한다. 이것은 배움을 통해 가능하다. 배우는 것을 '학문한다' 라고도 말한다.

인간의 학문은 크게 2종류의 학문으로 나눌 수 있다. 세상 학문과 사상 학문이다. 세상 학문이 지식교육(IQ교육)이라면, 사상 학문은 지혜교육이다. 세상 학문이 수평문화에 속한다면, 사상 학문은 정신적인 수직문화에 속한다. 세상 학문은 일반 학교에서 교육하는 영어·수학·과학 등 일반 교육과 전문 교육이 그 내용이다.

이에 비해 사상 학문은 '인간이란 무엇인가(What)', '무엇을 위해 살아야 가치 있는 삶인가(For what)', '어떻게 살아야 하는가(How)' 라는 철학적 주제를 놓고 생각하게 한다. 이것은 인간의 근본 문제를 논하는 형이상학적인 수직문화에 속한다.

위의 3가지 질문에 대한 뚜렷한 답을 주는 것이 바로 종교이다. 종교의 경전에는 인간의 근원은 무엇이고, 인간다운 인간은 무엇이며, 옳고 그름을 어떻게 판단하고 살아야 하는지 그 교육의 내용도 실려 있다.

따라서 종교교육의 내용은 바로 그 사회의 도덕과 윤리교육의 가치들이다. 그 종교교육의 내용이 바로 그 종교를 믿는 개인이나 공동체의 사상이 되며, 그 사상을 가진 그룹의 문화가 형성된다. 종교는 사상의 어머니다.

동양 사상은 유교나 불교에서 비롯됐다. 그리고 대부분의 서양 사상은 기독교의 영향을 받았다. 그러므로 각 종교권에 속한 사람들은 삶의 가치 기준과 선악의 분별력이 그들의 종교에 따라 각각 다르다. 왜냐하면, 인간 윤리의 가치 기준은 그들이 믿는 종교의 가치 기준과 선악의 분별력을 따르기 때문이다. 그렇기 때문에 종교에 따라 때로는 죄의 기준도 달라지고 문화의 양상도 다르게 나타난다.

예를 들어, 기독교에서는 일부다처주의가 죄악이지만 이슬람교에서는 한 남자가 4명의 여자와 함께 살아도 죄악이 아니다. 또한 한국에서는 쇠고기를 먹는 것이 자연스럽지만 인도에서는 죄악이다. 그리고 똑같은 한국인이어도 기독교인과 불교인의 선악의 기준이 다르다. 기독교인은 부처에게 절을 하지 않는다. 십계명 중 제3계명인 우상숭배의 법에 저촉되기 때문이다. 이렇게 각 종교마다 선과 악의 가치 기준이 다르다. 선과 악의 가치 기준이 다르면 사상도 달라진다.

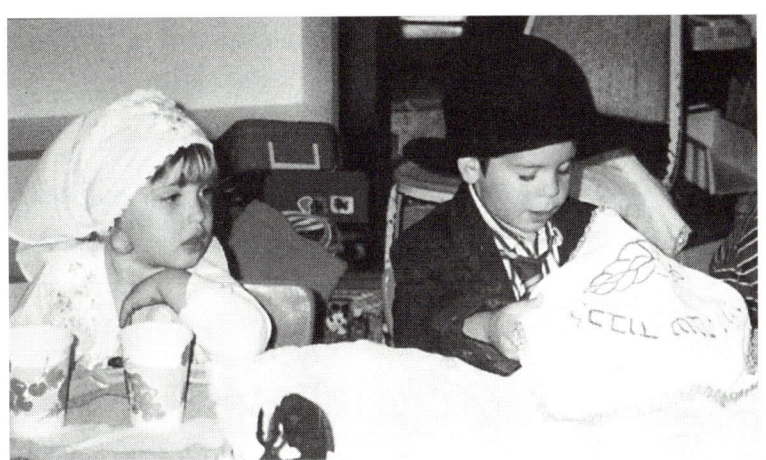

선악에 대한 유대인의 행동 규범은 그들의 율법에 의해 정해진다. 그들의 613개 율법은 '하라'는 긍정적인 것과, '하지 마라'는 부정적인 법으로 구성된다. 종교교육은 선악에 대한 분별력을 키운다. 사진은 안식일 절기 때 아빠와 엄마 역할을 연극으로 연습하는 유대인 어린이들.

인간 구원의 입장이 아닌 도덕적인 입장에서만 본다면, 인류의 정신에 영향을 주었던 모든 역사적인 건전한 고등 종교들은 대부분 그 나름대로 선과 악을 나누고 권선징악(勸善懲惡)을 강조해 왔다. 그러므로 종교교육이 있는 곳에는 일반적 도덕과 윤리교육이 있다. 따라서 범죄가 많지 않다. 그러나 종교교육이 없어지고 세상 학문만 강조되면, 인간의 도덕은 타락의 길로 들어선다.

예를 들어 보자. 미국에 에일린 구더라는 독신한 기독교 장로의 부인이 "제 딸이 알고 있는 여대생들은 왜 남자 친구와 동침하면 안 되는지, 왜 그것이 비도덕적인지 그 이유를 모른다고 합니다."라고 한탄했다(Guder, 1982, p. 21). 그러나 그 여대생들은 오히려 순결을 지키는 부인의 딸을 향해 "세상 재미도 모르는 바보야. 인생은 젊을 때 즐기는 거야!"라고 비웃었을지도 모른다. 그렇다면 두 부류 중 누가 옳은가? 객관적으로 판단하면, 둘 다 옳다. 왜냐하면, 기독교인 여대생은 성경에 근거한 가치관에 따라 순결의 중요성을 따라 판단한 것이고, 다른 여대생들은 종교의 가치관 없이 육을 즐기는 것이 최상의 삶으로 알기 때문이다. 여성의 순결에 대한 선과 악을 구별하는 종교교육을 받지 못한 사람들은 자신의 행위에서 죄의식도 못 느낀다. 순결 문제는 도덕과 윤리의 문제지 법적 문제는 아니다.

많은 사람들이 "얼마나 똑똑한가", 또는 "어떻게 인생의 육을 즐기느냐" 하는 세상 학문이 중요하지 "어떻게 선악을 구별하여 인간다운 삶을 사느냐"는 사상 학문에 관심이 없다. 종교가 없는 이들은 '술 취함', '방탕', '음란'이 세상의 법에 어긋나지 않고 남에게 해를 끼치지 않으면 괜찮은 줄 안다. 그들은 육체를 위해 도모하는 이러한 일들이 마침내 인간의 마음을 타락케 하여 범죄로 빠지게 하는 줄을 모르고 있다(갈 5:19-21).

유대인의 지혜자 엘리에셀은 이런 말을 했다. "토라 없는 곳에 예의 범절이 없고, 예의 범절 없는 곳에 토라도 없다. 지혜 없는 곳에 하나님 경외가 없고, 하나님 경외가 없는 곳에 지혜도 없다"(Hertz, 1945, p. 63).

범죄를 무엇으로 막을 것인가? 어떻게 포악한 인간을 유순하게 만들 수 있을까? 민족의 선각자이며 사상가이신 김구 선생의 명언에 답이 있다.

"경찰서 10개 짓는 것보다 교회 하나 짓는 것이 더 낫다."

인간다운 인간교육, 즉 인성교육을 위해서는 종교교육이 필수다.

따라서 종교교육은 인간의 내면을 다스리는 예방교육이고 경찰서는 외면적 범죄 현상을 막는 기관일뿐이다.

실제로 예배에 정기적으로 참석하는 사람들이 그렇지 않은 사람들보다 선행을 더 많이 한다는 통계가 나왔다. 시카고 대학의 전 미국 여론조사센터가 2003년 7월 25일 발표한 기독교, 천주교, 유대교인들 1366명을 대상으로 이타주의와 동정심(altruism and empathy)에 관한 조사를 했다. 예배에 정기적으로 참석하지 않는 사람은 1년에 96회 정도, 매주 교회에 나오거나 그밖에 신앙생활을 잘 하는 사람들은 평균 128회 정도 착한 일을 한다. 선행에는 헌혈, 홈리스들에게 음식을 나눠주는 일, 물건을 사고 거스름돈을 더 받았을 경우 돈을 다시 돌려주는 일, 줄을 길게 서고 있을 때 바쁜 사람에게 차례를 양보하는 일, 버스나 그밖의 공공장소에서 서 있는 사람에게 의자를 양보하는 일, 모르는 사람이 길을 물었을 때 친절히 가르쳐 주는 일, 실망이나 좌절에 빠진 사람의 의논 상대가 되어 주는 일 등등이다(크리스천 뉴스위크, 정기적인 예배자가 더 많은 선행 실천, 2003년 7월 25일).

독실한 기독교인 여대생이 바람둥이 여대생과 룸메이트를 했다.
기독교인 여대생: "여자는 결혼 전에 남자 친구와 동침하면 안 돼!"
바람둥이 여대생: "세상 재미도 모르는 바보야. 인생은 젊은 때 즐기는 거야!"
두 부류 중 누가 옳은가? 둘 다 옳다.
왜냐하면, 성경의 가치관 교육을 받은 사람과 안 받은 사람이 다르기 때문이다.
따라서 종교교육 없는 인성교육은 불가능하다.
종교는 사상의 어머니다.

B. 범죄(crime)와 죄(sin)의 차이점

인간은 이웃과 더불어 살아간다. 더불어 살아가는 데에는 그 공동체의 질서와 평화를 유지시키는 보이는 혹은 보이지 않는 법이 있다. 공동체의 법에 맞춰 살아가면 의인이고 그 법을 어기면 죄인이 된다.

그 공동체의 질서와 평화를 유지시키기 위한 법은 대략 3가지가 있다. 첫째 현행법, 둘째 도덕과 윤리, 셋째 종교법이다. 이 3가지 법 중 어느 하나를 어겼을 때 죄인이 된다. 한국어로는 이 3가지를 모두 '죄'로 표현하지만, 그 죄의 내용에 따라 범죄(crime)와 죄(sin)로 구분할 수 있다.

첫째, 현행법은 국가나 지역 사회의 질서와 안녕을 유지하기 위한 법이다. 이 법을 어겼을 때에는 범죄(crime)가 되어 당사자가 경찰에 연행되어 재판을 받고 그 범죄에 해당되는 벌을 받아야 한다.

둘째, 도덕과 윤리는 그 사회가 요구하는 인간다운 인간의 삶을 유지하기 위한 가치 기준에 의한 법이다. 그러나 이 도덕과 윤리의 법을 어겼을 경우 사법기관은 이를 벌할 수 없다. 예를 들어, 젊은 학생이 나이 많은 노인에게 반말을 했다면 그는 도덕적인 죄(sin)를 범했지만 경찰의 연행 대상은 아니다.

셋째, 종교적인 법은 어떤 종교가 그 종교를 믿는 신자들에게 요구하는 법이다. 이 법은 그 종교를 믿는 신자에게만 적용된다. 예를 들면, 기독교인은 주일을 범했을 때에 그 죄(sin)로 양심의 가책을 느끼지만 비기독교인은 주일에 산에 놀러가도 양심의 가책이 없다.

위에서 언급했듯이 거의 모든 도덕과 윤리는 그 주민의 종교 사상과 종교법에 기초하고 있다. 따라서 범죄(crime)는 현행법을 어겼을 때 사용하는 용어이고, 죄(sin)는 도덕과 윤리 및 종교적인 법을 어겼을 때 적용되는 용어다.

**거의 모든 도덕과 윤리는 그 주민의 종교사상과 종교법에 기초하고 있다.
따라서 범죄(crime)는 현행법을 어겼을 때 사용하는 용어이고,
죄(sin)는 도덕과 윤리 및 종교적인 법을 어겼을 때 사용하는 용어다.**

2. 미국 교육의 예

왜 종교가 사상의 어머니인가? 미국의 예를 들어보자. 미국의 초기 건국이념은 청교도 사상이다. 미국의 청교도 사상은 기독교 사상이며, 신본주의 사상이다. 미국은 신본주의 사상을 기초로 하여 수직문화가 형성되었다. 미국 국민이 사용하는 지폐에도 "우리는 하나님을 신뢰한다.(IN GOD WE TRUST.)"라고 쓰여 있다. 대통령도 취임식 때 성경에 손을 얹고 선서한다.

1620년 처음 미국 동부지역에 도착한 청교도들이 이 머나먼 땅을

새로운 삶의 터전으로 찾아온 것은 잘 먹고 잘 살기 위해서가 아니었다. 그들은 마음 놓고 하나님을 잘 섬길 수 있는 신앙의 자유를 찾아왔다. 따라서 그들은 하나님 중심의 신본주의 청교도 사상에 최우선 순위를 두었다. 그들은 제일 먼저 하나님을 섬기는 교회당을 지었다. 그 다음에 학교를 지었다. 그리고 세 번째로 자신들의 집을 지었다.

청교도들은 학교에서 무엇을 가르쳤는가? 당시의 학교는 모두 성경 학교였다. 현재 동부의 가장 오래 된 아이비리그 대학들(하버드, 예일, 프린스턴 등)이 그 예다. 그들은 왜 제일 먼저 성경 학교를 세웠는가? 그들의 꿈은 주님이 오실 때까지 그들의 자녀를 성경으로 양육하여 전 세계를 복음화하는 것이었다. 당시 모든 미국의 학생들은 매일 다음과 같은 기도를 드렸다(1963년 전까지).

"전능하신 하나님, 우리는 하나님께 속한 것을 압니다. 간절히 하나님의 축복을 간구합니다. 우리의 부모와 선생님들 그리고 이 나라를 축복하여 주시옵소서. 아멘."

이러한 신본주의 사상교육 덕분에 미국은 오늘날 대국의 위력을 발휘하게 되었다. 이는 "너희는 먼저 그의 나라와 그의 의를 구하라. 그리하면 이 모든 것을 너희에게 더하시리라"(마 6:33)는 말씀의 성취 모델이다. 초기 개척자들이 자녀들에게 온전히 신본주의 사상을 먼저 가르치고 세상 학문을 그 다음 순위에 두었기 때문에 가능한 일이었다.

그러나 1962년 존 F. 케네디 대통령이 공립학교에서 기도와 성경 교육을 금지시켰다. 미국의 연방 대법원이 공립학교 내에서의 기도는 미국 헌법의 '교회와 국가의 분리'라는 대원칙을 위반한 행위라고 판

유럽 청교도 102명은 1620년 미국 동부에 첫발을 내딛은 플리머스 항에 제일 먼저 하나님께 예배 드릴 교회를 세웠다. 사진은 플리머스에 세워진 첫 번째 교회의 명판.

결을 내렸기 때문이다(미주 복음신문, 1994년 5월 15일).

이후 미국은 종교교육을 소홀히 하고 세상 학문에만 치중했다. 그 결과 대도시마다 범죄가 들끓고 있다. 현대 교육에는 지식의 전달(teaching)은 있어도 인간교육(discipline)은 없기 때문이다. 이 책의 서론에서 언급한 미국의 챈군 사건도, 부모들이 자녀에게 옳고 그름을 판단하는 종교(사상)교육을 시키지 않고 세상 학문에만 열중한 데서 비롯된 비극이었다.

오늘날 미국 경제가 흔들리는 근본 원인도 국민들에게 종교교육을 시키지 않은 데 있다. 종교교육을 시키지 않음으로 사상이 없어지고, 사상이 없으므로 선악에 대한 분별력이 없어져 마음이 타락하게 되었다. 마음이 타락하면 매사에 불건전한 삶을 산다. 이러한 삶은 마침내

미국과 유대인의 세상 학문과 사상 학문의 비교

분류 시기 나라	세상 학문		사상 학문(종교교육)		결 과
	건국 초기 (250년 전)	2000년대 (250년 후)	건국 초기 (모세 이후)	2000년대 (3200년 후)	
미 국	성경을 우선한 세상 학문	성경 없는 세상 학문	강한 성경적 청교도 사상	점점 약해진 청교도 사상	도덕적으로 세계 1등 국가로 시작하여, 현재 대도시에 각종 범죄가 범람함. 힘의 분산화
유 대 인	토라를 우선한 세상 학문	토라를 우선한 세상 학문	강한 성경적 신본주의 사상 (정통파 유대인)	강한 성경적 신본주의 사상 (정통파 유대인)	3200년간 유지된 성결한 삶(최소한의 범죄), 세계에서 뛰어난 두뇌 집단

경제의 어려움을 가지고 올 수밖에 없다(Washington Post, 1996, Jan. 3). 오늘날 미국은 세계 최대의 채무국으로 전락했다. MIT 대학의 경제학자 레스터 서로(Lester Thurow)교수는 "로마의 번영은 1천 년간 지속되었고, 대영 제국은 약 200년간 번영했다. 그런데 미국은 왜 50년 정도에서 내리막길에 접어들고 있는가?"라고 물었다(1985, p. 67).

그렇기 때문에 바울은 세상 학문은 초등학문이요, 그리스도를 아는 것이 가장 고상한 고등학문이라고 외치지 않았는가(골 2:20). 인간은 왜 초등학문을 배워야 하나? 당연히 하나님의 사상인 고등학문을 배우기 위해서다. 유대인이 글을 배우는 목적이 성경을 배우기 위해서, 즉 하나님의 영광을 위해서라는 논리가 바로 이것이다.

현대인이 타락한 이유는 가장 우선으로 가르쳐야 할 고등학문인 성경교육을 소홀히 하고, 세상의 초등학문을 우선 순위로 가르치는 데 있다. 하나님의 미련한 것이 사람보다 지혜 있고 하나님의 약한 것이 사람보다 강하다는 사실을 명심해야 한다(고전 1:25).

미국의 초기 건국 이념은 기독교 청교도 사상이다.
동부의 오래 된 아이비리그 대학들(하버드, 예일 등)은 모두 성경 학교였다.
미국의 모든 학생들은 매일 다음과 같은 기도를 드렸다(1963년 전까지).
"전능하신 하나님, 우리는 하나님께 속한 것을 압니다.
간절히 하나님의 축복을 간구합니다.
우리 부모와 선생님들 그리고 이 나라를 축복하여 주시옵소서. 아멘."
미국의 슈퍼 파워는 기독교교육에서 나왔다.

3. 유대인 교육의 예

왜 종교가 사상의 어머니인가? 유대인의 예를 들어보자. 유대인의 교육은 이방인과 무엇이 다른가? 가정교육 이외의 학교교육은 이방인과 어떻게 다른가? 그들은 4200년의 역사 속에서 어디를 가나 조상 대대로 내려오는 신본주의 사상을 우선으로 가르친 다음에 세상 학문을 가르친다. 유대인의 신본주의 사상교육이란 바로 성경을 토대로 한 그들의 지혜교육이다. 그 결과 인류에 공헌한 수많은 인재를 배출했다(Solomon, 1992; Telushkin, 1991, 1994).

지금도 정통파 유대인 학교의 교육 과정은 오전에는 종교교육, 오후에는 세상 학문을 가르친다. 독자의 이해를 돕기 위해 대학 입시에 가장 바쁜 정통파 유대인 고등학생들이 다니는 예시바 학교(이 학교는 성인 클래스도 있지만 중·고등학교도 있다)의 하루 수업 시간표를 잠시 보자.

그들은 먼저 아침 7시 30분부터 45분 동안 아침 기도를 드리고, 9시부터 오후 12시 30분까지 수업을 한다. 이 오전 수업시간에는 종교교육만 시킨다. 성경을 기초로 한 탈무드 공부에 2분의 1을 보내고 나머지는 성경 및 유대인의 역사를 공부한다. 학생들은 50분 간 점심 식사를 한 후, 전교생이 모여 오후 1시 20분부터 15분간의 기도회를 또 갖는다. 오후 1시 40분부터 5시 30분까지 4시간 동안만 세상 학문을 가르친다. 고등학교 하루 일과를 비율로 계산하면, 기도와 성경을 70% 이상 가르치고 세상 학문은 30%만 가르친다.

우리의 상식에서 본다면, 중·고등학교 시절은 대학 입시 준비에 가장 많은 시간을 투자해야 하는 시기인데, 말도 안 되는 커리큘럼이다. 실제로 유대인은 이방인의 눈에 도저히 이해가 안 되는 '바보' 같은 일들을 많이 한다.

나는 그들의 하루 일과가 도저히 이해하기 힘들어 이 프로그램을 담당하는 랍비를 찾아갔다. 그는 빙그레 웃으면서 "그래도 우리 학교 학생들 가운데 SAT(수능시험) 1400점 이상이 수두룩하다"고 했다. 하버드 대학에 들어갈 수 있는 SAT 평균 점수가 1375점이고, UCLA에 들어갈 수 있는 SAT 평균 점수가 1200점이다(1996년 기준).

랍비니까 이렇게 대답하겠지 생각하고 이번에는 고등학교 3학년

정통파 유대인의 초·중·고 종교교육 비율
(학교 하루의 커리큘럼)

학교 \ 학문	세상 학문(시간 비율)	사상 학문(종교교육, 시간 비율)
초등학교	2시간 30분(약 20%)	6시간 30분(약 80%)
중·고등학교	4시간(30%)	6시간 30분(70%)
비고	연령이 낮을 때는 인성교육인 종교교육에 더 투자하고 연령이 올라갈수록 세상 학문의 비율을 높인다.	

반을 찾아갔다. 이번에는 3학년 학생들의 대답이 더욱 놀라웠다. "우리는 조상 대대로 이렇게 오전 내내 성경 공부를 해 왔습니다. 그러면 마음이 더 집중되고, 하나님께서 지혜의 빛을 주셔서, 이방인들이 3시간 공부할 것을 우리는 1시간만 하면 따라갈 수 있습니다."라고 자신만만해 했다.

정통파 유대인 초등학교는 어떠한가? 아침 8시에 학교에 가면 오후 2시까지 6시간 동안 계속 기도회 및 토라(성경)공부만 한다. 그리고 오후 2시부터 4시 30분까지 2시간 반 동안 세상 학문인 영어, 산수, 과학 등을 공부한다. 유대인 학교는 어릴수록 인성교육에 78%를, 세상 학문에 22%를 할애한다. 뿐만 아니라 안식일을 비롯한 여러 절기 때는 3대 모두가 모든 생업과 학업을 중지하고 정성과 힘을 다하여 절기를 지킨다.

이렇게 어릴 때 인성교육에 80% 이상을 할애하여 가르친 뒤 서서히 IQ교육을 하니까 그들은 성장해서도 세상의 물질, 명예, 권력에 초연할 수 있다. 그리고 성장한 뒤에도 하나님을 떠나지 않는다. 한국 교인들이 일주일에 1시간 주일학교에 보내는 것과 비교하면 상상할 수 없이 많은 시간 할애다.

유대인들의 시간관리 습관도 무서울 정도다. 역시 학문에는 왕도(王道)가 없다. 그들이 시간관리를 잘 하는 것도 종교교육의 영향이다. 실제로 그들은 일류대학에 진학한 뒤에도 일요일부터 금요일까지 열심히 공부하고 금요일 밤부터 토요일 해지기까지는 철저히 종교적 의식, 안식일 절기에 참여한다. 금요일 저녁 대부분의 학생들은 일주일의 스트레스를 해소하기 위해 술 파티를 여는 동안, 그들은 정성을 다해 거룩한 안식일 절기를 지키며 휴식한다.

이런 현실을 눈으로 보면서 나는 너무나 큰 충격을 받았다. 그래서 언제인가 하나님께서 허락하시면 오전 내내 성경만 가르치고, 오후에 잠깐 세상 학문을 가르치는 학교를 설립하고자 한다. 저자가 이런 학교를 설립하면 우리 집 아이들 외에 몇 명의 학생이 올지 의문이다.

결국 유대인의 성공 비결은 신본주의 사상교육이 먼저이고, 세상교육은 나중이라는 교육철학에 있다. 지혜교육이 먼저 된 사람, 즉 마음을 먼저 지킨 사람이 지식을 가져야 마음이 타락하지 않고 이웃과 인류에 공헌할 수 있다. 이러한 개념은 랍비 마빈 토카이어가 쓴 《탈무드 잠언집》(p. 191, 동아일보, 2009)에 소개된 '세 종류의 어리석은 사람들'에 잘 요약되어 있다.

세 종류의 어리석은 사람이 있다. 첫째는 자신의 어리석음을 알고 있는 사람, 둘째는 자기가 슬기롭다고 자신하는 사람, 셋째는 자기도 남도 모두 어리석다고 생각하는 사람이다. 유대 민족은 지식의 많고 적음보다는 '얼마나 현명한가, 아니면 얼마나 어리석은가'를 가장 중요하게 여긴다. 이들이 현명하다는 것은 조상들의 가르침(성경 말씀)을 잘 익혀 지키는 것을 의미한다.

정통파 유대인 자녀들은 매일 1시간씩 기도로 학교생활을 시작한다. 그리고 오전 내내 종교교육을 하고 세상 학문은 오후 시간에만 한다. 그래도 그들은 일류학교에서 두각을 나타내고 있다. 사진은 정통파 중·고등학교 예시바 학교의 아침기도회 장면. 모두 기도복을 입고 이마와 팔에 경문을 붙이고 있다.

아침기도회 시간에 리더가 나와 토라를 읽는다. 조상 대대로 이 방법엔 세대차이가 없다.

온전한 인간교육의 순서 135

아침기도회 때 가슴과
얼굴을 치며 기도하는
정통파 유대인 학생.

아침기도회가 끝나면 각자 쉬는 시간에 그날의 성경 말
씀과 탈무드를 공부한다. 그들은 시간을 아낀다.

지혜롭지만 똑똑(IQ)하지 못한 사람이 있는가 하면, 똑똑하면서도 어리석은 사람이 있다. 지혜롭고 현명하다는 것은 스스로의 힘으로 어떤 일을 처리할 수 있다고 생각하는 것이 아니라, 실제로 그 일을 처리할 수 있는 능력을 갖추고 있는 사람을 말하는 것이다.

탈무드를 독파하고 나면, 앞의 세 종류의 사람 가운데 자기 자신의 어리석음을 아는 사람은 지혜로운 사람에 속한다는 사실을 알게 된다. 지혜가 없고 똑똑하기만 한 사람은 썩어 없어질 헛된 땅의 것에는 능할지 모르나, 비록 미련할지라도 지혜로운 사람은 믿음으로 영원한 천국을 소유할 수 있다.

유대인에 대해 거부감을 갖는 사람도 많다. 그래도 그들을 알아야 한다. 그들의 성공을 배우기 위해서라도 그들의 자녀교육 방법을 배워야 한다. 어느 개인이나 민족이든지 장·단점은 있게 마련이다. 한국인도 때로는 다른 민족으로부터 비판을 받는다. 기독교인이라고 모두 존경받는가? 그렇지 않다. 우리는 유대인에 대한 편견을 버려야 한다.

**유대인 학교는 어릴 때 인성교육에 80% 이상을 투자한 뒤
서서히 IQ교육을 하니까 그들은 성장해서도
세상의 물질, 명예, 권력에서 초연할 수 있다.**

**유대 민족은 지식의 많고 적음보다는
"얼마나 현명한가, 아니면 얼마나 어리석은가"를 가장 중요하게 여긴다.**

유대인이 보는 지식과 지혜의 차이

Tokayer

오늘날의 우리들은 지식과 지혜의 차이를 모르고 있는 것 같다. 몇백 년 전과 비교해 보면, 우리 인간이 알고 있는 지식이란 실로 엄청난 것이다. 또한 계속 그 양이 늘어가고 있다. 하지만 탈무드를 비롯한 유대인들이 배우고 있는 많은 고전들을 보면, 인생을 통한 지혜는 오히려 퇴보하고 있다는 생각이 든다.

유대인 가정에서는 매주마다 돌아오는 안식일에 모든 식구들이 한자리에 모이고, 아버지가 탈무드에 대해 가르쳐 준다. 이처럼 유대인들에게는 안식일이 곧 가족의 날이다. 이러한 이유에서 오늘날의 유대인들도 안식일에는 여행을 삼가고 장사도 쉬는 것이 보통이다.

유대인들은 교육이라면, 시설이 잘 갖춰진 학교보다 가정을 먼저 생각한다. 그만큼 가정에서 배우는 교육을 중요시하기 때문이다. 유대인 자녀들이 학교에서 배우는 것은 지식에 그치지만, 가정에서는 온갖 지혜를 배우게 되며, 또한 그 아이들의 생활이 대부분 가정에서 이루어지고 있기 때문이다.

아랍에 파견된 어느 일본인이 많은 사람들로 붐비는 공항에서 총기사고를 냈을 때 대부분의 유대인들은 그 일본인을 가리켜 '학교에서 지식만 배운 녀석'이라고 비웃었다.

인간의 지혜가 탈무드라는 경전을 낳았고, 인간의 지식이 '대륙

간 탄도탄'을 만들어 냈다. 지식은 날마다 새롭게 발전해 가지만 지혜만은 옛날과 차이가 없다고 유대인들은 믿고 있다. 이러한 이유 때문에 유대인들은 수천 년 전에 만들어진 성경과 탈무드를 믿는 것이다.

이들은 지식이 기록된 책과 지혜가 기록된 책을 구별하고 있으며, 지식의 책 못지않게 지혜의 책을 읽어야 한다고 믿고 있다. 하지만 유대 민족의 고전을 보면, 책을 통해 배우는 지혜보다는 부모를 통해 배우는 지혜가 가장 소중하고 훌륭한 것이라고 가르치고 있다.

_탈무드 잠언집, 동아일보, 2009

> **저자 주** 유대인은 지식이 기록된 책과 지혜가 기록된 책을 구별한다. 유대인의 고전을 보면, 책을 통해 배우는 지혜보다는 부모를 통해 배우는 지혜가 더 소중하고 훌륭한 것이라고 가르치고 있다.

III. 인성교육 측면에서 본 한국과 미국의 교육이념

들어가며

한 나라가 세워지면 그 나라의 교육이념이 세워진다. 그 나라의 교육이념에는 그 나라 백성에게 가르쳐야 할 기본 가치관이 담겨 있다. 따라서 각 나라의 인성교육의 가치관을 알려면 그 나라의 교육이념을 살펴볼 필요가 있다.

한국이나 미국도 조상들이 건국을 할 때 기본적인 교육이념이 있었다. 한국은 유교에 근거했고 미국은 기독교에 근거했다. 그리고 그것들을 많은 사람들이 드나드는 성의 큰 대문이나 동상에 새겼다. 한국은 조선을 창건한 이성계가 수도를 한양으로 옮기면서 사대문(四大門)과 종각에 새겼고, 미국은 청교도들이 처음 도착한 아메리카 대륙 동부 플리머스 항 언덕에 '선조에게 드리는 국립 기념비'를 세우고 그 뜻을 새겼다. 국민들에게 이를 널리 홍보하고 영원히 가르치기 위해서다. 여기에 새겨진 키워드는 곧 자녀들의 인성교육을 위한 핵심이었다. 이는 고전으로 수직문화에 속한다.

이제 한국과 미국의 교육이념을 비교해 보고 동서양의 인성교육의 가치관은 무엇이, 왜, 어떻게 같은지 또는 무엇이, 왜, 어떻게 다른지 알아보자. 특히 한국의 인성교육에 관한 가치관과 성경에 근거한 미국의 인성교육의 가치관을 비교하여 유사한 점을 발견한다면, 기독교인이라 하더라도 더욱 자부심을 갖고 부담 없이 그 가치관을 따르고 자녀에게 가르칠 수 있을 것이다.

한국의 신언서관이 도덕과 윤리의 실천면을 강조했다면 여기에 소개된 인·의·예·지·신(仁 義 禮 智 信)은 도덕과 윤리의 기본 정신을 강조했다고 할 수 있다. 그런 면에서 미국의 교육이념도 마찬가지다. 두 나라의 교육이념의 내용을 소개하고 우리의 자녀들에게 가르쳐야 할 인성교육의 내용을 정리해 보자.

1. 한국의 핵심 인성교육 내용

한국의 중심 교육이념은 무엇일까? 우리 민족 최초의 국가인 고조선의 교육이념은 홍익인간이다. 이는 현재까지 이어지는 교육의 기본이념이다. 홍익인간이란 말의 뜻은 '널리 인간 세계를 이롭게 함'(엣센스 국어 사전, 1983)이다. 그리고 한국인은 경천애인(敬天愛人) 사상을 갖고 있다. 즉 하늘을 경외하고 이웃을 사랑하라는 사상이다. 얼마나 성경적인가!

좀더 구체적인 한국의 교육이념을 살펴보자. 조선 시대의 교육이념은 '인·의·예·지(仁義禮智)'다. 이것은 끝까지 지녀야 할 인격의 4가지 요소라 하여 '사단(四端)'이라고 한다. 그리고 여기에 하나 더 신(信)을 첨가하여 항상 인간이 지녀야 할 5가지 요소로 삼았는데 이를 오상(五常)이라 한다. 이것은 백성에게 꼭 필요한 인성교육의 내용이다.

조선 왕조를 세운 태조 이성계는 도읍을 한양으로 옮긴 뒤 정도전의 제안을 받아들여 이것을 더 구체적으로 백성에게 알리고 교육시키기 위해 한양(서울)에 사대문(四大門)을 세웠다. 각 문에 '인·의·예·지(仁義禮智)' 중 하나씩 선택해 대문의 이름을 지었다. 그리고 그 대문 중앙에 신(信)을 중히 여기는 보신각이란 종각을 세웠다. 이제 사대문과 종각에 새긴 이름의 뜻을 알아보고 한국인의 교육이념을 확실히 정리하자.*

---

* 사대문과 보신각의 의미는 경민대학 김무현 교수의 《명심보감》 강의록을 참고했음, 2003년 10월 7일.

조선시대에는 한국인의 인성교육 핵심 단어들을 백성들이 익힐 수 있도록 사대문과 보신각에 새겼다. 사진은 "예를 숭상하라"는 의미의 숭례문(남대문). 불타기 전 모습이다.

보신각(寶信閣, 사대문의 중앙에 세움): 서울 종로에 있는 종각으로 조선 태조 5년(1396)에 건립되어 아침 저녁으로 사대문을 열고 닫을 때 종을 쳐서 알렸다. 보신각(寶信閣)의 뜻은 "각 사람의 말에는 신용이 있어야 함으로 신용을 보배로 여기라."는 뜻이다. 성경에서 가르치는 '거짓을 삼가라' (제9계명)는 뜻이다. 서로 믿는 신용사회가 힘을 발휘할 수 있다.

첫째 문, 숭례문(崇禮門, 남쪽의 남대문): "이 문을 드나드는 사람들은 예(禮)를 숭상하라."는 뜻이다. 이후 한국은 동양에서 가장 예를 잘 지키는 동방예의지국(東方禮義之國)이란 칭호를 받게 되었다. 얼마나 큰 자부심인가? 부모를 공경하고 남을 먼저 배려하며 무례히 행치 말라는 뜻이다(롬13:13,14; 고전 13:5; 엡 6:1-3). 특히 한국인의 효도교육은 세계의 으뜸이었다. 그러나 현재는 가정과 학교에서 얼마나 예를 숭상하고 효를 잘 가르치는가?

둘째 문, 흥인지문(興仁之門, 동쪽의 동대문): "이 문을 드나드는 사람들은 어진 마음을 불러 일으켜라."는 뜻이다. 즉 남을 이롭게 하는 '이타심(利他心)'을 가지라는 뜻이다. "네 이웃을 사랑하라"(눅 10:27)는 말씀이다. 그런데 현재는 가정과 학교에서 얼마나 남을 위해 살도록 가르치는가?

셋째 문, 돈의문(敦義門, 서쪽의 서대문): "의(義)의 마음을 가지고 나라와 민족을 위해 목숨을 버릴 수 있는 마음을 두텁게 가져라."라는 뜻이다. 모세나 바울처럼 민족을 사랑하라는 말이다(출 32:32; 롬 9:1-3). 나라의 평화를 지키기 위해서다. 한국은 이스라엘처럼 약소국이기 때문에 한국인에게는 살아남기 위해 더 큰 나라와 민족 사랑이 필요하다. 한국은 중국이나 일본 등으로부터 반만 년의 역사 동안 약 931번의 침략을 받았다(김종욱, 1998년; 안희수, 2007).

적을 이길 만한 힘을 기르고 전쟁시 적을 무찌르지 않으면 평화란 있을 수 없다. 평화는 '평화'라고 쓴 피켓을 들고 '평화'의 구호만 외친다고 오는 것이 아니고, 적을 이길 수 있는 힘을 기르고 만약 적과 대치했을 때 이겨야 오는 것임을 명심해야 한다. 그러나 현재는 가정과 학교에서 얼마나 나라와 민족을 위해 힘을 기르도록 가르치는가? 또 적과 싸워 이길 각오가 되어 있는가?

넷째 문, 홍지문(弘智門, 북쪽의 북한문): "큰 지혜는 하늘로부터 오니 하늘의 지혜를 구하라."는 뜻이다. 한학(漢學)에서 북쪽은 하늘을 상징한다. 인간은 자신을 낮추고 겸손하여 하나님께 의존하여 하나님께 지혜를 구하라는 뜻으로 해석할 수 있다. 한국 민족도 이스라엘 민족처럼 나라가 작기 때문에 하나님을 잘 섬겨야 하나님의 보호로 주변 열강 속에서 살아남을 수 있다. 한국의 애국가에도 "……하나님이 보우하사 우리나라 만세"라고 쓰여 있다. 지혜의 근본은 무엇인가? 여호와를 경외하는 것이다(잠 1:7). 그러나 현재는 가정과 학교에서 얼마나 하나님을 의지하고 잘 섬기라고 가르치는가?

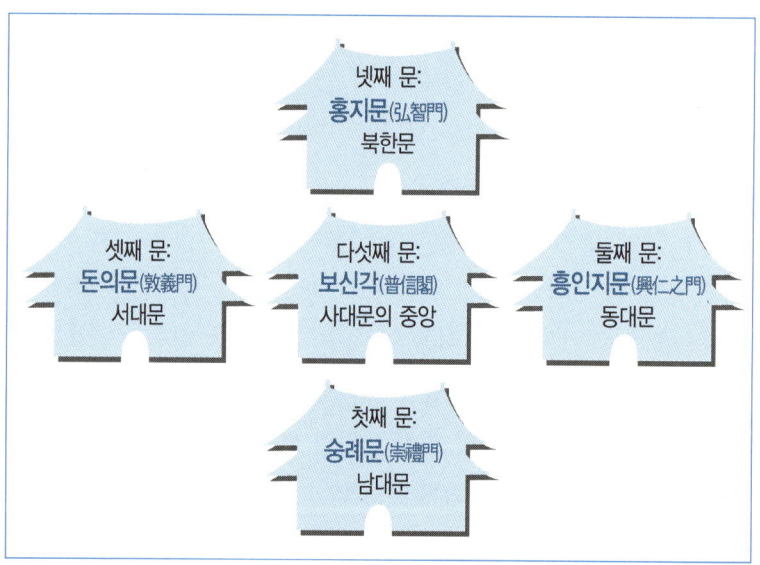

이를 요약하면, 인성교육이 잘 된 한국인을 만들려면 예를 숭상하게 하고[예(禮)], 이웃 사랑하는 마음을 갖게 하고[인(仁)], 의가 투철하여 애국애족의 마음을 갖게 하고[의(義)], 하나님에게 지혜를 구하게 하고[지(智)], 신용을 보배처럼 여기도록[신(信)] 가르쳐야 한다는 뜻이다. 얼마나 성경적인가!*

2. 미국의 핵심 인성교육 내용

미국은 여러 나라에서 온 이민자들로 형성된 나라다. 그런데 한국인이 미국으로 이민 간 목적과 유럽의 청교도들이 미국으로 이민 간 목적은 근본적으로 다르다. 대부분의 한국인들은 좀 더 잘 살아 보고자 또는 자녀교육을 이유로 미국을 택했다. 반면 미국을 건국한 청교도들은 종교의 자유를 위해 죽음을 무릅쓰고 바다를 건넜다.

1620년 12월 11일 102명의 청교도들이 메이플라워 호를 타고 장장 63일 동안의 사투를 벌이며 험한 항해를 한 끝에 플리머스의 바닷가 한 바위에 닻을 내렸다. 이곳에는 '플리머스 제일교회(The First Church in Plymouth)'가 있고 그 언덕에 기념비가 세워져 있다. 기념비에는 이렇게 쓰여 있다.

---

* 인의예지신이 인성교육의 내용과 목적이라면, 신언서판은 이 내용과 목적을 실천하는 교육의 형식이다. 자세한 내용은 이 책 제3권 제6부 제1장 Ⅲ. '동양인 예절의 근거: 삼강오륜과 신언서판' 참조.

1620년 유럽에서 102명의 청교도들이 미국 동부에 도착하자 제일 먼저 '플리머스 제일교회'를 세우고 '선조에게 드리는 국립 기념비'를 세웠다. 이 기념비 4면에 건국의 인성교육의 핵심 단어 5개가 있다.
사진은 도착지를 가리키며 초심을 다지는 국립기념비 앞에 선 저자.

국민과 종교의 자유를 지키기 위한 선조들의 노동과 희생들 그리고 고난을 기억하면서 이에 감사하는 사람들이 세운 '선조에게 드리는 국립 기념비(National Monument to the Forefathers)'.

기념비에는 당시 메이플라워 호에 탔던 승객 102명의 이름도 새겨져 있다.

성경의 가치에 기초한 모범 자유민주주의 국가를 세우고, 인류의 역사를 더욱 기독교적으로 바꾸는 감동적인 시작이었다. 제1차, 2차 세계대전에서 미국은 자유주의의 수호를 위해 앞장섰고 한국전쟁 때도 많은 희생자를 내면서도 한반도의 공산화를 막았다. 그리고 전 세계에 복음을 가장 많이, 효과적으로 전파한 나라이기도 하다. 한국에 복음을 전파해 준 나라도 미국이다. 시작은 미약하나 나중은 창대한 나라가 바로 미국이다. 물론 미국도 인간이 하는 일이기에 역사에서 오점을 남긴 부분이 없지 않다(인디언 점령 과정 등). 그러나 전체 평가에서는 긍정적인 면이 훨씬 많다.

청교도들이 세운 미국의 인성교육의 틀은 무엇인가? '선조에게 드리는 국립 기념비'에 새겨진 키워드를 중심으로 알아보자. 기념비 위쪽에 '믿음(Faith)'이 있고, 그 밑 사면에 4개의 키워드(단어)들이 있으며, 각 키워드 밑에는 이를 설명하는 두 단어가 새겨져 있다.

맨 위쪽에 쓰인 '믿음(Faith)' : 하나님을 믿는 믿음 위에 세운 나라를 뜻한다. 즉 신본주의 국가를 말한다. 미국의 화폐에도 "우리는 하나님을 믿는다.(In God We Trust.)"란 글귀가 쓰여 있다.

첫째, 자유(Liberty): 정면에 철모를 쓴 군인 밑에 '자유'란 키워드가 있다. 자유 밑 좌우에 두 단어, '전제 군주(Tyranny)'와 '평화(Peace)'가 있다. 전제 군주란 단어 밑에는 전제 군주 같은 이가 칼로 악인을 발로 밟고 찌르는 장면이 조각되어 있다. 이것은 악은 전제 군주처럼 강하게 제압해야 평화를 얻을 수 있다는 뜻이다. 즉 평화는 공짜가 아니라 악과 싸운 피의 대가라는 뜻이다.

오늘날 악을 못 본 체 하면서 무조건 평화를 외치는 것은 잘못된 행동이다. 악이 승하면 어떻게 평화를 누릴 수 있겠는가? "자유란 나무는 피를 먹고 자란다."고 하지 않는가? (엄밀히 말해 'Liberty'는 'freedom'과는 의미가 다르다. 이는 과거에 어떠한 제한이나 억압 따위가 있었음을 암시한다.)

둘째, 도덕(Morality): 오른쪽에는 '도덕'이란 키워드가 있다. 도덕 밑 좌우에는 두 단어, '선지자(Prophet)'와 '전도자(Evangelist)'가 있다. 왜 도덕에 선지자나 전도자가 필요한가? 선지자는 백성에게 율법(하나님의 말씀)을 선포하고 악을 지적하며 회개하게 하고 여호와의 율법으로 돌아오도록 하는 직무를 맡았다. 전도자는 인간의 구원을 위해 복음을 전하는 사람이며 동시에 사랑과 용서를 소유하고 있다. 인간이 바르게 살기 위해서는 죄를 지적하는 선지자도 필요하지만 사랑과 용서도 필요하다. 선지자가 죄를 지적하는 구약을 상징한다면 전도자는 신약의 복음, 사랑을 상징한다.

왜 도덕에 전도자가 필요한가? 구원받지 않고는 선과 악을 구별하는 율법(성경 말씀)을 알 수 없다. 따라서 전도자는 백성에게 복음을 전하여 하나님의 백성을 많이 늘려야 한다. 그리고 선지자는 백성이 옳은 도덕을 유지하기 위해 선악을 구별하는 율법을 가르치며 이를 지키지 않을 경우 하나님의 심판의 진노를 얻는다는 것을 가르쳐야 한다. 즉 도덕을 위해서는 복음과 율법, 은혜와 율법 교육(성화의 과정)의 조화가 필요하다는 뜻이다.

셋째, 율법(Law): 뒤편에는 '율법'이란 키워드가 있다. 율법 밑 좌우에는 두 단어, '정의(Justice)'와 '자비(Mercy)'가 있다. 정의는 선악을 잘 구별하여 악한 자를 심판하고 억울한 자를 보호하는 것이다. 법의 존재 이유가 여기에 있다. 그런데 왜 법에 자비가 필요한가?

첫째, 자비는 선을 행하는 것뿐만 아니라 근본적으로 강자의 횡포

선조에게 드리는 국립 기념비. 위에는 믿음, 하단 각 4면에 자유, 도덕, 율법 및 교육이란 키워드가 새겨져 있다. 각 키워드 밑에는 2개의 보조 지침들이 새겨져 있다. 사진에 보이는 면에는 '교육'이란 키워드 양면에 '청소년'과 '지혜'가 새겨져 있고, 왼쪽 동상에는 '율법', 오른쪽 동상에는 '자유'가 새겨져 있다.

로부터 약자의 억울함을 풀어주는 데서 온다. 즉 정의를 지키는 것 자체가 약자를 위한 자비다.

둘째, 정의를 세우기 위해서는 법을 강조해야 한다. 그런데 법만 너무 강조하면 사회가 인정(EQ) 없이 건조하기 쉽다. 따라서 정의와 함께 용서와 사랑이 있는 자비가 필요하다. 또 다른 면에서 하나님은 왜 인간에게 정의와 자비를 동시에 주셨는가? 그것은 하나님의 율법에 비추면 완전한 사람이 없기 때문에 사람을 살리기 위해 용서 즉 자비가 필요하기 때문이다.

유대인의 탈무드에는 이 세상을 떠받쳐 주는 3가지 기둥을 소개한다. 진실, 정의 및 자비(사랑)다(Avot 1:18). 진실한 사람이 살 수 있는 세상을 만들려면 율법에 의한 정의가 실현될 때 가능하다. 그러나 정의만을 강조할 때는 정서가 메마르고 차갑기 쉽다. 그래서 그 진실한 삶 자체가 풍요롭고 넉넉한 세상을 만들기 위해서는 따뜻한 자비가 있어야 한다.

넷째, 교육(Education): 왼쪽에는 '교육'이 있는데 교육 밑 좌우에는 두 단어, '청소년(Youth)'과 '지혜(Wisdom)'가 있다. 왜 '청소년(Youth)'이란 단어가 있는가? 그것은 교육의 시기나 대상에 대한 말로

미국의 핵심 인성교육 내용

믿음 (Faith)

첫째, 자유 (Liberty)
전제 군주(Tyranny)와 평화(Peace)

둘째, 도덕 (Morality)
선지자(Prophet)와 전도자(Evangelist)

넷째, 교육 (Education)
청소년(Youth)과 지혜(Wisdom)

셋째, 율법 (Law)
정의(Justice)와 자비(Mercy)

교육은 어릴 때부터, 즉 청소년들에게 지혜교육을 시켜야 한다는 뜻이다. 미래의 꿈이 그들에게 달려 있기 때문이다.

왜 지식교육이 아니고 지혜교육인가? 세상을 이기는 진정한 힘은 세상의 지식보다는 하나님의 지혜에서 나오기 때문이다. 지혜의 근본은 무엇인가? 여호와를 경외하는 것이다(잠 1:7). 즉, 교육의 목적은 하나님의 지혜를 얻는 것인데 그 지혜교육은 어릴 때부터 하나님의 말씀 교육을 시킬 때 가능하다는 뜻이다.

이를 요약하면, 인성교육이 잘 된 미국 시민을 만들기 위해, 하나님을 믿는 신본주의 사상에 투철하여(Faith), 악과 싸워 자유를 찾아 평화를 누리게 하고(Liberty), 복음을 받아 구원을 얻어 선악을 구별하는 도덕인이 되게 하고(Morality), 법을 지켜 정의와 자비가 넘치게 하고(Law), 어린이에게 하나님의 지혜를 가르쳐야 한다(Education)는 뜻이다.

참고로 미국을 이해하기 위해 당시 주지사의 이름으로 기념비에 새긴 그들의 각오가 담긴 시를 살펴보자.

> 이렇게 무(無)에서 모든 것들을 만드신 하나님은
> 작은 시작들이 위대한 일들을 이루게 하셨습니다.
> 그리고 그 모든 것들에게 생명을 주십니다.
> 하나의 조그만 촛대가 일천 개에 불을 붙이듯이
> 여기 빛을 발하는 그 빛은 많은 이들에게,
> 참으로 우리의 온 나라에 조금씩 비치고 있습니다.

여호와의 영광스런 이름이 모든 찬양을 받으소서.

주지사 윌리엄 브래드포드

Thus out of small beginnings greater things have been produced

by His hand that made all things of nothing and

gives being to all things that are:

And as one small candle may light a thousand,

so the light here kindled hath shone unto many,

yea in some sort to our whole nation.

Let the Glorious Name of Jehovah have all the praise.

Governor William Bradford

3. 한국과 미국의 인성교육 내용 비교

이제 한국과 미국의 인성교육을 내용 면에서 비교해 보자. 으뜸 인성, 한국의 신용을 중시하는 보신각(普信閣)은 미국의 믿음(Faith)과 비교된다. 그러나 두 나라가 믿음(信)을 중시하는 것은 같지만, 한국은 사람과의 신용을 의미하고, 미국은 성경에 근거하여 하나님에 대한 믿음을 우선으로 꼽았다. 즉 미국은 하나님을 믿고 섬기는 것이 으뜸가는 인성이다. 하나님에 대한 믿음이 강한 사람이 사람과의 믿음도 강해진다는 논리다. 우리는 미국이 다른 나라에 비해 건강한 신용사회로 뿌리를 내린 바탕에는 기독교 신앙이 있었음을 잊어서는 안 된다.

첫째 인성, 한국의 예를 숭상하는 숭례문(崇禮門, 남대문)은 미국의 도덕(Morality)과 비교된다. 그러나 한국의 예는 유교적 가치와 방법을 의미하고, 미국의 도덕은 성경적 가치와 방법(혹은 서구식)을 따른다. 미국의 선지자와 전도자가 추구하는 가치는 온전히 신구약 성경에 근거한다. 그리고 한국의 첫째 인성이 예라면 미국은 자유다. 청교도들은 종교의 자유가 없는 곳에서 온갖 억압에 시달린 나머지 종교의 자유를 실현하러 미국에 왔기 때문이다. 미국의 이런 이념은 다른 여러 분야의 자유에도 적용된다.

둘째 인성, 한국의 이타심과 자비를 불러일으키는 흥인지문(興仁之門, 동대문)은 미국의 율법(Law) 즉, 정의와 자비와 비교된다. 두 나라가 공통적으로 이웃 사랑을 강조하나, 한국은 인정에 의한 이웃 사랑

한국과 미국의 인성교육 강조점 비교

한국의 내용(우선 순)	미국의 내용	미국의 순서	두 나라 내용의 비교
보신각(普信閣) 신용과 믿음이 보배다.	믿음(Faith) 하나님에 대한 믿음	믿음(Faith)	믿음을 중시하는 것은 같으나, 한국은 사람과의 신용이고, 미국은 하나님에 대한 믿음이다.
남대문: 숭례문(崇禮門) 예와 도덕	도덕(Morality) 선지자와 전도자	자유(Liberty)	예와 도덕을 강조하는 것은 같으나 내용이 한국은 유교적이고, 미국은 성경적이다.
동대문: 흥인지문(興仁之門) 이타심의 자비	율법(Law) 정의와 자비	도덕(Morality)	이웃 사랑을 강조하는 것은 같으나, 한국은 인정에 의한 이웃 사랑이고, 미국은 법치 안에서의 이웃 사랑이다.
서대문: 돈의문(敦義門) 의로움과 애국심	자유(Liberty) 전제 군주와 평화	율법(Law)	평화를 위한 애국심은 같으나, 한국은 외국의 침략을 무찌르는 애국 애족이고, 미국은 악을 무찔러 얻는 평화다.
북한문: 홍지문(弘智門) 하나님께 지혜를 구하라	교육(Education) 청소년과 지혜	교육(Education)	한국과 미국 모두 하나님께 지혜를 구한다.

이고, 미국은 법의 통치 안에서의 이웃 사랑이다. 즉, 억울한 사람이 없는 정의사회 구현 속에서의 이웃 사랑을 강조한다. 그리고 한국의 두 번째 인성이 사랑이라면 미국은 도덕(한국의 예)이다.

셋째 인성, 한국의 의로운 애국자가 되라는 돈의문(敦義門, 서대문)은 미국의 평화를 지키는 자유(Liberty)와 비교된다. 두 나라가 평화를 위한 애국심을 강조하는 것은 같으나 한국은 외국의 침략을 무찌르는 애국 애족의 의를 강조하고, 미국은 악을 무찌르는 평화를 강조한다. 즉, 미국은 악과 평화는 공존할 수 없음을 뜻한다. 평화를 지키기 위해서는 악과 싸워야 한다는 것을 뜻한다. 따라서 'Freedom'은 해방을 뜻하지만 'Liberty'는 싸워 쟁취하는 자유를 뜻한다. 그리고 한국의 셋째 인성이 애국심이라면 미국은 법이다.

넷째 인성, 한국의 하나님께 지혜를 구하라는 홍지문(弘智門, 북한문)은 미국의 교육(Education), 즉 청소년과 지혜에 비교된다. 한국과 미국 모두 인간의 연약함을 인식하고 하나님께 세상을 이기고, 악의 세력을 이기는 지혜를 구한다는 것은 너무나 성경적이다. 그리고 한국의 넷째 인성이 지혜라면 미국도 지혜를 구하는 교육이다.

결론적으로 한국과 미국의 인성교육의 내용을 비교해 보면, 의외로 기본틀은 너무나 비슷하다. 이것은 성경이라는 특수 계시가 한국에 전파되기 이전부터 한국인의 심성에 보편적으로나마 하나님의 가치관 교육이 유교의 가르침을 통해 선행되고 있음을 보여준다.

다만 미국은 성경에 근거하여 뜻이 더 명확하고 간결하다(왼쪽 표 참조). 한국에 기독교가 짧은 기간에 그렇게 많이 번성했던 이유도 여기에 있을 것이다. 즉 예수님을 믿을 수 있는 토양이 좋았기 때문이다.

한국과 미국은 이렇게 좋은 인성교육의 틀을 갖고 있으면서 가정과 학교에서 얼마나 잘 가르치며 실천하고 있는가? 현대는 이런 귀중한 내용들을 너무 쉽게 잊고 있어 안타깝다. 인간이 되게 하는 인성교육은 뒷전이고 현대 학문인 IQ교육에만 집착하기 때문이다. 그 결과 현대 교육은 점점 발달하는데도 인성은 더 파괴되고 있다. 특히 한국인 기독교인은 한국인의 인성교육 키워드와 함께 성경적 인성교육의 키워드를 첨가하여 본인은 물론 자녀들에게 확실히 가르쳐야 할 것이다.

한국이나 미국도 조상들이 나라를 건국할 때 기본적인 교육이념을 만들었다.
한국은 유교에 근거했고 미국은 기독교에 근거했다.
그리고 그것들을 한국은 한양의 사대문(四大門)과 종각에
미국은 동부 플리머스 항 언덕 '선조에게 드리는 국립 기념비'에 새겼다.
그런데 한국이나 미국이나 인성교육의 이념은 잃은 채
IQ교육에만 전념하고 있다.

4. 선교사가 한국에 전한 북미주의 기독교 인성

> 들어가며

한국인도 인정이 많은 민족이다. 남의 아픔에 함께 동참하는 EQ가 풍성한 민족이다. 그러나 IQ교육이 강화되면서 과거에 비해 인정이 메말랐다.

그럼에도 기독교인들이 사회 곳곳에서 봉사에 앞장서는 이유는 무엇인가? 북미주(미국과 캐나다)의 기독교로부터 많은 영향을 받았기 때문이다. 북미주인은 한국의 자유민주주를 지켜주고 물질만 도와준 것이 아니다. 그보다 몇 만 배 더 값진 복음을 전해주었다. 그들이 전해준 복음을 통해 한민족이 구원받고 사탄에 눌려 있던 동토의 땅에서 어둠이 걷히고 빛의 나라로 변했다. 얼었던 가난의 땅도 녹아서 부유한 번성의 땅으로 변하고 세계 국민총생산량(GNP) 제12위, 세계무역국 제11위로 도약하여 세계를 놀라게 했다.

그리고 성경에 근거한 인성교육이 교회를 통해 뿌리내렸다. 바로 이웃 사랑의 실천이다. 그뿐인가? 한국 교회는 전 세계에 1만 명의 선교사를 파송하는 위대한 민족이 되었다. 세계 선교사 수출국 제2위다. 하나님의 전적인 은혜다. 여기서 인성교육의 요소 중 하나인 사랑을 전해 준 북미주 선교사 가족의 헌신을 소개한다.

A. 당신 가문에 감사를 드립니다
(노하덕 목사, 토론토 서머나장로교회)

"언젠가 고국에 가면 양화진에 가 보리라." 몇 년을 두고 벼르던 터였다. 내 민족을 위해 복음을 전해준 선교사님들이 잠들어 있는 그 동산이 그리웠기 때문이다. 그 중에도 꼭 보고 싶은 분의 묘지가 있었다.

1) 윌리엄 제임스 홀 선교사

(전략)

100년 하고도 10년 전 어느 날, 15세를 넘기면 노처녀였던 조선 시절
16세가 넘도록 시집을 못 간 과년한 처녀가 찾아왔다.
맙소사!
그녀의 손가락은 3개가 붙어 있었다.
불난 집에서 이 끔찍한 화상을 입은 것이로구나.
의사로 오지를 찾아온 홀 선교사는
손가락을 떼어 펴주는 수술을 성공적으로 하고 한숨을 쉬었다.
볼썽사나운 수술 자국을 피부 이식으로 덮어주고 싶으나
무지몽매한 주민들에게 설명할 길이 없었다.
그는 마침내 자신의 피부를 벗겨 내어
그녀의 상처 위에 붙이는 수술을 마쳤다.
놀란 조선 사람들은 이구동성으로 말했다.
자기 껍질을 벗겨 병자를 치료해 주는 사람이라고.
온전해진 그녀의 손을 보는 사람들의 가슴마다
예수 그리스도의 사랑으로 불붙었다.

100여 년이 지난 오늘날
이제 그 조선 사람들은
1만여 명의 선교사를 땅끝까지 파송하고
자기들의 껍질을 벗겨 선교지 상처를 덮어주고 있다.
선교란 상대의 흉한 상처를 가려주기 위해 내 껍질을 벗기는 것이기에···.

윌리엄 제임스 홀(1860~1894)과 그의 아내인 로제타 셔우드 홀 (1865~1951).

그가 하나님께 맡은 지경,
평양에 전쟁이 왔다. 그리고
싸움이 끝난 지 3주가 지났어도
의사인 그의 일은 산처럼 쌓여 있었다.

"아들 셔우드가 정말 보고 싶구나.
그러나 너의 첫돌에도 난 서울에 갈 수 없다."
홀 선교사가 그렇게 보고 싶어 했던 부인과 아들 곁에 도착했을 때
그의 온몸은 중병에 걸려 있었다.
"건강할 때 돌아와 아내를 만나는 게
얼마나 행복한 일인지는 이미 알고 있었지만
이제는 병이 났을 때
집에 돌아와 눕는다는 게 얼마나 편한가를 알게 되었소."

밤낮을 가리지 않고 사람을 구하러 자신을 불태우던 그는
더 이상 태울 에너지가 남아 있지 않았다.
"이제 내가 할 일은 다 끝났다."

미국에서나 조선에서나 '아이들의 친구'였던 그는
하나뿐인 자신의 아들과는 말 한 마디도 나누지 못한 채
영원한 작별을 고하려 하고 있었다.
그가 마지막으로 부인에게 하고자 애썼던 말은 이것이었다.
"내가 평양에 갔었던 것을 원망하지 마시오.
나는 예수님의 뜻을 따른 것이오. 하나님의 은혜를 받았소."
1894년 11월 24일, 석양이 물들 무렵,
그는 예수님의 품에 안겨 고요히 잠들었다.
아름다운 서울 한강변 양화진에 몸을 뉘었다.
영원한 안식일에 다시 깨어날 때까지 평안히 잠자기 위해.

그는 자신의 껍질만 조선인에게 벗겨 준 것이 아니었다.

의사로 오지를 찾아온 홀 선교사는
마침내 자신의 피부를 벗겨 내어
그녀의 상처 위에 붙이는 수술을 마쳤다.
놀란 조선 사람들은 이구동성으로 말했다.
자기 껍질을 벗겨 병자를 치료해 주는 사람이라고…….

2) 부인 로제타 홀 선교사

> 1898년 5월 1일 남편 윌리엄 제임스 홀이 사역하다 쓰러진 평양에, 부인인 닥터 로제타 홀 선교사는 그가 남겨 놓은 두 자녀(셔우드와 에디스)와 함께 도착했다. 그러나 그들을 기다리고 있었던 것은 당시 많은 사람들의 생명을 앗아간 무서운 이질이었다.
>
> 세 사람이 모두 이질에 걸렸지만 이제 갓 세 살이 되어 가는 어린 딸 에디스에게 그 고통은 더욱 심했다. 여기 그의 마지막 순간을 적은 어머니의 일기를 소개한다.

5월 23일 새벽 3시 30분에 다시 고통스러워했다.
병이 난 후 처음으로 에디스는 안아달라고 했다.
심히 고통스러워 하는 이 작은 얼굴…….
아침 10시 경, 나는 흰 민들레를 에디스의 손에 쥐어 주었다.
오후 3시, 아이의 손과 발이 차다.
얼굴과 몸은 뜨거워 섭씨 39.5도.
오후 6시 45분, 아이는 쉬지 않고 숨을 몰아 쉬고 메스꺼워 했다.
7시 15분, 열은 40.5도.
8시 25분 열은 섭씨 41도. 숨이 가쁘다.
나는 에디스를 팔에 안고 전에 낮잠 재울 때 하던 것처럼 흔들어 주었다.
아이는 훨씬 조용히 숨을 쉰다. 만족한 것 같아 보인다.

아이의 얼굴은 평화스러워졌고 호흡의 간격도 길어졌다.
크게 뜬눈으로 엄마를 보면서 이 작은 영혼은 이렇게 떠나갔다.
오후 8시 40분,
에디스는 이 세상에 태어나게 해 주신 하나님의 품으로 돌아갔다.

그의 오빠 네 살배기 셔우드는 첫 마디에 말했다.
"아빠가 에디스를 너무 원했기 때문에 하나님이 데려가셨을 거예요."
장미꽃들을 관 위에 얹고 아펜셀러 목사님은 성경을 읽었다.

"나는 부활이요 생명이니……"
그리고 말씀을 전해 주었다.
"당신의 사랑하는 딸 에디스는 지금 아빠 품에 안겨 잠들고 있습니다.
그들은 예수님의 재림 때, 다시 일어날 것입니다.
당신 가족의 절반은 이미 하늘나라에 있습니다."

닥터 로제타 홀 선교사는
68세가 되기까지 43년간 우리 동족을 위해 봉사했다.
조선 처음 맹인 교육을 시작했을 뿐만 아니라,
동대문 부인병원(현, 이대부속병원),
경성여자의학전문학교(현, 고대의대) 등을 세우셨다.
나의 발로 암사슴 발 같게 하시며
나를 나의 높은 곳에 세우시며(시 18:32),
우리는 닥터 로제타 홀 선교사 안에서
하나님 나라의 진정 아름다운 사슴의 의미를 만난다.

3) 아들 닥터 셔우드 홀과 그 부인 닥터 메리안 홀 선교사

아버지 윌리엄 제임스 홀 선교사가 젊은 나이에 천국 가고
그 어린 동생 에디스까지 애처롭게 죽어간 조선 땅인데
셔우드 홀은 1893년 서울 생으로 신고되었다.

그가 조선 땅에서 자란 후
미국과 캐나다의 명문대학에서
의사 수업을 마치고
의료 선교사인 부인 메리안 홀까지 데리고
다시 조선에 올 줄을 누가 알았으랴!
무슨 권한으로 아내를 이런 벽지로 끌고 와 '고통'을 받게 하는가!
1933년 그는 황해도 해주 땅까지 왔고
세계 최고(?)를 자랑하던
조선의 폐결핵과 싸울 구세 요양원을 처음 세운다.

믿음의 사람들 바다 건너서 헌금을 보내 오고
가진 것 없는 나라에서 될성 싶지 않던 '크리스마스 실'을 이끌며
세계에서 유일하게 선교사들이 주관하는 '실' 운동, 성공시켰으니
그 땅이 얼마나 좋은 복음의 텃밭 되었으랴!

불쌍한 민족 사랑한 것도 죄라고
강점한 일제에 의해 추방당하기까지
2대에 걸쳐 희생으로 믿음을 표현한 홀 선교사 가문

윌리엄 제임스 홀의 아들인 셔우드 홀(1893~1991)과 그의 아내 메리안 보텀리 홀(1896~1991)

박해 속에서도 의롭게 썩은 기독교의 밀알이었기에
비웃어도 30배로
시달려도 60배로
죽여도 100배로 결실을 얻어
선교 대상국이었던 이 나라가
오늘날 그 조선은 선교 강국이 되었으니
하늘 보며 하나님께 감사를,
땅에서 당신 가문에 감사를 올립니다.

(《조선회상》이라는 책에서 홀 선교사 가문의 감동적인 모습을 읽고 은혜를 입은 한국 민족의 후손이 적었습니다.)

5. 한국에서 자선활동에 앞장선 기독교

성경에 근거한 종교인은 일반인과 무엇이 다른가? 여러 가지가 있겠으나 그 중 하나는 생활에서 선행을 더 많이 한다는 점이다. 그 이유는 성경이 '나 중심'으로 사는 것(egoism)이 아니라 타인을 위해 살기(altruism)를 가르치기 때문이다.

미국은 기독교의 나라다. 그래서 자선단체가 많다. 그들은 가난한 외국인들도 기꺼이 도와준다. 미국인들은 사회단체에 얼마나 많은 기부금을 내는가? 철강왕으로 알려진 앤드루 카네기(1835~1919)는 막대한 부를 쌓아 66세에 은퇴한 후 1913년까지 총 3억 3200만 달러(한화 3620억 원, 100여 년 전 화폐 가치)를 사회에 기부했다. 2003년 11월 1일 세상을 떠난 출판문화예술계 인사 월터 아넨버그(94세)는 출판문화 사업을 통해 일군 모든 재산 32억 달러(한화 3조7200억 원)를 사회에 환원했다. 미국에는 사회적 공익 활동을 목적으로 설립된 재단만도 4만 6832개(1998년 기준)가 있다. 1997년 미국인의 기부 총액은 1595억 9000만 달러(한화 약 192조 원)였으나 2001년에는 2120억 달러(한화 254조 원)로 성장했다. 이들 기부금 중 개인 소액 기부는 전체 기부금의 75% 이상을 차지하고 있다. 평균 기부금은 1620달러(한화 194만 4천 원)인 것으로 밝혀졌다(양용희, 두란노 뉴스, 미국의 기부문화, 2003년 11월 5일).

현재 한국인의 가치관 속에는 기독교적인 요소가 너무나 많다. 미국 선교사님들이 전해준 성경에 근거한 인성교육 때문이다. 기독교가 사랑이 없다는 말은 일부분만 보고 하는 말이다. 대부분은 그렇지 않다. 이제 한국은 기독교에 대한 잘못된 오해를 풀어야 한다. 예를 들어, 한국 보건복지부가 2002년 정책보고서로 펴낸 《종교단체의 사회복지사업 법인현황》(2001)에 의하면, 기독교(178개), 천주교(157개), 불교(102개), 원불교(83)로 나타나 한국 교회 역사 100년을 조금 넘은 기독교가 단연 선두다(한국의 사회복지지출 추계: 1990~1999). 성경을 기초로 한 기독교와 천주교의 자선단체가 무려 64.4%를 차지하고 있다. 그들은 주로 일반인이 무관심한 고아원, 양로원 및 장애아 쉼터를 돌본다.

최근의 것을 보자. 〈중앙일보〉 미주판에 한국종교사회윤리연구소 김홍권 소장이 쓴 《좋은 종교, 좋은 사회》라는 신간 내용을 소개한 기사가 실렸다. 통계청이 집계한 2005년도 종교 인구에 따르면 불교가 전체 국민의 22.8%(1072만여 명), 개신교인이 18.3%(861만여 명), 가톨

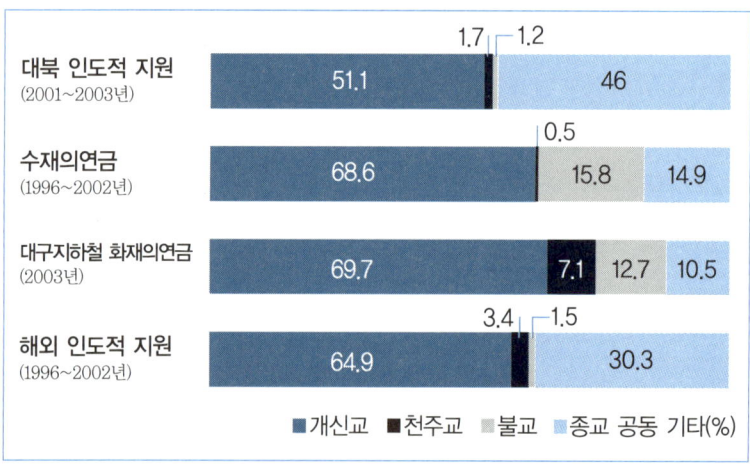

출처_ 한국종교사회윤리연구소, 2008.

일평생 부인과 함께 한국 강원도 삼척에서 '예수원' 기도 공동체를 이끌어 온 대천덕(Torey) 성공회 신부 부부와 저자(1999년 여름 쉐마교육 집회를 마치고). 그는 항상 한복을 즐겨 입고 국악찬양대를 만들어 예배를 드렸다. 그의 딸은 현재 미국 필라델피아에서 한국 어린이들에게 한국의 장구 연주 등 국악을 가르치고 있다.

릭 인구가 10.9%(514만여 명)이다. 그러나 사회공헌도는 인구 수에 비례하지 않는다. 개신교는 북한 지원에 3년간 6985만여 달러, 수재의연금은 7년간 95억여 원, 대구지하철 화재사고 의연금에 21억 5천만여 원, 7년 동안 해외봉사 지원에 1330억여 원을 쓴 것으로 나타났다. 이는 전체 종교의 지원금 중에서 각각 51.1%, 68.6%, 69.7%, 64.9%를 차지하는 규모로 압도적인 비율임을 알 수 있다(왼쪽 표 참조).

사회복지시설의 경우 장애인·아동·노인복지기관 906개 곳 중 개신교가 장애인시설 131개, 아동시설 200개, 노인시설 175개소 등을 운영해 절반 이상을 차지하고 있는 것으로 조사됐다. 이와 함께 헌혈과 장기기증 등 봉사활동에도 두드러진 것으로 집계됐다. 지난 5년간 한국에서 헌혈한 종교단체 가운데 개신교인이 83.4%, 가톨릭 교인이

한국 '좋은 종교, 좋은 사회' 통계… 실제적 이슈를 토대로 종교 분석

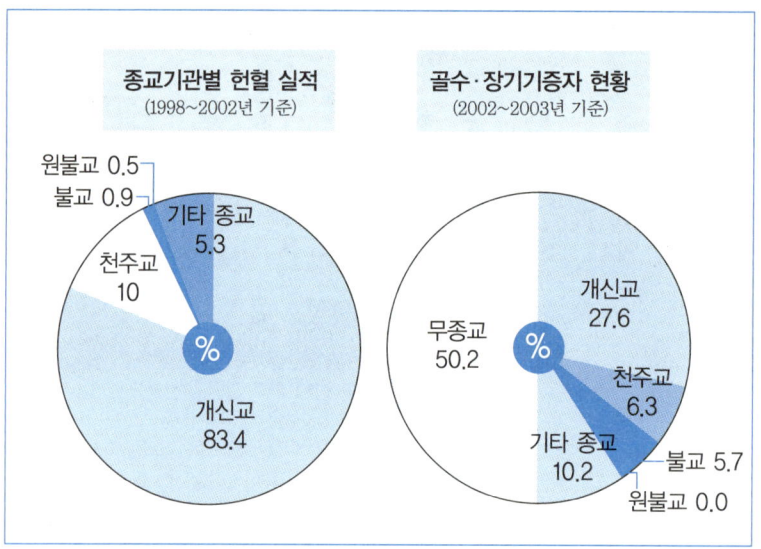

출처_ 한국종교사회윤리연구소, 2008.

10%, 불교 신자가 0.9%를 기록했다. 골수와 장기기증은 비종교인과 종교인구가 반씩이었는데 종교인 중에는 개신교인이 절반 이상을 차지했다(표 참조). 이 같은 결과는 교회가 사회봉사에 가장 열심이며 선한 영향력을 행사하고 있다는 사실을 보여 준다. 일부의 비난과 질책이 근거 없는 오해에서 비롯된 부분이 많다는 것을 증명하는 셈이다(중앙일보, 종교계 대북지원, 기독교가 절반, 2008년 3월 19일).

그리고 거리에서 홈리스들에게 밥을 해 주는 사람들도 거의가 기독교인들이다. 북한을 돕는 옥수수 박사 김순권 씨도 독실한 기독교인이다. 북한의 탈북자들을 돕는 일도 기독교인들이 거의 도맡아 하고 있다. 그 밖에 예수님 때문에 숨어서 하는 봉사도 많다.

그뿐인가? 한밤중에 부부싸움을 해도 목사님들이 잠 못자고 뛰어가 말려 준다. 정부에서 말려 주는가? 아니다. 또 예수님이 아니면 감옥에 갈 많은 사람들이 예수님 덕분에 얼마나 선한 시민으로 잘 살아가고 있는가? 나라와 민족을 위해 얼마나 간절히 기도하고 있는가?

물론 기독교인들 중에도 타인이 보기에 이기주의자처럼 행동하는 사람들도 있다. 그러나 그들이 예수님을 믿어서 그런 사람이 된 것이 아니라 원래는 그보다 더 못한 사람들인데 그나마도 예수님을 믿어서 그 정도가 되었다고 봐야 한다. 그들이 예수님을 믿으니까 그 정도지 만약 예수님을 믿지 않는다면 얼마나 더 이기적인 행동을 하겠는가?

그리고 진정한 기독교인은 설사 잘못 행동했더라도 그것을 지적하면 잘못을 뉘우치고 회개라도 한다. 기독교인은 혼자 기도할 때마다 그리고 매주 예배를 드릴 때마다 회개할 기회가 있다. 그 점에서 기독교인과 일반인은 다르다. 오늘날 한국 사회는 기독교에 대해 많은 비판을 한다. 큰 오해다. 잘못된 선입견이다. 이제 한국에서 기독교와 기독교의 가치를 장려해야 한다. 그래야 희망이 있다.

**미국은 성경에 근거한 인성을 전해 줬고
한국 기독교는 그것을 실천하고 있다.
한국에 기독교와 천주교의 자선단체가 무려 64.4%를 차지하고 있다.
그뿐인가? 한밤중 부부싸움을 해도 목사님들이 잠 못자고 뛰어가 말려 준다.
정부에서 말려 주지 않는다.**

제2장

인성의 기본은 사상: 인간은 빵만으로 살 수 없다

I. 한국 교육, 무엇이 잘못됐나
II. 유대인의 인성교육 내용은 신본주의 사상
III. 왜 공산주의는 망했고 그 후 타락하고 있는가

왜 오늘날 지식은 홍수를 이루나 지혜는 점점 찾기 힘든가?
왜 대학 나온 며느리보다 낫 놓고 'ㄱ'자도 모르며,
지게 놓고 'A'자도 모르는 1960년대의 시어머니가 더 지혜로운가?
현대 교육(IQ교육)은 지혜를 키워주지 못하기 때문이다.

I. 한국 교육, 무엇이 잘못됐나

1. 사상은 배운 사람의 전유물이 아니다

우리는 흔히 사상이나 철학은 학교교육을 받은 사람의 전유물로 착각하고 있다. 정말 그런가? 서울의 모 여학교에 강의를 갔을 때였다. 전교생이 모인 강당에서 학생들에게 물었다.

"여러분들 집에서 할머니와 어머니 중 누가 더 지혜로운가요?"
"할머니요!"

학생들이 합창을 했다. 그들은 자신들의 어머니가 할머니보다 지혜가 적다는 것을 잘 알고 있었다. 연세가 많은 할머니들은 대부분 낫 놓고 'ㄱ'자도 모르고, 지게 놓고 'A'자는 더 모르는 세대다. 그런데도 그들은 대학 나온 어머니들보다 더 지혜가 많다. 그래서 어려운 가운데서도 지혜로 많은 자녀들을 잘 교육시켰다. 그러나 요즘 젊은 부모들은 대학을 나왔는데도 지혜가 부족하여 자녀교육에 실패하고 있다. 다시 강조하지만 영재교육 위주의 현대 학문은 수평문화임을 명심해야 한다.

나의 어머님은 충청북도 산골의 이(李)씨 가문에서 태어나셨다. 초등학교는 문턱에도 가보지 않아 한글도 숫자도 못 쓰신다. 그러나 그분은 자녀들을 키우실 때 한국인의 근본된 양반의 도리를 가르치셨다. 그분은 지혜롭고 정신력이 강한 분이셨다. 그분의 사상은 가문 대대로 내려오던 귀하고, 무게가 있고, 가치 있는 것들이었다. 한국인의 전통적인 수직문화였다.

어릴 때 시골에서 나와 누나가 동네 친구들과 천방지축으로 뛰어놀면 어머님은 누나를 불러 "여자가 걸을 때나 뛸 때에 무슨 일이 있어도 엉덩이를 흔들면 안 된다."고 가르치셨다. 그리고 현씨 가문의 여자의 도리를 가르쳐 주셨다. 이것이 바로 현씨 가문의 사상이면서 한국인의 정신적 사상이었다. 이 글에 담긴 사상도 바로 그 당시 어머님께서 가르쳐 주신 교훈 덕분이다. 미국에 유학 와서 학교에서 배운 것이 아니다.

부친은 내가 세 살 때 돌아가셨다. 그래서 어머님에 대한 기억밖에 없다. 한국전쟁 후 청상과부로 5남매를 키우시던 어머님의 투철한 정신은 남다른 데가 있었다. 당시에는 나의 어머니뿐만 아니라 한국의 많은 어머니들이 그랬다. 오늘날 눈에 보이는 높은 경제성장도 사실은 눈에 보이지 않는 옛 어머니들의 투철한 정신교육 덕분이라고 보아야 한다.

요즘 대학 나온 젊은 어머니들은 어떠한가? 과거의 어머니나 할머니만큼 강인한 정신력을 가지고 있는가? 어려움에 처했을 때 어려움을 해결할 수 있는 지혜가 많은가? 그리고 그러한 정신과 지혜를 옛날 어머니만큼 가정에서 자녀들에게 가르치는가? 여성으로서의 근본 도리를 알고 있는가? 행위가 여성다운가? 가문을 빛내기 위해 조부모로부터 내려오는 가훈을 알고 실천하는가? 3대가 같이 살면서 세대차이 없이 형제간의 우애를 위해 희생하고 있는가? 이러한 것들은 동서에 관계없이 인간들이 지켜야 할 고전적인 가치들이다.

다만 차이가 있다면 종교에 따라 방법만이 다를 뿐이다. 설사 성경이 아니더라도 각 나라의 고전적인 교훈 중에는 인간의 도덕과 윤리를 정하는 내용과 지혜를 줄 수 있는 내용이 많다. 그 이유는 하나님이 인간을 창조하셨을 때 인간에게 선악을 분별할 수 있는 도덕적 기본 양심을 주셨기 때문이다(롬 2:12-15). 세계 여러 나라의 속담과 성경의 잠언 내용이 비슷한 이유가 바로 여기에 있다.

자신의 뿌리인 족보에 대해 모르는 엘리트들도 많다. 우스개 예를 하나 들겠다. 경상도 안동이 고향인 남학생이 서울 가서 대학 공부를 마친 뒤 후배인 경상도 여성을 사귀었다. 두 사람이 안동에 계신 부모님께 인사를 드리러 갔다. 시아버지가 인사 온 예비 며느리에게 물었다.

"성씨가 무엇인고?"

"이씨라예."

"어느 이씨인고?"

"전주 이씨라예."

"전주 이씨라면 어느 파에 속하는고?"

"…저, … 저는 파는 잘 모르고예. 아무튼 저는 '육체파' 라예!"

시아버지는 할 말을 잃었다. 어디 이런 엘리트들이 한두 사람인가?

그렇다면 요즘 젊은 어머니들이 바보들인가? 그렇지 않다. 그들이 잘못한 것이 아니라 기성세대가 잘못한 것이다. 전 시대의 사람들이 자신들의 고유 수직문화를 자녀에게 전수하지 않았기 때문이다. 자신들의 고유사상은 시대에 뒤떨어진 쓸모없는 것으로만 알았다. 그들은 자녀들을 학교에만 맡기면 모든 것이 잘 될 줄 알았다. 그런데 나중에 열매를 보니 엉뚱했다. 웃어른의 촌수도 모르고 가훈도 모르는 경우가 허다했다. 대학 입시에만 정신을 쏟았기 때문이다. 현대 교육에 속은 것이다.

대학 나온 며느리를 맞이한 시아버지가 인사 온 며느리에게 물었다.
"어느 이씨인고?" "전주 이씨라예."
"전주 이씨라면 어느 파에 속하는고?"
"……저는 파는 잘 모르고예. 아무튼 저는 '육체파' 라예!"
현대 교육에 속은 것이다.

2. 사상 없는 현대 교육은 부패한다

오늘날 부모들이 가장 많이 속는 것은 무엇인가? 자녀에게 학교교육을 많이 시키면 인성교육이 잘 되는 줄 아는 것이다. 즉 배운 사람은 뭔가 다른 줄 안다. 하지만 그렇지 않다. 그 이유가 무엇인가? 현대 교육에서 가르치는 생업을 위한 전문 교육인, 수학·영어·의학·화학·생물·경제학·법학 등은 수평문화에 속하기 때문이다. 즉, 현대 학문과 현대 과학은 정신세계에 도움을 주는 수직문화가 아니고, 땅에 속하는 수평문화다. 그것은 형이상학이 아니고 형이하학이다.

그러므로 각 전문 분야에서 아무리 박사 학위를 받았더라도 그것은 개인의 지식에는 도움이 되겠지만 사상이나 철학을 형성하는 데에는 도움이 안 된다. 다시 말해 개인의 도덕 발달에는 도움이 안 된다. 오히려 더 이기적인 사람이 된다. IQ 위주의 세상 학문은 수평문화이기 때문에 그 자체로는 학생들을 더 타락시킨다. 그리고 인성을 파괴시킨다. 실례를 들어 보자.

깨끗했던 관악산 밑의 관악구가 IQ 위주의 교육을 시키는 한국의 최고 명문 서울대학교가 들어서면서 삽시간에 퇴폐화되었다. 〈중앙일보〉가 1995년 봄 무려 18회에 걸쳐 '국립 서울대학교, 수재(秀才) 뽑아 범재(凡才) 만드는 교육 실상' 르포 기사를 연재했다. 제18회 '서울대 대학촌'에 대한 기사의 내용 일부를 보자.

"현재 한국 지성인의 본고장이라는 서울대 앞 녹두거리에는 사방 200미터도 채 되지 않는 곳에 술집 105곳, 당구장 25곳, 노래방 16곳, 비디오방 26곳이 몰려 있어 학생들에게 '녹두 라스베이거스'로까지 불린다. 그리고 서울대 입구 여관촌에는 200여 개의 여관이 성업 중이다. 서울대 앞 녹두거리는 한때 경찰에서 신경을 곤두세우는 '범죄의 거리'로 낙인찍히기도 했다"(중앙일보, 1995년 3월 20일). 관악구 신림 5동 여관촌은 19세 미만 청소년 출입을 막는 레드존(red zone)으로 지정되었다(중앙일보, *19세 미만 청소년 출입금지*, 1999년 8월 9일).

그 이유는 서울대학교에서는 정신적 수직문화를 안 가르치고 수평문화인 현대 학문만을 가르치기 때문이다. 내가 한국에 갔을 때 들은 얘기다(1994년). 서울의 3대 소돔과 고모라 지역 중 한 곳이 '신촌'이라고 한다. 신촌은 한국의 명문 4개 대학(연세대, 이화여대, 서강대, 홍익대)의 요람지이다. 그런데 그 지역에 급기야 정부의 검찰, 경찰, 서울시가 퇴폐 방지를 위하여 합동 무기한 단속에 나섰다(중앙일보, 신촌 유흥가 무기한 단속, 1995년 6월 3일). 더욱 충격을 주는 것은 신촌에는 전문서적을 취급하는 책방이 문을 닫았고, 이대 앞에는 한국 최초로 '섹스숍'이 문을 열었다.

그들이 대학에 들어오기 전의 형편은 어떤가? 서강대 커뮤니케이션 센터(소장 김규 교수)에서 조사한 자료에 의하면, 서강대 신입생 중 여학생 25.8%와 남학생 80.8%가 포르노 영화를 본 적이 있다(중앙일보, 서강대 신입생 조사, 1995년 3월 24일). 이미 한국에는 퇴폐한 수평문화가 팽배함을 보여준다.

경기도 의왕시에서 열린 집회에 갔을 때다. 그곳 주민들은 의왕시가 매우 깨끗한 도시라며 자랑했다. 그래서 내가 물었다.

"이곳에는 대학이 없겠군요?"

"그걸 어떻게 알았습니까?"

"대학이 없으니까 깨끗하지요."

"아 그렇군요. 하 하 하."

한국에는 대학이 자리 잡은 곳마다 타락한다(단 종교교육만을 가르치는 대학은 예외). 그러면서도 거의 모든 대학들이 '인성과 학문을 겸비하는 대학'이라는 슬로건을 내건다. 얼마나 이율배반적인가?

왜 그런가? 대학들이 정신적 사상교육 없이 현대 교육만 시키기 때문에 나타난 부패 현상이다. 더 놀라운 사실은 신촌의 4개 대학 중 3개 대학이 명분상 기독교 대학들(연세대, 이화대, 서강대)이다. 왜 기독교

대학이 3개나 되는데도 그런가? 이 말은 기독교 대학들이 이제는 자유주의에 물들어 기독교 대학의 역할을 제대로 수행하지 못하고 있다는 증거다.

한국의 대학가에는 더 이상 맹모삼천지교(孟母三遷之敎)란 고사성어가 적용되지 않는다. 이 고어가 생긴 배경은 이렇다. 맹자가 어렸을 때 묘지 가까이 살았더니, "애고… 애고…" 하며 장사 지내는 흉내를 냈다. 맹자 어머니가 집을 시장 근처로 옮겼더니, 이번에는 물건 파는 흉내를 냈다. 다시 집을 글방이 있는 곳으로 옮겼더니, 글 읽는 흉내를 냈다. 이것은 맹자의 어머니가 학교 옆으로 이사를 가 자녀교육에 성공했다는 고사성어다. 그러나 현재 우리의 형편은 어떠한가? 부모가 자녀를 데리고 대학 주변으로 이사 가면 온통 술집에다 노래방이나 여관촌이니 자녀들이 그곳에서 무엇을 배우겠는가?

더 우려할 일은, 위 통계들이 이 책의 증보판을 쓰고 있는 현재(2008년)보다 10여 년 전의 것이라는 사실이다. 요즘에는 그나마 이런 통계들이 나오지도 않는다. 왜 그런가? 이제는 이런 타락이 만성이 되어 더 이상 뉴스거리가 되지 않기 때문이다. 그리고 이런 타락들은 연령대가 점점 더 낮아져 이제 초등학교 학생들에게도 미치고 있다*

이러한 현상은 미국도 마찬가지다. 미국의 고등교육회보에 의하면, 마약 혐의와 관련 대학 캠퍼스에서 체포된 학생은 지난 1993년 4993

---

* 초등학생들에 대한 자세한 통계는 이 책 제1권 제2부 2장 III. 2. "자녀들은 얼마나 위험한 수평문화에 노출되어 있나" (왜 1970년대 이전보다 2000년대에 자녀교육이 더 힘든가)참조.

명에서 1994년 6138명으로 크게 증가했다. 살인을 저지른 학생은 1993년 15명에서 1994년 19명으로 늘었다. 성폭행도 급증하여 1993년 892건에서 1994년 1천 건이 넘어선 것으로 조사됐다(중앙일보 미주판, 대학 캠퍼스 범죄 온상화, 1996년 4월 23일).

1996년에는 하버드대 교수가 보스턴 지역의 충격적인 명문대 학생들의 실태조사를 발표했다. 그 지역에는 하버드, MIT, 보스턴 대학 등 명문 대학들이 많다. 그 연구 논문에 의하면, 명문대 학생들이 주말인 금요일부터 일요일까지는 주중에 쌓였던 스트레스를 풀기 위해 술을 마시고, 마약을 하고, 때로는 몇몇 남녀가 어울려 혼음을 즐겼다. 그 당시 이 발표를 접한 각 매스컴은 "미국 교육 이대로 좋은가?"라는 제하로 한동안 떠들썩했다. 동서양을 막론하고 정신적인 수직문화 없는 IQ 위주의 세상 학문은 썩을 수밖에 없음을 증명하고 있다.

(그래도 보스턴 지역이 한국의 명문대가 밀집한 지역보다 건전한 이유는 미국의 명문 대학들은 학생을 선발할 때 IQ뿐만 아니라 인성도 평가하기 때문이다.)*

유학까지 마치고 온 대학 교수가 부친을 살해한 사건(중앙일보, *제2박한상, 교수인 아들이 범행*, 1995년 3월 20일)이 있었다. 이 살인 사건을 다룬 한 중앙일간지의 신문 만평이 의미심장했다(오른쪽). 아버지가 유학(留學) 가는 아들을 강제로 붙잡아 유학(儒學)을 가르치는 곳에 보내는 장면이었다. 기성세대가 어렸을 때 서당에서 배웠던 유학은 정신적인 수직문화였다. 이 말은 바로 현대 학문에는 도덕이나 윤리적 사상이 없고, 종교에 사상이 있다는 것을 증명해 준다.

---

* 이 책 제2권 제3부 제2장 III. 2. C. '미국에서 가능한 인성교육 평가, 한국에서는 거의 불가능하다' 참조.

한국에 기독교가 들어오기 전까지는 유교가 정신적 사상과 도덕교육을 대신했다. 그러나 오늘날 한국은 기독교교육은 물론, 유교교육도 시키지 않고 IQ교육에만 집중하는 데 큰 문제가 있다. 사진은 정신적 사상교육이 없는 현대 교육의 허점을 풍자한 신문 만평.

그런데 왜 옛날 서울대 캠퍼스가 있었던 동숭동이나 대학촌 신촌에는 서점도 많고 철학적인 낭만이 있었는가? 그 당시 학생들은 가정에서 수직문화 교육을 받고 대학에 입학했기 때문이다.

한국에서는 1970년대 이전까지만 해도 13세까지 가정과 서당에서 글을 배우면 성인으로 취급했다. 정신적으로 인격적으로 생각하는 것이 그만큼 어른스러웠다. 그런데 요즘은 30세가 다 될 때까지 세상 학문을 배워도 철이 안 든 사람이 많다.

그 이유는 무엇인가? 전자는 가정과 서당에서 지혜 위주의 수직문화에 속하는 사상을 배웠고, 후자는 가정과 학교에서 수평문화에 속하는 지식 위주의 교육을 받았기 때문이다. 한국의 총신대 앞이나 장신대 앞에는 술집이 없다. 미국도 각 보수 신학대학교 앞에는 퇴폐 업소들이 없다. 그 이유는 무엇인가? 신학교에서는 수평문화는 안 가르치고 수직문화만 가르치기 때문이다.

유대인이 학교에서 오전에는 종교교육을, 오후에는 세상 교육을 시키는 이유가 바로 여기에 있다. 자녀를 얼마나 똑똑하게 키우느냐도 중요하지만, 그보다 더 중요한 것은 어떠한 마음과 정신으로 살게 하느냐이다. 미국에 유학을 보내더라도 수직적 사상교육을 잘 시킨 다음에 보내야 훌륭한 사람이 될 수 있다.

한국인이 보존해 온 사상의 내용은 가훈이나 순결교육 및 인간관계에 필요한 덕과 예절이다. 이것은 가장 값진 민족의 자산이다. 그러나 오늘날 가장 값진 민족의 자산이 실종될 위기에 있다. 왜 그런가? 그것은 학교교육만 강조했기 때문이다. 그 결과 현대 부모들은 자녀에게 가르치고 싶어도 가르칠 사상이 없다. 부모에게서 사상을 전수받지 못한 현대 부모들의 비극적인 현주소다.

한국에는 대학이 들어가는 곳마다 타락한다(단 종교교육만을 가르치는 대학은 예외).
그러면서도 거의 모든 대학들이
'인성과 학문을 겸비하는 대학'이라는 슬로건을 내건다.
얼마나 이율배반적인가?
맹모삼천지교(孟母三遷之敎)란 고사성어가 이제 적용이 안 된다.

3. 한국인의 고유사상이 없어진 역사적 배경: 군사문화 30년

오늘날 한국인의 도덕적, 윤리적 실패의 원인을 어디에서 찾아야 하는가? 역사적 원인을 찾아보자. 한국인에게도 유대인과 비슷한 선비사상이라는 것이 있었다. 선비사상은 정의롭고 물질이나 권력에 오염되지 않으며 고고하고 청렴결백하게 사는 양반문화이다. 이제 이렇게 사는 사람도 적어졌을 뿐만 아니라 이렇게 사는 사람을 존경하지도 않는 사회가 되었다. 어찌 보면 오늘날에는 시대에 뒤떨어지고 사회에 적응하지 못 하는 사람으로 취급을 받기 십상이다.

한국인이 사상적인 가치를 잃은 데에는 한국 현대사의 잘못된 교육철학에서 비롯된다. 여기에는 자연히 현대사를 형성하는 데 주관적으로 개입된 30년간의 군사문화를 지적하지 않을 수 없다. 교육학적으로 군사문화 30년 동안 과연 무엇이 잘못되었는가?

첫째, 군사 정권 아래에서의 교육은 사상교육보다는 세상 학문에만 집중했다. 이 시절 최우선 과제는 배고픔의 한을 푸는 것, 즉 빵 문제를 해결하는 것이었다. 대부분의 국민들은 너무나 가난했기 때문에 여기에 동감했다. 나도 너무 배고픈 환경에서 자랐기 때문에 배고픔을 해결해 준 박정희 대통령을 존경했던 사람 중 하나였다.

'잘 살아 보세!' '민족의 선진화!' 이를 위해 산업의 과학화를 과감히 내세웠다. 초등학교 윤리 교과서에서도 인간의 사상교육, 즉 선악의 도리를 가르치는 대신 '경제 개발 5개년 계획'이 실렸다. 이것이

반만 년 역사 속에서 왜 유독 1970년대 이후에 더 많은 세대차이가 생겼는가에 대한 답이기도 하다.

그 덕분에 이제 한국인은 쌀밥과 고깃국을 먹는다. 누가 뭐라 해도 이는 군사정권의 공헌이다. 국민은 빵 문제가 해결되면 천국이 오는 줄 알고 독재의 불편함도 잘 참아 왔다. 그러나 예측하지 못한 일이 현실화되었다. 국민의 정신적 사상의 황폐 때문에 사회가 점점 살벌해지고 있다. 국민의 가치관 평가 기준을 인간의 내면적 사상보다는 외형적 물질과 과학에 두었기 때문이다.

이처럼 땅의 것에 가치를 둔 수평문화의 사조는 자연히 한국인의 고유 가치관을 변하게 만들었다. 가난하면서도 사람답게 사는 한국의 고유 선비사상이 퇴색해 가고, 과정이야 어떻든 물질과 권력을 많이 가진 사람들이 존경받는 사회로 변했다. 젊은 전문인들도 결혼할 때 상대 여성의 마음씨보다는 물질을 상징하는 열쇠의 수에 더 관심이 많다.

우리가 분명히 알아야 할 것은 하나님의 나라는 먹는 것과 마시는 것이 아니라 오직 성령 안에서 의와 평강과 희락이라는 점이다(롬 14:17). 즉 빵보다도 예수님의 사상이 먼저다. 물론 물질과 과학이 죄는 아니다. 물질과 과학을 얻는 목적과 용도가 하나님의 영광을 위해서라면 물질과 과학도 선이 된다. 요점은 참된 인간에게는 땅에 속한 물질과 과학보다는 정신적인 사상이 우선한다는 말이다.

둘째, 군사문화 30년은 무엇을 잘못했는가? 한국의 생각하는 지성인과 사상가들을 제거했다. 군사문화는 빵 문제를 풀기 위해 국민의 자유를 억압했다. 국민의 자유를 억압하는 과정에서 양심의 소리나 사상의 소리를 외치는 자의 붓을 꺾고 입을 막아야 했다. 다시 말하면 생각하는 사람이나 글 쓰는 사람, 즉 깊은 민족적 사상을 가진 사람들을 제거했다.

5공화국 시절을 소개한 〈한국일보〉 특집 연재 '실록청와대'의 '지는 별 뜨는 별' 제34회에서는 이렇게 서술했다.

> 집권에 장애가 되는 정치인, 재야 노동계·학계 인사, 학생들을 싹쓸이했다. 언론계에도 언론 길들이기, 언론 통폐합을 통하여 똑똑한 사람을 잘라 내었다. (1993년 8월 24일)

따라서 그 당시에는 사려 깊고 분별력 있는 지혜자가 침묵할 수밖에 없는 환경이었다. 지혜자가 잠잠할 때는 악한 때이다(암 5:13).

정의를 외치는 많은 의인들이 고난을 받았다. 사람들은 좁은 길보다는 넓은 길을 선호했다. 이렇게 땅의 것에 가치를 둔 사조는 인간의 육을 자극하는 퇴폐 문화의 '발전'을 가져왔다. 빈곤이 사라진 자리에 들어선 정신적 공황, 그곳을 파고드는 서구의 수평문화인 쓰레기 문화가 독버섯처럼 자라기 시작했다.

5공 시절 3S인 스포츠(Sports), 스크린(Screen), 섹스(Sex) 현상이 그 증거다. 국민의 독재에 대한 분노를 스포츠(sports)로 발산시켰다. 육을 자극하는 퇴폐 영화산업(screen)이 발달했다. 그 당시 전국에 술집이 가장 많이 생겼다(sex).

1996년도 말 집계에 의하면, 향락 유흥업소가 무려 40만 곳이나 된다. 그리고 주부 및 10대 소녀들의 접대부가 150만 명, 여기에 소비된 돈이 외형으로 신고된 것만도 연간 3조 2천억 원, 무허가와 비신고 액수를 합하면 연 43조 원이 소모되고 있는 실정이다(한국일보, 1996년 11

월 10일). 한국의 30대 이전의 젊은 여성 중 6분의 1이 매매춘업에 종사한다(1997년 8월 대선 TV 토론회에서 여성 대표의 발언).

2000년대에는 10대 여성까지 끼어든 매매춘업이 성황이다. 한국청소년선도회 유성수 상담실장은 "전국의 사창가 윤락녀의 80%, 술집 접대부의 50%가 10대 소녀들로 추정된다."며 "연간 가출 청소년 120만 명 중 두 달 이상 장기 가출자의 80%가 여학생이고, 이들 대부분이 자연스럽게 유흥업소에 흘러들어가 매춘을 하고 있다."고 말했다. 대검찰청의 '자녀 안심하고 학교보내기' 운동본부에 따르면, 1999년 1월부터 6개월 간 청소년 유해업소 단속에서 적발된 유흥업 종사자 5616명 중 2584명(46%)이 10대 청소년이었고, 여중생뻘인 16세 미만 여성이 전체의 30%를 차지했다(조선일보, '오빠' 찾는 10대 소녀 50만 명, 2000년 1월 10일).

그 이유는 무엇인가? 칼과 빵만 알던 군사 정권의 우민화 정책의 결과였다. 인간의 인성교육인 수직문화의 중요성을 모르고 오직 경제성장을 이루며 민주화의 과정에서 표출되는 국민의 불만을 육적 쾌락을 통하여 해소한 결과였다.

어떠한 사회가 건전한 사회인가? 비록 가난해도 도덕과 윤리가 무엇인지 선과 악을 구별하고, 자신의 양심을 지키며 사는 선비들이 존경받는 사회가 아니겠는가? 유대인 랍비들은 정말 가난한 사람들이 많다. 그러나 그들은 아무리 헌 차를 타고 다녀도 자기 스스로가 떳떳하게 여길 뿐만 아니라 많은 사람의 존경을 받는다.

만약 박정희 대통령이 빵 문제의 해결과 함께 도덕정치를 병행했다면 세종대왕과 같이 위대한 민족의 지도자로 추앙받을 것이다. 이것은 저자도 나중에 유대인의 자녀교육을 연구하고 난 후 깨달은 진리였다. 그렇기 때문에 지도자 옆에는 국방이나 경제 및 외교에 관한 전문가도 중요하지만 정신적인 현자들이 있어야 한다.

군사문화 30년에 빵 문제는 해결했지만
한국 민족의 정신적 수직문화와 지혜자를 잃었다.
민주화 과정에서 오는 국민의 불만을 육적 쾌락을 통해 해소하는
우민화 정책을 폈다[3S: 스포츠(Sports), 스크린(Screen), 섹스(Sex)].
그 결과 한국은 퇴폐로 온 나라가 바람난 것 같다.

4. 왜 한국의 대학생들이 좌경화되고 있는가

한국은 이제 선진국 대열에 있다. 그런데 한국의 대학생들 사이에서 때늦은 공산주의 주체사상이 왜 그렇게 인기가 있을까? 한국에게는 또 하나의 비극이 아닐 수 없다. 한국은 다른 자본주의 나라와 무엇이 다른가?

그 이유를 알기 위해 한국의 교육제도부터 알아야 한다. 대부분 한국의 어린이들은 대학에 진학할 때까지 자아를 잃고 산다. 인생에 대해 깊은 생각을 할 시간과 마음의 여유가 없다. 대학 입시 때문이다. 내가 미국에서 공부하고 있는 한국 유학생과 만나 대화를 나눈 적이 있다. 이렇게 물었다.

저자가 현대 교육의 문제점에 대한 해결 방법을 발견한 것도 유대인의 자녀교육을 연구한 이후다. 사진은 정통파 유대인들만 공부하는 예시바 대학 '미드라쉬의 집'에서 탈무드 교수인 랍비 애들러스테인 씨와 함께한 저자.

"대학에 한 번 떨어지면 집안이 초상집이 되겠구나?"

그 학생이 대답했다.

"교수님, 초상집은 일주일만 울면 되잖아요. 대학에 한 번 떨어지면 온 집안이 일 년 동안 울어야 해요. 그리고 아버지도 직장에서 죄지은 사람처럼 지낸대요."

이는 대학 입시에 대한 강박관념을 잘 표현해 준다. 그래서 한국의 부모들은 자녀들이 두 살 때부터 과외공부를 시킨다고 한다. 과외로 배우는 교육의 내용은 수평문화인가 수직문화인가? 대부분 수평문화다. 한국의 어린이들이 인생을 깊이 생각하게 하는 수직문화를 접할 수 없는 교육 환경이 가장 큰 비극이다.

이러한 역경을 넘어 어렵게 대학에 들어가고 나면 두 부류로 나뉘게 된다. 삶의 의식이 없는 부류는 대부분 이성과 사귀며 타락한다. 삶의 의식이 없는 사람은 땅의 것만 탐닉하고 철학적 사상을 갈구하지 않기 때문이다. 반면, 삶의 의식이 있는 부류는 자아를 발견하게 된다.

인간 발달 단계에서 대학생 시기(17~22세)는 자기 인생의 철학적 문제들을 정리하는 시기다(Erikson, 1963, 1982; Levinson et al, 1978). 대학생이 되면 스스로에게 철학적인 질문을 한다.

"나는 누구인가?"

"죽음이란 무엇인가?"

"무엇을 위해 살아야 하는가?"

"어떠한 삶이 가치 있는가?"

"민족이란 무엇인가?"

인생을 사는 의미를 찾는 질문들이다. 좀 의식이 있는 사람은 일차원적인 땅의 것(먹는 것과 대학 입시는 수평문화이다)이 해결되면 철학적인 사상을 갈구한다. 인간은 빵만으로 살 수 없기 때문이다. 그러나 인간은 사상만으로도 만족할 수 없다. 왜냐하면 인간은 영적인 존재이기 때문이다. 따라서 인간은 빵을 얻고 나면 사상을, 사상을 얻고 나면 영적 만족감을 위해 초월적인 하나님을 찾게 된다.

내가 어렸을 때만 해도 사상의 목마름을 적셔 주는 〈사상계〉 등 깊이 생각할 수 있는 책들이 있었다. 그리고 함석헌 옹을 비롯한 여러 어른들의 사상적 강연회가 있었다. 젊은이들은 사상의 갈증을 해소하기 위하여 그런 강연회에 몰려들었다. 그러나 요즘 대학생들에게는 그들의 갈증을 해소해 줄 사상이나 사상가가 거의 없다. 현재 한국에는 반도체를 발명하는 과학자는 있을지 몰라도 사상을 지도하는 함석헌 옹 같은 국민적 지도자는 거의 실종 상태다.

사상이 없는 민족, 얼마나 비극적인 민족인가? 누구의 탓인가? 군사정권은 사상이 있는 대학 교수나 글 쓰는 사람들의 입을 봉했고, 붓을 꺾었기 때문이다.

이런 상황에서 한국의 대학생들은 방황하다가 공산주의 의식교육을 받은 선배를 만난다. 사상에 굶주린 그들에게 주체사상은 유일한 먹이였다. 김일성 주체사상은 비록 허구이긴 하지만 공산주의의 이념인 공동생산, 공동분배, 만인 평등사회 구현 등을 표방하며 민족 주체사상을 조직적으로 잘 논리화시켜 놓았다. 왜 한국인은 한국인으로서 살아야 하고 어떻게 살아야 하는지에 대한 사상적 체계를 그 나름의 논리로 제시하고 있다.

따라서 이성이 아직 성숙하지 못한 일부 학생들이 여기에 심취하게 되면 그 사상을 위해 목숨까지도 버릴 각오를 하게 된다. 사상의 진공 상태에 잘못된 이데올로기가 스며든 것이다. 이는 우리 민족의 비극이다.

그렇다면 그들의 역사의식이나 민족의식이 나쁜 것인가? 결코 아니다. 역사의식이나 민족의식은 인성교육의 필수 요건인 수직문화에 속한다. 그러나 그 수직문화라는 그릇 속에 잘못된 이데올로기의 사상이 입력된 것은 잘못이다. 즉, 그들의 수직문화 자체는 좋은 그릇이지만, 그 그릇 속에 들어 있는 잘못된 이데올로기의 내용이 악한 것이다. 따라서 자녀에게 수직문화를 가르치는 것도 중요하지만 그 안에 어떤 내용의 철학이나 사상을 담고 있느냐를 분별하게 하는 것이 더 중요하다. 왜냐하면, 잘못된 내용의 철학이나 사상은 가족은 물론 수많은 이웃과 민족에게 아픔을 줄 수 있기 때문이다.

그 예가 바로 한국의 일부 좌파 젊은이들이다. 우리는 일부 성숙하지 못한 젊은이들이 역사의식이나 민족의식이 투철하다는 미명하에 한국의 그릇된 공산주의에 물들어 가는 것을 안타깝게 생각한다.

그들은 기성세대가 자유민주주의 국가인 대한민국을 지키기 위해 얼마나 큰 피의 대가를 치렀고 또 이를 지키기가 얼마나 힘든 것인지 모른다. 그리고 '민족'과 '통일'이란 용어를 감상적으로 앞세워 북한 정권을 이롭게 하고 있다.

우리는 이것이 얼마나 커다란 민족적 손실이며 아픔인가를 반성해야 한다. 왜냐하면, 세속적인 수평문화에 물들지 않은 그 좋은 인재들을 양육하기도 힘든 현실에 그나마도 그들이 있는데, 그들이 잘못된 방향으로 이용되도록 방치했기 때문이다.

우리는 분명히 알아야 한다. 무엇이 바른 민족관이고 국가관인지를! 이를 위해 2가지 질문에 답해야 한다.

첫째, 민족과 국가(대한민국) 중 어느 것이 더 중요한가?
둘째, 통일과 자유민주주의 국가(대한민국) 중 어느 것이 더 중요한가?

답은 명확하다. 민족보다는 국가(대한민국)가 더 중요하고, 적화통일보다는 분단된 자유민주주의 국가(대한민국)로 살아남는 것이 절대적으로 더 중요하다는 사실이다. '민족'이나 '통일'도 자유민주주의 국가(대한민국)의 안전을 전제로 한 후 거론되어야 한다. 그렇기 때문에 자유민주주의 국가인 대한민국을 돕는 미국은 혈맹이고 북한은 적국이다.

그럴지라도 분명한 또 다른 사실은 한국인은 북한에 거주하는 동족들을 사랑의 대상으로 여겨야 한다는 것이다. 북한 정권과 북한에 거주하는 동족은 구분해야 한다. 남한 국민과 해외동포는 그들의 기아와 인권에 관심을 가지고 적극 도와주는 한편, 공산주의인 북한 정권의 적화통일은 계속 경계해야 할 것이다.*

한국은 군사정권이 사상이 있는 선비들의
입을 봉하고 붓을 꺾었기 때문에
대학생들의 정신적 갈증을 해소해 줄 사상이나 사상가가 거의 없다.
사상에 굶주린 그들에게 잘못된 김일성 주체사상이 스며든 것이다.
사상이 없는 민족, 얼마나 비극적인 민족인가?

---

* 더 자세한 내용은 이 책 제4권 제7부 제5장 Ⅲ. '대한민국 국민의 민족관과 국가관 그리고 대북 관계 참조.

II. 유대인의 인성교육 내용은 신본주의 사상

1. 유대인의 리더십, 무엇이 다른가

　　　　　유대 민족은 신약 시대 약 2천 년 간 전 세계에 흩어져 살았던 유랑민들이다. 그들은 칼로 국민을 다스릴 국가조차 없었다. 그런데 그들은 어떻게 타민족에게 동화되지 않고 살아남았는가? 어떻게 그들은 세계 곳곳에서 우수한 역량을 발휘하고 있는가? 유대인의 리더십은 무엇이 다른가?

　그들은 자신의 민족을 칼 대신 사상으로 다스렸다. 칼은 힘으로 국민을 강제로 따라오게 하지만 사상은 국민들 스스로 따라오게 만든다. 칼의 힘으로 국민을 통치하면 칼이 있을 때는 국민들이 따르지만, 칼이 없어지면 방종한다. 이것이 칼 가진 자와 사상을 가진 자의 리더십 차이다. 칼을 가진 자는 피를 부른다. 그러나 참된 지혜는 평화를 부른다.

　칼을 가진 독재자는 국민을 우민화(愚民化)시킨다. 국민이 잘 따라오게 하기 위해서다. 처음에는 칼 가진 자가 승리하는 것 같으나 나중에는 망한다. 망한 뒤에는 심한 육적 타락이 따른다. 왜냐하면 그동안 자신들의 고유사상이나 종교에 공백이 생겼기 때문이다. 정신적인 도덕이나 윤리 기준이 없다. 1985년부터 소련 공산당 서기장 고르바초프의 페레스트로이카(Perestroika)와 개방정책인 글라스노스트(Glasnost) 정책으로 공산주의 국가들이 패망한 뒤 겪는 후유증이 그 증거이다.

유대 민족은 땅도 작고 인구도 적기 때문에 아예 칼로 상대를 이길 생각을 안 한다. 처음부터 지혜, 즉 사상으로 무장한다. 오늘날 전 세계에 흩어져 살면서 남의 땅을 향유하는 비결도 그들의 지혜 때문이다.

그들이 가지고 있는 지혜의 비결은 무엇인가? 그들의 투철한 신본주의 사상교육 때문이다. 유대 민족은 자신들의 실패를 교육의 잘못으로 생각한다. 예루살렘이 로마군에 의해 멸망당했을 때도 그 원인은 로마의 힘이 아니라 자신들의 교육의 잘못으로 여겼다. 그들의 교육 자체가 하나님을 찬양하는 일이기 때문에 교육을 통해 하나님을 더 존경하게 되고 가까워진다고 믿는다.

탈무드에는 이런 이야기가 있다. 유명한 유대인 랍비가 어느 마을을 찾아갔다. 책임자는 랍비를 안내하여 이곳 저곳을 보여 주었다. 가는 곳마다 작은 진지(陣地)에 병사들이 차 있었고, 어느 곳에는 울타리로 방어망을 치고 있었다. 숙소로 돌아온 랍비가 이렇게 말했다. "나는 이 마을이 어떻게 지켜지고 있는지 아직 알 수가 없습니다. 마을을 지키는 것은 병사나 울타리가 아니고 학교입니다. 왜 나를 학교로 먼저 안내하지 않았습니까?"(Tokayer, 1989a, p. 222). 여기에서 말하는 학교는 세상 학문을 가르치는 교육기관이 아니고 토라(성경)를 가르치는 종교교육 기관을 말한다.

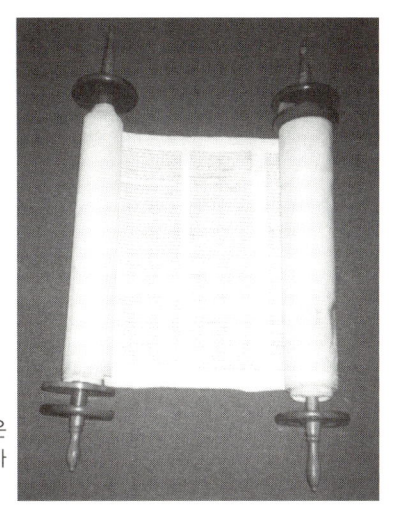

유대주의 사상의 원천은 토라(성경)다. 사진은 저자가 소장한 양피지에 쓴 200년 된 두루마리 토라.

    학교는 나라를 지키기 위해 필요한 것이다. 만약 학교가 없어 유대민족의 신본주의 전통사상이 이어지지 않는다면, 아무리 강한 군대를 만든다 해도 그 군대가 지킬 힘이 없는 것이다. 즉 국민들이 올바른 사상을 갖게 하면 국가도 지킬 수 있다는 말이다. 눈에 안 보이는 수직문화가 눈에 보이는 수평문화인 칼보다 강하다는 말이다. 특히 이 말을 신학적으로 보면 유대인의 학교에서 유대주의 사상인 성경 말씀 교육이 잘 되면 하나님과 가까워지고, 하나님과 가까워지면 하나님이 유대인을 지켜 주신다는 믿음을 보여 준다.

    유대인들은 집과 가산을 빼앗기고 세계 각국으로 흩어질 때에도 토라와 탈무드를 제일 먼저 챙겼다. 유대인 지도자들은 자신의 민족이 고난당할 때 물질적 손실보다도 자녀들이 그로 말미암아 하나님을 섬기는 신본주의 사상을 잃어버릴까를 더 걱정했다.

이스라엘 수상을 지낸 골다 메이어는 한 인터뷰에서 이렇게 말했다.

> 내 나라는 가진 것이라곤 정신뿐입니다. 우리에게는 석유도 없습니다. 이스라엘이 가진 것이라고는 이스라엘 국민의 정신뿐입니다. 이스라엘 국민이 그들의 정신을 잃는다면, 우리는 끝장입니다.

그가 말한 정신은 바로 신본주의 사상으로 무장된 정신세계를 말한다.

유대인 지도자들은 자신의 민족을 칼 대신 신본주의 사상으로 다스렸다.
칼은 힘으로 국민을 강제로 따라오게 하지만,
사상은 국민들 스스로 따라오게 만든다.
독재자의 칼이 있을 때는 국민들이 따르지만, 칼이 없어지면 방종한다.
이것이 칼 가진 자와 사상을 가진 자의 리더십 차이다.

권력과 기피

Tokayer

요셉은 매우 뛰어난 경제 입안자였다. 역사상 처음으로 모든 장래의 계획, 미래의 계획이라는 것을 생각한 사람이다. 이집트의 경제 계획은 실행하기 14년 전에 완성되었다. 성경에서 요셉의 경제적인 실적은 겨우 1행이나 2행의 문장에 불과하나 그의 종교적인 사상에 대해서는 2~3쪽을 할애하고 있다.

이것은 종교적인 사상이 경제적인 사상보다 중요하다는 것을 말해 준다. 요셉은 정치 권력의 교만함을 가르쳤으며, 이집트에서도 정치적으로 가장 중요한 인물이 되었다. 이집트에서 경제를 장악한 가장 강력한 인물이었다.

하지만 권력이 때로는 인간을 퇴폐시킨다는 사실을 알고 있던 그는 결코 권력을 악용하거나 남용하지 않았다. 조금도 권력으로 하인이나 밑의 사람을 박해하지 않았다. 그의 형제들이 적이 되었음에도 불구하고 권력을 이용하여 그들을 탄압하는 일은 하지 않았다.

_탈무드 2(부제: 랍비가 해석한 모세오경), 동아일보, 2007

2. 유대인의 가장 큰 재산은 유대주의 사상이다

인간에게는 누구나 재산이 있다. 민족도 유형·무형의 재산이 있다. 어떠한 재산을 더 귀히 여기느냐는 개인이나 민족에 따라 다르다. 눈에 보이고 만져지는 외형적인 재산이냐, 아니면 눈에 안 보이는 형이상학적인 것이냐. 유대인은 눈에 안 보이는 형이상학적인 신본주의 사상을 가장 귀하게 여긴다. 그 사상 자체가 여호와 하나님의 말씀이기 때문이다.

특히 유대인의 가나안 땅은 물도 나무도 별로 없는 척박한 사막인데다 지하자원도 넉넉지 않다. 솔로몬이 성전을 지을 때 본토에서 생산된 재료보다는 외국에서 수입했거나 조공으로 받은 백향목과 금, 은으로 지었다. 이는 무엇을 말하는가? 신본주의 사상을 잘 지키면 땅의 것은 자연히 얻을 수 있다는 논리이다.

학문도 마찬가지이다. 유대인들이 세상 학문에 성공한 바탕에는 그들의 마음을 사로잡는 거대한 정신적 사상이 숨어 있다. 즉 유대주의, 선민사상이다. 그것이 유대인들의 가장 큰 자산이다. 유대주의는 유대교에서 나오고, 유대교는 오늘날 기독교의 뿌리가 된다.

따라서 유대주의를 모르면 신약을 제대로 이해할 수 없다. 예수님도 유대인이었고, 열두 제자는 물론 사도 바울도 유대인이었다. 기독교 역사를 예수님 이후로만 생각할 수 없다. 기독교의 역사성은 유대교에 입각한 천지 창조의 원리나 인간 타락, 그리고 선민의 개념에 뿌리를 두고 있다. 다만 어둠에 가려졌던 구약의 비밀이 예수님의 십자가와 부활, 그리고 오순절 성령에 의해 새롭게 밝혀지고 재해석되는 것이다. 그렇기 때문에 신구약 성경이 위대한 것이다. 하나님의 말씀이기 때문이다. 예수님은 말씀이 육신이 되어 오신 분이다(요 1:14). 유대인이었던 바울은 "예수님 안에는 지혜와 지식의 모든 보화가 감추어져 있다."고 증언했다(골 2:3).

한 민족의 사상은 몇 달 몇 년 만에 형성되는 것이 아니다. 장구한 역사 속에서 거르고 걸러져서 정금같이 만들어지는 것이다. 유대 민족의 사상은 구약의 모세오경을 중심으로 수천 년에 걸쳐 형성된 것이다. 그들의 사상은 시나이 사막에서 형성되었다. 사막은 고난의 대명사다. 생각의 깊이는 고난을 통해서 가능하다. 고난을 겪은 사람은 깊이 있는 생각을 한다.

사상은 배부르고 등 따뜻한 환경에서는 도저히 생성될 수가 없다. 하나님이 모세를 이집트 궁궐에서 빼내어 메마른 광야에서 40년간 훈련시키신 이유가 여기에 있다. 이스라엘 민족을 메마른 광야에서 40년간 훈련시키신 이유가 여기에 있다. 불교를 창시한 석가모니가 호화로운 궁궐을 떠나 출가한 이유가 여기에 있다.

오늘날 우리 자녀들이 깊이 있는 사상을 갖지 못하는 또 하나의 이유가 물질의 풍요 때문이다. 물질의 풍요에 눈이 멀면 정신적 사상을 업신여기거나 잊어버리기 쉽다. 그리고 사상 없는 물질의 풍요는 그 공백에 타락한 수평문화가 스며들기 시작한다. 이것이 바로 풍요의 저주다.

유대인처럼 깊이 있는 사상을 가진 민족은 지상에 존재하지 않는다. 사상의 깊이와 넓이는 바로 그 민족의 그릇이다. 한 인간이나 한 민족은 자신들이 준비한 그릇만큼 쓰임 받는다. 우리가 말하는 성령의 역사도 그 개인이나 민족이 준비한 그릇만큼 일어나고 지속되고 또 쓰임 받는다. 세계에서 가장 작은 민족이요, 가장 힘없는 민족이

전 세계 노벨상 수상자 중 30%를 배출할 수 있었던 이유는 유대인들이 자녀들에게 어려서부터 깊고 넓은 사상교육을 시켰기 때문이다.

바다를 항해하는 큰 배는 배 밑에 무거운 짐을 많이 싣는다. 배가 파도에 요동치지 않고 순조롭게 항해할 수 있기 위해서다. 사람도 마찬가지이다. 사상적 깊이 없이 세상의 지식만 많이 쌓으면 얼마 가지 않아 파도에 뒤집히기 쉽다.

사상은 누구에게나 필요하다. 정치가도 사상이 있어야 하고, 사업가도 사상이 있어야 한다. 공무원이나 농부도 사상이 있어야 한다. 국민 한 사람 한 사람이 사상이 있으면 그 민족은 사상이 있는 민족이 되고, 그렇게 되면 그 나라는 세상의 수평문화에 흔들리지 않는다. 그리고 수평문화가 사회에 싹틀 수 있는 틈을 주지 않는다.

**우수한 민족의 성공 배경에는 눈에 보이지 않는 조직적이고 강인한 사상이 있다.
사상의 깊이와 넓이는 그 민족의 그릇을 형성한다.
유대인이 전 세계 노벨상 수상자 중 30%를 배출할 수 있었던 이유는
자녀들에게 어려서부터 눈에 보이지 않는
깊고 넓은 신본주의 사상교육을 시켰기 때문이다.
물질의 풍요는 정신적 사상을 업신여기거나 잊어버리기 쉽게 한다.
이것이 바로 풍요의 저주다.**

네가 어디 있느냐?
쫓겨난 아담과 이브

Tokayer

여호와 하나님의 지으신 들짐승 중에 뱀이 가장 간교하더라. 뱀이 여자에게 물어 가로되, "하나님이 참으로 너희더러 동산 모든 나무의 실과를 먹지 말라 하시더냐?" 여자가 뱀에게 말하되, "동산 나무의 실과를 우리가 먹을 수 있으나 동산 중앙에 있는 나무의 실과는 하나님의 말씀에 너희는 먹지도 말고 만지지도 말라. 너희가 죽을까 하노라하셨느니라." 뱀이 여자에게 이르되 "너희가 결코 죽지 아니하리라. 너희가 그것을 먹는 날에는 너희 눈이 밝아 하나님과 같이 되어 선악을 알 줄을 하나님이 아심이니라." 여자가 그 나무를 본즉 먹음직도 하고 보암직도 하고 지혜롭게 할 만큼 탐스럽기도 한 나무인지라. 여자가 그 실과를 따 먹고 자기와 함께한 남편에게도 주매 그도 먹은지라. 이에 그들의 눈이 밝아 자기들의 몸이 벗은 줄을 알고 무화과나무 잎을 엮어 치마를 하였더라. 그들이 날이 서늘할 때에 동산에 거니시는 여호와 하나님의 음성을 듣고 아담과 그 아내가 여호와 하

> 나님의 낯을 피하여 동산 나무 사이에 숨은지라. 여호와 하나님이 아담을 부르시며 그에게 이르시되 "네가 어디 있느냐?" (창세기 제3장 제1-9절)

아담과 이브는 마침내 금단의 열매를 따 먹고 말았다. 죄를 범한 후 "여호와 하나님이 아담을 부르시며 그에게 이르시되, '네가 어디 있느냐?'" 실은 이 점이 문제인 것이다. 인간이 죄를 범했는데도 하나님은 즉각 인간에게 벌을 주지 않고 "네가 어디 있느냐?" 하고 물으신 것은 어째서일까. 아담은 이브가 나무 사이에 숨었을 때 하나님은 현상적(現象的)으로는 두 사람이 어디에 있는지 알고 계셨다. "네가 어디 있느냐"라는 말은 우리말로는 약간 무서운 느낌을 주지만 히브리어로는 매우 부드러운 울림을 지니고 있다. 하나님은 여기에서 인간으로서 "너는 어디 있는가?" 하는 도덕적인 뜻으로 묻고 있었던 것이다.

이것은 다만 아담과 이브에 대한 물음일 뿐만 아니라 인간에 대한 하나님의 부르심인 것이다.

게다가 또 한 가지 뜻이 있다. 이것은 유대인의 생활 습성에서 온 것이다. 유대인은 설사 이웃 사람을 방문할 때에도 갑작스럽게 뛰어들지 않는다. 반드시 노크하여 상대방이 준비할 시간을 주지 않으면 안 된다. 설사 자신에게 어떤 나쁜 짓을 한 인간이라도 즉석에서 화를 내거나 야단치지 않고 먼저 그 사람과 일상적인 회화를 나누어 그 사람에게 마음의 준비를 시킨다. 여기에는 갑작스럽게 무슨 일을 해서는 안 된다는 유대인의 한 가지 생활 지혜가 작용하고 있는 것이다.

이것은 에덴동산과 똑같은 이야기이다. 이브란 히브리어로는 '땅 위에 있는 만물의 어머니'라는 뜻이다. 하나님은 아담과 이브를 낙원에서 추방할 때 아담에게 다음과 같이 말했다.

> 네가 네 아내의 말을 듣고 내가 너더러 먹지 말라한 나무 실과를 먹었은즉, 땅은 너로 인하여 저주를 받고 너는 종신토록 수고하여야 그 소산을 먹으리라. (창세기 제3장 제17절)

이것은 에덴동산 이야기 중에서도 가장 유명한 구절이어서 자주 이용되지만, 이 이야기는 지식을 얻는 것보다는 하나님에게 복종하는 것이 더 중요하다는 유대교의 종교적인 가르침을 나타내고 있다.

인간은 사고력을 갖추고 태어난다. 머리는 당연히 써야 하지만 그 전에 하나님의 가르침이라는 규율을 지키지 않으면 안 된다. 유대인들에게는 "지식이 하나님에 대한 복종보다 강해졌을 때 인간은 싸우거나 서로 피를 흘리거나 한다."는 격언이 있다. 지식만 가지고 인간은 살아갈 수 없다는 것이다.

예컨대 유대인 측에서 보면 나치 독일은 지식이 하나님이 정해준 규율보다 앞섰던 세계였던 것이다. 생활수준도 매우 높았고 지적 수준도 세계에서 가장 높은 나라였다. 그럼에도 불구하고 그런 악을 저지를 수 있었던 것은 지식 쪽이 앞서 있기 때문이었다. 오늘날에도 이 세상에 에덴동산을 재현하려면 지식보다도 먼저 하나님이 정해준 규율을 지키는 일이 앞서야 한다.

_탈무드 2(부제: 랍비가 해석한 모세오경), 동아일보, 2007

III. 왜 공산주의는 망했고
   그 후 타락하고 있는가

인류에게 가장 이상적인 복지공동체 유토피아 건설을 이상으로 한 스탈린과 레닌이 시작한 사회주의 실험은 수많은 전쟁과 살상을 뒤로 하고 70년 만에 그 역사의 막을 내리기 시작했다. 1985년 3월 11일 고르바초프가 소련 공산당 서기장에 취임한 후 동구권 공산주의 국가들이 속속 민주화되었다. 체코슬로바키아, 헝가리, 불가리아, 루마니아, 알바니아 등이 구소련으로부터 독립했다. 마침내 1989년 11월 9일에는 동독의 베를린 장벽이 무너졌다.

공산주의 국가의 경우 국민 전체가 투철한 사상이 있었는데 왜 망했는가? 그 이유는 간단하다. 공산주의의 사상은 유물론(唯物論)이다. 물론 빈부의 격차를 없애기 위한 공동생산 공동분배의 이론은 그럴듯하다. 그러나 유물론은 물질에 근거한 형이하학적 사상이다. 수평문화에 속한다. 즉 유대인처럼 형이상학적인 신본주의 사상이 아니다. 수직문화에 속하지 않는다.

누가 행복한 자인가? 물질만 많다고 행복해지는가? 아니다. 물질은 행복의 필요조건은 될지언정 충분조건은 될 수 없다. 공산주의가 주장하는 이론, 국민이 공동생산하고 공동분배하여 부자도 없고 가난한 자도 없이 모든 사람이 평등하게 잘 살 수 있는 유토피아는 허구에 불과하다. 하나님은 인간이 결코 빵만으로는 만족할 수 없도록 창조하셨다. 정신적 영혼의 사상에 근거하지 않고 땅의 것에 의존한 사상은 세월이 흐르면 썩게 되어 있다. 그런 사상은 수평문화에 속하기 때문이다. 그래서 공산주의 국가들의 경우 투철한 공산주의 사상을 가진 사람들이 칼의 힘을 발휘하는 동안 국가가 흥하는 것처럼 보이겠지만 칼의 힘이 없어지면 망할 수밖에 없다.

오늘날 패망한 공산국가에 만연한 범죄와 퇴폐가 그 증거이다(Los Angeles Times, *Hostage Drama in Moscow*, Oct. 15, 1995 A1, 4; 김석환, 범죄 소굴로 변한 러시아 대도시, 중앙일보, 1995년 10월 16일, 3면; 치안 공백 동구권 곳곳에 위험, 10월 23일 4면). 러시아의 인테르팍스 통신에 의하면, 러시아 극동 지역의 10대를 대상으로 한 비공식 여론 조사 결과 여자 응답자의 25%는 장차 매춘부가 되기를 희망하고, 남자 응답자의 27%는 조직 범죄자가, 그리고 9%는 청부 살인자가 되기를 희망했다 (한국일보, 해외 토픽, 러 10대 女 25% '매춘부 희망', 1997년 12월 8일).

따라서 수평문화인 유물론에 근거한 공산국가는 물리적 칼의 힘이 있을 때에는 그 시스템이 어느 정도 유지될 수 있지만 그 힘이 약화되면 곧 부패하게 된다는 것을 명심해야 한다. 자녀들에게 정신적인 사상을 이루게 하는 종교교육과 수직문화교육이 없기 때문이다. 얼마나 무서운 일인가!

**공산주의의 유물론은 수직문화가 아니고 수평문화다.
따라서 유물론에 근거한 공산국가는 물리적 칼의 힘이 있을 때에는
그 시스템이 어느 정도 유지될 수 있지만, 그 힘이 약화되면 곧 부패한다.**

제3장

결론: 한국인의 바람직한 자녀교육

한국인의 바람직한 자녀교육

한 민족의 흥망성쇠는 그 민족이 가지고 있는 정신문화와 현대의 세상 학문과의 조화에 달려 있다. 미국과 독일의 예를 비교해 보자. 왜 2차 세계대전 뒤 미국이 독일보다 더 타락하고 어려운 경제 문제에 봉착하고 있는가? 그 이유는 간단하다. 독일은 21세기 초 아직까지 그들 고유의 흔들리지 않는 철학적인 사상이 있었기 때문이다. 서구의 철학사상은 그리스에서 시작하여 독일에서 꽃피웠다. 그만큼 독일은 기본 수직문화가 아직도 강한 나라다. 그들은 현대의 수평문화에 잘 흔들리지 않는다. 그러나 미국은 그들 고유의 청교도 사상을 잃어 가고 있다.

왜 그런가? 존 듀이의 실용주의(pragmatism)와 실험주의(experimentalism) 영향이 크게 작용했기 때문이다(Dewey, 1938). 미국이 강조한 교육이념인 실용주의와 실험주의는 수평문화인 세상 학문의 영역에 속한다. 이는 초기의 청교도 사상을 서서히 약화시켜 왔다. 미국의 청교도 사상은 과학적 실험으로 증명되지 않고, 눈에 보이지도 않고, 만져지지도 않는 정신적인 수직문화이다. 따라서 정신적 지주였던 신본주의 사상은 과학적인 실용주의와 실험주의 때문에 미국 국민의 머리에서 서서히 빛을 잃어 가고 있다.

우리가 분명히 깨달아야 할 것은 세상에 수많은 정보를 제공하는 책들이 있다 해도, 인간의 영혼을 변화시키고 영혼에 생명을 주는 책은 오직 성경 한 권뿐임을 명심해야 한다. 하나님의 말씀이 육신이 되어 오신 예수님(요 1:14) 안에는 지혜와 지식의 모든 보화가 감추어져 있다(골 2:3).*

"그러면 세상 학문을 가르칠 필요가 없는가?"란 질문을 던질 수도 있다. 그렇지 않다. 유대인들은 성경 공부 못지않게 일반적인 학문에도 열심이며 여러 학문 분야에서 두각을 나타내고 있다. 그들은 매사에 적극적이고 조직적이며 시간 관리에 철저하다.

기독교인 자녀들도 예수를 잘 믿는 것만큼 세상 학문에서도 머리가 되도록 노력해야 한다. 자신의 육신의 영달을 위해서가 아니라 하나님의 영광을 위해서이다. 한국에도 유대인식 자녀교육 방법으로 성공한 사례가 많다.

영화배우 남궁원 장로 부부의 아들 홍정욱 군은 하버드 대학을 우수한 성적으로 입학했을 뿐 아니라 졸업할 때 2개의 상을 받았다. 그리고 2008년 한나라당 국회의원이 되었다. 그런데 그의 어머니 양춘자 집사가 밝힌 가정교육의 비결이 '세상 과외공부 대신 성경 과외공부'였다는 사실은 널리 알려져 있지 않다. 다음은 그의 간증문 중 일부다.

---

* 저자는 기독교의 구원론적 입장에서 성경을 강조한 것이다. 물론 다른 종교사상의 내용도 인성교육에는 중요한 역할을 할 수 있다.

토막 뉴스

세상 과외공부 대신 성경 과외공부

양춘자 집사
(남궁원 장로의 부인, 홍정욱 군의 어머니)

세 아이에게 나는 한 번도 과외공부를 시키지 않았다. 그 대신 딱 하나 시킨 것이 있다. 바로 성경 과외공부이다. 전도사님을 초빙해 저녁 시간에 온 가족이 가정 예배를 드린 뒤 세 아이에게 성경을 가르친 일이다. 아이들이 흥미를 느낄 수 있도록 인물 중심으로 하다가 다른 방식으로 바꾸는 등 다양하게 성경 공부를 해주셨으면 좋겠다고 전도사님께 건의를 드리곤 했다.

어느 정도 지난 후에는 다른 분을 모셔 아이들이 지루하지 않도록 배려했다. 그동안 여러 전도사님과 목사님들이 우리 아이들의 성경 공부 선생님이 되어 주셨다. 때로는 외국 목사님까지 모셔서 성경 공부를 하게 했다.

아이들은 성경 공부는 으레 하는 것이려니 생각해 조금도 싫어하거나 지루해 하지 않았다. 성경 공부는 아이들이 유학을 갈 때까지 계속했으며, 방학 중에 귀국을 하면 다시 시작을 해 지금까지 이어오는 전통이 되고 있다.

독일에 있는 딸은 그쪽 한인 교회가 너무 메말라 말씀이 그립다며 가끔 전화하기도 한다.

지금 많은 부모님들이 성적에만 신경을 쓴 나머지 고액 과외니 몇 개의 학원이니 하여 아이들을 혹사시키고 있는 경우가 많다. 공

> 부를 잘 하는 것도 중요하지만 가장 중요한 것은 정신적인 교육을 시키는 일이다. 더구나 어려서부터 하나님의 말씀으로 양육하면 커서도 그 길을 떠나지 아니하리라는 말씀대로 어려서 확실한 성경교육을 시키는 것이 어떤 과외보다 좋은 교육방법임을 권하고 싶다.
>
> _신앙계, 1993년 7월호

세상의 수많은 정보를 제공하는 책들이 있다 해도
인간의 영혼에 가장 영향을 미치는 책은 성경임을 명심해야 한다.
하나님의 말씀이 육신이 되어 오신 예수님(요 1:14) 안에는
지혜와 지식의 모든 보화가 감추어져 있다(골 2:3).

쉐마교사대학에서 강의하는
탈무드 교수 랍비 애들러스테인 씨와 저자

구약 시대나 신약 시대 모두 구원은 믿음으로 받지만 축복은 말씀(율법)대로 행해야 받을 수 있다. 신약 시대 유대인은 아무리 선민교육을 잘 시켜도 예수님을 믿지 않기 때문에 구원이 없다. 따라서 유대인에게는 구원을 위해 예수님(복음)이 필요하고, 기독교인에게는 유대인의 선민교육, 즉 쉐마가 필요하다.

> 모든 성경은 하나님의 감동으로 된 것으로
> 교훈과 책망과 바르게 함과 의로 교육하기에 유익하니
> 이는 하나님의 사람으로 온전케 하며
> 모든 선한 일을 행하기에 온전케 하려 함이니라.
> (딤후 3:16~17)

다 함께 생각해 봅시다

- 왜 인성교육에 예절교육이 필요한가?
- 왜 한국인은 한국인의 예절교육이 필요한가?
- 한국인과 유대인 인성교육의 내용과 형식은 무엇이 다른가?
- 유대인은 왜 그들의 교육의 내용과 형식을 고집하는가?
- 한국인이 예절을 잃어가는 이유: 추상적 언어와 구체적 언어의 차이
- 바울은 어떻게 교육의 내용과 형식을 가진 인물이 되었는가?

제6부

인성교육과 예절교육: 동양과 유대인 인성교육의 내용과 형식

제1장
인성교육에 예절이 필요한 이유:
인성교육에는 내용과 형식이 있다

제2장
추상적 언어와 구체적 언어의 차이

제3장
전인교육적 측면에서 본 바울 연구

제 1 장

인성교육에 예절이 필요한 이유: 인성교육에는 내용과 형식이 있다

I. 인(仁)과 예(禮), 사랑과 율법

II. 교육의 내용과 형식: 믿음과 율법의 행함

III. 대안: 한국 기독교교육에도 한국인 기독교인에 맞는 율법과 전통을 만들어야 한다

IV. 동양인 예절의 근거: 삼강오륜(三綱五倫)과 신언서판(身言書判)

I. 인(仁)과 예(禮), 사랑과 율법

1. 예는 인격(인성)을 담는 그릇이다

한국에서 인기리에 방영된 사극(史劇) '용의 눈물'에 나오는 이야기다(1996~1998년). 조선의 태조 이성계가 둘째 부인의 나이 어린 아들을 세자로 책봉하자 첫째 부인의 장성한 아들 이방원은 불만이 많았다. 한번은 궁궐에서 여러 신료들과 이방원이 함께 앉아서 잔치를 즐기고 있었다. 이때 "세자 저하 납시오!" 하고 내시가 외쳤다. 모든 신료들은 자리에서 일어나 공손한 자세로 머리를 조아렸다. 그러나 이방원은 자리에서 일어나지 않고 앉아 있었다. 이를 본 우정승 정도전이 이방원에게 "대군 마마, 예(禮)를 갖추시지요." 하고 간청했다. 그러나 그는 계속 앉은 채로 나이 어린 세자에게 "네가 오는데 내가 꼭 일어나야 하느냐?" 하며 반말로 무례(無禮)를 행하였다.

'예' 란 무엇인가? 인성교육에는 교육의 '내용' 과 '형식' 이 있다. 그래서 유교에서는 '인(仁)' 과 '예(禮)' 를 함께 가르친다. '인' 이 인간 사이에 있어야 할 '사랑과 존경' 즉, 교육의 '내용(contents)' 이라면, '예' 는 그 사랑과 존경을 표현하는 방법, 즉 교육의 '형식(forms)' 이다. 따라서 교육의 내용이 있는 곳에는 반드시 그 내용을 실천하는 형식이 따라야 한다. 공자도 "자신의 욕망을 억제하고 예의를 지키는 것이 인"이라고 했다.

이 2가지는 가정이나 사회 어느 기관에서나 필요하다. 그 기관을 건전하고 건강하게 유지하는 2개의 기둥이다. 다시 말하면, 어느 기관이든 인과 예가 없으면 건전하거나 건강한 기관이라고 말할 수 없다. 따라서 어느 한 기관의 정신적 도덕을 재는 잣대는 인과 예가 될 것이다. 그러나 내용(인: 마음의 가치) 없이 형식(예)만을 강조할 때는 위선으로 가득한 율법주의자나 형식주의자가 된다. 그렇기 때문에 항상 '내용'이 우선이고 '형식'은 차선이다. 반면, 형식 없는 내용만 강조할 때는 마음은 착하나 버릇없는 사람이 된다.

사극 '용의 눈물'에서 이방원은 세자 저하에 대한 '사랑과 존경'이란 교육적 '내용'이 없었기 때문에 예라는 교육적 '형식'을 갖추지 않은 것이다. 만약 이방원이 세자에 대한 경외심 없이 예를 갖추었다면 그것은 위선이다. 그리고 경외심은 있는데 예를 갖추는 방법을 몰랐다면 그것은 버릇없는 사람으로 비판받는다. 인간관계에서 마땅히 행해야 할 율례와 법도를 배우지 못했기 때문이다.

유교에서는 인간관계를 위한 삼강오륜(三綱五倫)을 정하고 그 도리를 표현하는 방법들을 일일이 열거하여 지켰다. 예를 들어, 오륜 중 하나인 "부자유친(父子有親): 아버지와 자식의 관계에는 애정이 있어야 한다."는 도리를 어떻게 실천할 것인가? 그 방법, 즉 형식이 바로 예다. 예를 들면, 한국인은 부모에 대한 '효'의 방법 중 하나로 부모에게 정중히 큰절을 한다. 그리고 식사 시간에 부모가 먼저 수저를 든 후 자녀가 수저를 든다. 큰절은 부모를 사랑하고 존경함을 표하는 방법, 즉 예다. 한국에서는 그 예의 방법으로 큰절이란 교육의 '형식'을 제정한 것이다. 그리고 큰절의 방법 또한 까다롭다.

또 다른 예를 들면, 인간만이 남자와 여자가 만나 한 몸이 되기 전에 결혼식을 올린다. 남자와 여자가 만나 동거할 수도 있는데 왜 결혼식을 하는가? 결혼식은 남자와 여자가 만나 한 몸을 이루는 교육의 내용을 하나님과 많은 증인 앞에 선포하는 예식, 즉 교육의 형식이다. 그러나 짐승은 암수가 만난다고 결혼식을 올리지는 않는다. 따라서 자녀의 인성교육에는 반드시 교육의 '내용'과 함께 '형식'을 마련해야 한다.

자녀교육에는 반드시 인성교육의 내용과 함께 형식이 필요하다.
부모는 자녀가 어린 아이 때부터
이를 철저히 반복적으로 가르쳐 습관화해야 한다.
반복은 습관을 낳고 습관은 인성을 형성하기 때문이다.
현대는 '예(禮)'라는 교육의 형식을 갖추기 싫어하는 세대다. 이를 어찌할꼬!

그리고 부모는 이 2가지를 자녀가 어린 아이일 때부터 철저히 반복적으로 가르쳐 습관화시켜야 한다. 반복은 습관을 낳고 습관은 경건한 인성(holy character)을 형성하기 때문이다. 예의는 습관에 의해 실천돼야 자연스럽고 경건의 품위가 있다. 이는 일생을 살아가는 데 중요한 가치가 된다. 인간의 가치는 경건의 내용도 중요하지만 이를 나타내는 경건의 모양에서도 나타난다. 그 가치는 제멋대로 산 사람과 비교가 안 된다. 한 가정이나 공동체의 습관이 대를 이어 전수되어 지켜질 때 그 습관의 내용과 행위는 전통문화로 자리잡는다. 전통문화는 수직문화에 속한다.*

  인성교육의 형식은 수직문화를 이루는 데 지대한 역할을 한다. 수직문화는 신앙을 담는 그릇이기 때문이다. 인성교육의 형식이란 교육의 내용을 담는 그릇에 비유할 수 있다. 그릇이 크고 견고하고 아름답고 온전해야 귀하게 쓰임 받는 것처럼 교육의 형식도 조직적으로 잘 짜여야 그 속에 담긴 교육의 내용이 오랫동안 잘 보존된다. 인성교육의 형식, 즉 예는 개인에게는 인격(인성)을 담는 그릇이다. 훌륭한 인격을 나타낼 수 있는 예가 갖추어진 사람을 신사 혹은 숙녀라고 부른다. 이런 사람을 인성교육이 잘된 사람이라고 할 수 있다.

예(禮)는 인격을 담는 그릇이다

온전한 인격자 = 인성(인격) + 예(禮)

신사/숙녀   내면적인 미(美)   인격을 담는 그릇
                                    외면적인 미(美)

---

* '경건의 모양은 있으나 경건의 능력은 부인하는 자'(딤후 3:5)에 대한 설명은 이 책 제4권 제6부 제3장 II. '이면과 표면, 마음의 할례와 육신의 할례: 바울의 예' 참조.

종교에 따른 인성교육의 내용과 형식

교육의 분류 / 종교	교육의 내용(Contents) (깊은 생각)	교육의 형식(Forms) (바른 행동)	
유교	인(仁)	예의(禮儀)	
기독교	사랑	추상적 언어: 믿음, 사랑 등	기독교와 유대교의 차이는 제6부 제2장 참조
유대교	사랑	구체적 언어: 613개의 율법	'추상적 언어와 구체적 언어의 차이' 참조
바울	이면적 유대인 마음의 할례 (롬 2:28~29)	표면적 유대인 육신의 할례 (롬 2:28~29)	제6부 제3장 Ⅱ. '이면과 표면, 마음의 할례와 육신의 할례: 바울의 예' 참조

* '깊은 생각'과 '바른 행동'은 이 책 제1권 제1부 제1장 Ⅲ. 2. '고품격의 인성 = 깊은 생각+바른 행동' 참조.

    한국인은 다른 민족보다 예를 많이 강조했다. 그래서 숭례문(崇禮門, 현재의 남대문)이 국보 1호인 점도 의미가 깊다. 예를 숭상한다는 뜻이다. 한국은 숭례문만 국보 1호가 아니라 예도 국보 1호였다. 그래서 동방예의지국으로 불렸다. 공자는 "예가 아니면 보지도 듣지도 말하지도 말라."라고 했다. 남대문 근처에 창덕궁(昌德宮)이 있다. 창덕이란 무슨 뜻인가? 도덕 정신을 배양한다는 뜻이다. 즉, 왕이 예의를 기본 바탕으로 하여 고매한 도덕 정치를 하겠다는 뜻이다.

    인간은 전적으로 타락한 존재이기 때문에 선보다 악을 더 사랑한다(렘 17:9; 요 3:19). 따라서 그 육을 하나님의 말씀과 예로 다스려야 인간다운 인간이 될 수 있다. "의인은 없나니 하나도 없으며, 깨닫는 자도 없고, 하나님을 찾는 자도 없고, 다 치우쳐 한 가지로 무익하게 되고 선을 행하는 자는 없나니 하나도 없도다"(롬 3:10-12).

하나님을 진정으로 사랑한다면 하나님에 대한 예를 갖추어야 한다. 마찬가지로 부모님을 진정으로 사랑하면 부모님에 대한 예를 갖추어야 한다.
사진은 정통파 유대인 중 고등학생들이 오후 수업 전에 하나님에 대한 예를 갖추어 경건하게 기도회를 하고 있는 모습.

내가 유대인 교육 전문가로 유대인 사회 인사들을 만날 때마다 느끼는 것은 그들의 언어나 행동에 예가 살아 있다는 것이다. 그들이 세계적인 민족이 된 것도 인성교육이라는 강한 하드웨어 위에 IQ교육이라는 소프트웨어 교육을 시키기 때문이다. IQ교육이라는 소프트웨어가 제대로 작동하려면 반드시 인성교육이라는 하드웨어가 필요하다. 충분한 하드웨어 없는 컴퓨터에 소프트웨어가 제대로 작동하기 힘든 것처럼, 충분한 인성교육 없는 IQ교육은 일시적으로 성공하는 것처럼 보일지 모르지만, 곧 한계를 드러낼 것이다.

그런 면에서 2008년 2월 10일 숭례문이 불탄 것은 (물론 여러 가지 현실적인 이유가 있겠지만) 단지 국보 1호가 불탄 것이 아니라, 한국의 예가 불탄 것에 대한 신의 경고로 받아들여야 한다. 한국인은 숭례문의 외적 건물의 복원도 중요하지만, 더 중요한 것은 그 뜻에 걸맞은 예를 일으키는 인성교육 사업을 먼저 건설해야 한다. 예가 살아나는 나라가 된다면 방화시스템이 안 된 국보들도 더 이상 불타는 일은 없을 것이다. 610년 동안 숭례문이 불타지 않은 것은 방화시스템이나 경비체제가 잘 갖추어져서가 아니라 예가 살아 있었기 때문이다. 그렇다고 방화시스템이나 경비체제가 필요 없다는 말은 아니다.

"물고기는 물이 없어지면 죽고, 사람은 예의가 없어지면 죽는다."

유대인의 격언이다.*

현대는 '예(禮)'라는 교육의 형식을 갖추기 싫어하는 시대이다. 이를 어찌할꼬!

물고기는 물이 없어지면 죽고,
사람은 예의가 없어지면 죽는다.
- 탈무드 -

---

* Tokayer, 탈무드 잠언집, 참조.

2. 예(율법)는 자기의 유익보다 남의 유익을 구하는 것이다

얼마 전 자유주의 신학교 출신 목회자를 만났다. 그는 어려서부터 아버지로부터 율례와 법도를 철저하게 배웠다고 했다. 아버지가 농촌에서 목회를 했다. 초등학교 때부터 새벽기도를 알리는 종을 치는 것은 자신의 몫이었다. 토요일에는 주일 예배를 준비하기 위하여 성전 청소도 자신이 해야 했다. 종을 칠 때나 청소를 할 때는 먼저 꼭 강대상 밑에서 무릎을 꿇고 경건하게 아버지가 가르쳐 주신 기도를 드렸다.

"구약 시대에는 레위 사람들만 성전 일을 맡아 했는데, 이 귀한 일을 부족한 종에게 맡겨 주셔서 감사합니다."

그런 생활을 하면서 항상 기쁜 것은 아니었다. 하기 싫을 때가 더 많았다. 그런데도 억지로 해야 했다. 이후 자유주의 신학교에 들어갔더니 우리는 구약의 율법에서 해방되었기 때문에 마음에 없는 행동이나 언사는 하지 않아도 된다고 배웠다. 그때 너무나 자유의 기쁨을 맛보았다고 말했다. "그러면 그렇지, 율법에 매이면 되나……." 현재는 무엇이든 하고 싶지 않을 때는 하지 않고, 하고 싶을 때만 한다고 한다.

초대교회인 고린도 교회 교인들도 율법에서 해방되었기 때문에 모든 것이 자유인 듯 방종한 사실이 있었다. 바울은 그들에게 왜 율법을 행해야 하는지를 논리적으로 설명했다. 그는 율법에서 해방된 신약시대의 기독교인은 모든 것이 가하나 모든 것이 유익한 것이 아니기 때문이라고 설명했다(고전 6:12, 10:23-24).

> 모든 것이 가하나 모든 것이 유익한 것이 아니요 모든 것이 가하나 모든 것이 덕을 세우는 것이 아니니 누구든지 자기의 유익을 구치 말고 남의 유익을 구하라. (고전 10:23-24)

바울은 2가지 관점에서 율법(예)을 행하라고 했다. 남의 유익을 위해서 그리고 남에게 덕을 세우기 위해서라고 했다. 즉 예는 남을 먼저 배려하는 것이다.

첫째, 기독교인의 삶은 누구든지 자기의 유익을 구하지 말고 남의 유익을 구해야 한다(고전 10:24)는 것이다. '나' 중심의 초보 단계를 벗어나 '남' 중심의 삶을 살라는 뜻이다. 이것은 남을 배려할 줄 알라는 뜻이다. 그 방법이 무엇인가? 남의 유익을 위해 자신의 자유를 제한하는 것이다. 이것은 바울이 일반 사회보다 한 차원 더 높은 도덕의 기준을 제시한 것이다.

어떻게 하는 것이 자신의 자유를 제한하는 것인가? 하나님께서는 하나님이 창조하신 인간의 생명과 재산을 보호하기 위해 율법을 주셨다. 이것은 남의 유익과 인권을 위해 자신의 자유를 제한해야 하는 것이다. 따라서 하나님이 '하라'는 율법과 '하지 말라'는 율법들을 지켜 행해야 한다.

바울은 "모든 것을 적당하게 하고 질서대로 하라"(고전 14:40)고 했다. 율법을 세우는 일은 질서를 세우는 일이다. 그것이 바로 예를 행하는 이유다. 이것이 사랑의 실천이다. "사랑은 무례히 행치 아니하는 것이다(It is not rude)"(고전 13:4-5).

둘째는 덕을 세우기 위해 예를 행하라는 것이다. '덕' 이란 무엇인가? '고매하고 너그러운 도덕적 품성'(동아 메이트 국어사전)이다. 이것은 자신이 속한 공동체에게 도덕적 유익을 주고 긍정적인 영향을 미치는 것이다. 그 사람이 덕이 있느냐 없느냐는 남이 평가하는 것이다. 한 개인의 덕은 남들이 평가하는 도덕적 평판이다. 이것은 자신이 행한 행동의 대가로 얻는 것이다(Earned reputation). 그러므로 기독교인은 율법에서 해방되었다고 하여 모든 행동을 절제 없이 하는 방종이 아니라 더욱 자신의 육을 절제해야 한다. 남에게 해를 끼치는 자유는 용납될 수 없다. 즉 구원을 받는 데는 율법이 필요 없지만, 하나님의 형상을 닮아가는 선민교육에는 율법이 필요하다.

이것은 구원론적 신학의 문제가 아니라 기독교인의 인성교육 문제다. 이것이 바로 바른 행실이며 착한 행실이다. 기독교인의 예는 사회의 도덕적 차원을 더 높은 단계로 높여야 할 의무가 있다.*

인간은 자신이 좋아하는 것만 하면 안 된다. 싫어도 상대방과 공동체의 유익을 위해 해야 할 것은 하고, 절제해야 할 것은 절제해야 한다. 어떻게 자유를 얻었다고 해서 하고 싶은 말과 행동을 다 하며 살 수 있는가? 장소와 시간을 가리지 않고 하고 싶은 것을 다 하고 사는 사람이 있긴 있다. 그런 사람을 짐승 같은 사람이라고 부른다. 짐승은 육의 욕구가 시키는 대로 움직인다. 절제를 모르기 때문이다.

'**예절**' 이란 무엇인가? '예의' 의 첫 글자와 '범절' 의 끝 글자를 모은

---

* 물론 어떤 율법들을 어기는 것은 죄가 되는 것들도 있다. 예; 살인, 음란 등. 《부모여 자녀를 제자 삼아라》(현용수, 쉐마, 2005) 제1권 제2장 참조.

합성어다. '예의'란 행동하는 것을 말하며, '범절'이란 절도 있는 것을 말한다. 따라서 '예절'이란 '절제가 있는 행동'을 말한다.

> 미련한 자는 분노를 당장에 나타내거니와 슬기로운 자는 수욕을 참는다.(잠 12:16)

바울은 더욱이 기독교인이 매사에 참아야 하는 이유를 이렇게 설명했다.

> 다른 이들도 너희에게 이런 권을 가졌거든 하물며 우리일까보냐 그러나 우리가 이 권을 쓰지 아니하고 범사에 참는 것은 그리스도의 복음에 아무 장애가 없게 하려 함이로라. (고전 9:12).

이것이 기독교인이 짊어지고 가야 할 또 하나의 눈물의 십자가다. 상대방을 이용하기 위해 예를 행하는 것은 가식에 불과하지만, 육으로부터 나오는 욕구를 덕을 위해, 남을 위해 참는 것은 인격의 수양이다.

바울은 2가지 관점에서 율법(예)을 행하라고 했다.
남의 유익을 위해서 그리고 남에게 덕을 세우기 위해서라고 했다.
이것은 남의 유익을 위해 자신의 자유를 제한하는 것이다.
이것은 일반 사회보다 한 차원 더 높은 도덕의 기준이다.
"사랑은 무례히 행치 아니하는 것이다"(고전 13:4-5).
이것은 구원론적 신학의 문제가 아니라 기독교인의 인성교육의 문제다.

3. 속리산과 법주사 vs. 시내산과 율법

충청북도 보은군에 속리산이 있다. 소백산맥 가운데 있으며 경치가 좋아 소금강(小金剛)이라고 한다. 국립공원 중의 하나다. 높이는 1058미터. 어린 시절 나는 거의 매년 두 차례씩 속리산에 갔다. 고향이 그 근처이니 으레 봄, 가을 소풍은 속리산이었다.

왜 그 산 이름을 '속리산'이라고 지었을까? 흔히 많은 사람들이 세속을 떠나 깊은 산속에 자리한 산이기 때문이라고 생각하기 쉽다. 그러나 그 반대다. 한자 풀이를 하면 답이 보인다. 속리산(俗離山)은 한자로 '속'(俗, 속될 속), '리'(離, 떠날 리), '산'(山, 뫼산)이다. 한 마디로 '속(俗)이 떠난 산'이란 뜻이다. 어떻게 '속이 떠난 산'이 되었는가? 속리산에는 유명한 법주사(法住寺)가 있다. 법주사(法住寺)란 한자의 뜻은 '법(法)이 거주(住)하는 절(寺)'이란 뜻이다. 즉 법(法)이 있으니 세속이 그 산을 떠났다는 뜻이다. 법(法)은 불교의 불자들이 지켜야 할 방대한 계율(율법)을 말한다. 그 법을 모시고 잘 지키니 세속이 그곳을 떠났다는 뜻이다. 그래서 속리산이다. 법의 위력이 그만큼 크다.

법에 대한 이 개념은 유대교의 율법을 이해하면 더 이해하기 쉽다. 유대교를 믿는 유대인을 하나님의 거룩한 백성이라고 부른다. '거룩하다'는 '속되다'의 반대말이다. 유대인을 왜 속에서 떠난 거룩한 백성이라고 부르는가? 히브리어의 '거룩(Holy)'이란 단어의 뜻을 풀이하면 답이 보인다. '거룩'이란 "하나님을 향해 구별되다"는 뜻이다. 하나님은 완전히 거룩하신 분이시다. 이 말은 하나님은 완전히 세속과 구별되신 분이란 뜻이다.

그들은 어떻게 하나님을 향해 구별될 수 있는가? 유대교에도 시내(시나이)산에서 받은 613개의 율법이 있기 때문이다. 시내산을 거룩한 산이라고 부르는 이유도 유대인이 그 산에서 율법을 받았기 때문이다. 그들은 이 율법을 지킴으로 거룩한 백성이 된다고 믿는다. 613개의 율법은 '하라'는 명령법 248개와 '하지 마라'는 금지법 365개로 구분된다. 율법을 지켜 행한다는 말의 뜻은 하나님이 그들에게 '하라'는 법은 하고, '하지 마라'는 법은 하지 않는 것이다. 그러면 그들은 세속과 구별된 사람, 즉 거룩한 사람이 된다.

이것은 무엇을 의미하나? 율법을 지켜 행하는 자는 세속에 물들지 않는다는 것을 말한다. 그런 점에서 율법에 대한 이해는 불교나 유대교나 비슷하다. 따라서 불자가 속에서 떠나려면 불교의 계율을 지켜 행해야 한다. 그리고 유대인이 하나님의 거룩한 백성이 되려면 하나님이 주신 율법을 지켜 행해야 한다(롬 2:28-29). 법을 지키지 않고는 속을 떠날 수 없다. 거룩하게 구별될 수 없다.

요즘 자녀들이 날로 세속화되고 있다. 육을 자극하는 인터넷 게임, 폭력, 성범죄, 마약 등이 범람하기 때문이다. 우리 자녀들을 어떻게 타락한 세속문화로부터 떠나게 할 수 있을까? 자녀의 인성교육에 필요한 율례와 법도를 만들어야 한다. 그리고 그것을 지켜 행하도록 가르쳐야 한다.

전통적인 인성교육에는 주로 유교의 율례와 법도를 적용해 왔다. 그런데 그것을 옛것이라고 버리는 데 문제가 있다. 그나마 그것을 아는 이들도 점점 사라지고 있다.

원칙 없는 인성교육의 결과는 참담하기만 하다. 불과 10년 사이에 이혼율 세계 1위, 저출산율 세계 1위, 노인 자살률 세계 1위, 낙태율 세계 1위, 위스키 소비량 세계 1위를 기록하고 있다. 앞으로 10년 후면 어떤 통계가 나올지 걱정스럽다.

더 나아가 한국 사회가 왜 점점 더 혼탁해지는가? 법이 있어도 법 집행을 제대로 하지 못하기 때문이다. 한국이 선진 국가로 발돋움 하기 위해서는 법이 지켜지는 나라가 되어야 한다. 그래야 질서와 공의도 살아날 수 있다.*

속리산(俗離山)의 뜻은 법주사(法住寺)에 법(法)이 있으니
세속이 그 산을 떠났다는 뜻이다.
시내산도 유대인이 그 산에서 율법을 받았기 때문에
거룩한 산(속이 떠난 구별된 산)이라고 부른다.
그들은 이 율법을 지킴으로 거룩한, 즉 구별된 백성이 된다고 믿는다.
자녀들도 거룩하게 키우려면 율례와 법도가 그만큼 필요하다.

---

* 여기에서 저자가 법에 대한 불교와 유대교의 이해를 설명한 것은 구원을 위한 신학적 접근이 아니라 인성교육학적 접근임을 주목하기 바란다. 물론 불교의 법과 유대교의 법은 많은 면에서 다르다.

II. 교육의 내용과 형식: 믿음과 율법의 행함

1. 반석(믿음) 위에 어떤 집을 지어야 하는가

　　　　　미국 시카고에서 만난 한인 목사님이 딸 이야기를 들려주었다(1996년). 미국에서 낳아 미국에서 대학을 마친 딸이 한국에 건너가 한국의 선교기관에서 사역을 시작했다. 한국어와 영어를 모두 잘하기 때문이었다. 1년 뒤 휴가를 온 딸에게 아버지가 물었다.

"미국 기독교인과 비교해 한국 기독교인의 가장 큰 장점은 무엇이라고 생각하느냐?"

딸이 대답했다.

"아버지, 한국 기독교인은 기도를 무척 열심히 합니다. 교회에서도 수양관에서도 큰 소리로 밤새워 기도합니다. 방언도 많이 하고요."

아버지가 또 물었다.

"미국 기독교인에 비해 한국 기독교인의 가장 큰 단점은 무엇이라고 생각하느냐?"

딸이 대답했다.

"아버지, 그런데 한국 기독교인은 기도한 것만큼 사회생활에서 본을 보이지 못하는 것 같아요."

그 이유가 무엇인가? 교육의 내용이 형식과 관계있다는 것을 설명하기 위해 성경으로 돌아가 보자. 예수님께서 가르치신 산상수훈 중에 교육의 내용과 형식을 빌려 설명할 수 있는 비유가 있다. 집 짓는 자의 비유, 즉 '집을 반석 위에 지은 지혜로운 사람과 모래 위에 지은 어리석은 사람'(마 7:24-27)의 비유다.

그렇다면, 기독교인은 어떻게 반석 위에 좋은 집을 지을 수 있을까? 먼저 눈에 보이지 않는 땅속에 반석 같은 기초를 놓아야 한다. 이는 눈에 보이지 않는 개인의 믿음을 뜻한다. 기독교인의 믿음의 대상은 예수님이시다. 개인의 믿음은 어떻게 얻어지는가? 예수님의 말씀을 들어야 한다. 왜냐하면, 믿음은 말씀을 들음에서 나기 때문이다. "그러므로 믿음은 들음에서 나며 들음은 그리스도의 말씀으로 말미암는다"(롬 10:17). 예수님께서 "누구든지 나의 이 말을 듣고 행하는 자"(마 7:24)라고 말씀하신 이유가 여기에 있다. 순서로 보아 먼저 '예수님의 말씀을 듣는 것'이 우선이어야 하고, 그 다음이 말씀대로 '행하는 것'이다. 먼저 예수님의 말씀을 들어야 믿음이 나기 때문이다. 기독교인의 믿음은 눈에 보이지 않는 땅속의 기초, 즉 반석에 속한다.

왜 튼튼한 반석이 필요한가? 집을 짓기 위해서다. 아무리 튼튼한 반석을 마련했다 해도 그 위에 집을 짓지 않으면 그 반석은 가치를 충분히 발휘하지 못한다. 왜 집을 지어야 하는가? 개인과 가족에게 그리고 사회에 유익을 주기 위해서다. 이때 반석의 가치도 함께 나타난다. 어떤 집을 지어야 하는가? 이왕이면 아름답고 반듯한 집을 지어야 한다. 판잣집 같은 허름한 집을 지으면 안 된다. 그래야 반석의 가치도 더 크게 나타난다.

'반석 위의 집'을 믿음과 행함에 비교

반석 / 믿음	집 / 율법의 행함
지면 밑에 있는 것	지면 위에 있는 것
눈에 안 보이는 것	눈에 나타나는 것
인성교육의 내용	인성교육의 형식
추상적	구체적(율법의 행함)
○ 견고한 반석 / 강한 믿음 Q1. 왜 반석 / 믿음이 필요한가?	집을 짓기 위해 / 율법대로 행하기 위해
Q2. 어떤 집을 지어야 하는가?	아름답고 반듯한 집 (cf. 판잣집)
Q3. 왜 아름답고 반듯한 집(율법의 행함)을 지어야 하는가?	다른 사람들에게 모범이 되기 위해
Q4. 왜 기독교인이 타의 모범이 되어야 하는가?	하나님 아버지께 영광을 돌리기 위하여
Q5. 하나님 아버지께 영광을 돌려야 하는 이유는?	천국을 확장하기 위해

    믿음도 마찬가지다. 왜 기독교인에게 반석 같은 믿음이 필요한가? 행위라는 집을 짓기 위해서다. 왜 기독교인에게 행함이 있어야 하는가? 개인과 가족에게 그리고 사회에 모범이 되어 유익을 주기 위해서다. 어떤 행함이 있어야 하는가? 아름답고 반듯한 집을 지어야 하는 것처럼 아름답고 반듯한 행함, 즉 율법을 철저히 실천해야 한다. 그 이유는 무엇인가? 다른 사람들이 그것을 보고 그가 믿는 하나님 아버지께 영광을 돌리게 하기 위해서다.

    그래야 신자가 아닌 이들에게 전도가 되어 천국도 확장된다. 아무리 강한 믿음을 가졌더라도 행함이 없는 믿음은 남에게 별 유익을 줄 수 없다. 집이 판잣집 같으면 남에게 좋은 인상을 줄 수 없는 것처럼 행함이 무례하면 그로 말미암아 하나님의 영광을 가릴 수도 있다.

눈에 보이지 않는 믿음은 무엇으로 나타나야 하는가? 그것은 율법의 행함으로 나타나야 한다. 즉, 성숙한 기독교인은 2가지, 믿음과 행함이 동전의 양면처럼 항상 잘 갖추어져 조화를 이루어야 한다. 순서로 따진다면 물론 믿음이 먼저이고 행함은 나중이다. 따라서 행함이 없는 믿음은 그 자체가 죽은 믿음이다(약 2:17).

여기에서 믿음이 교육의 내용이라면 행함은 교육의 형식에 속한다. 믿음이 영성의 내면적 열매라면, 율법의 행함은 외면적 열매다. 즉 율법의 행함은 말씀의 생활화다. 예수님은 율법을 행하는 착한 행실이 기독교인의 빛이며, 이를 사람 앞에 비취게 하여 사람들로 그리스도인의 착한 행실을 보고 하나님께 영광을 돌리게 하라고 말씀하셨다(마 5:16).

행함이 믿음과 비례하는 것이라고 생각할 때 예수님의 말씀을 이렇게 해석할 수도 있다. 율법의 행함이 있는 믿음의 사람은 반석 위에 집을 지은 지혜로운 사람과 같다. 이런 사람은 "비가 내리고 창수가 나고 바람이 불어 그 집에 부딪히되 무너지지 아니하나니 이는 주초를 반석 위에 놓은 연고다"(마 7:25). 이런 사람은 천국에서 큰 자이다(마 5:19b).

반대로 율법의 행함이 없는 믿음의 사람은 믿음이 약하여 모래 위에 집을 지은 어리석은 사람(마 7:26-27)과 같다. "비가 내리고 창수가 나고 바람이 불어 그 집에 부딪히매 무너져 그 무너짐이 심하다"(마 7:27). 이런 사람은 예수님 믿고 구원은 받았을지라도 천국에서는 지극히 작은 자다(마 5:19a).

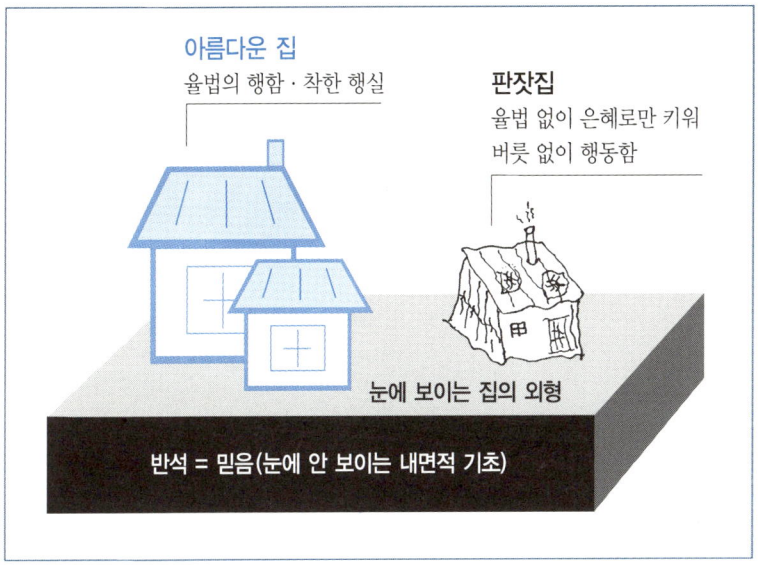

 현재까지 한국 교회는 눈에 보이지 않는 믿음은 지나치리만큼 강조했으나, 눈에 보이는 집을 짓는 데, 즉 율법의 행함은 소홀히 했다. 다른 말로 표현하면, 눈에 보이지 않는 복음의 사랑은 지나치리만큼 강조했으나, 눈에 보이는 율법의 행함은 강조하지 않았다. 그러나 기독교인이 가진 복음의 사랑의 표현은 바로 율법의 행함으로 나타나야 한다. 그런데도 기독교인이 복음을 받아들여 믿음으로 구원은 받았으나 가시적 집인 착한 행실(사랑의 열매)이 눈에 보이지 않아 대내외적으로 지탄의 대상이 되고 있다.

 한국에서는 기독교라는 외래 종교가 이 땅에 들어와서 자녀들을 오히려 버릇없는 사람으로 키웠다는 비판이 일고 있다. 율법에서 해방되었다고 그나마도 예로부터 행해 오던 웃어른들에 대한 '예(禮)'도 대부분 경시하여 가르치지 않았기 때문이다. 아이들이 어른을 존경하지 않을 뿐더러 제멋대로다. 예의가 없다.

설사 비기독교인은 예의가 없다 해도, 기독교인은 하나님의 거룩한 백성답게 타인에게 예의라는 착한 행실로 그리스도의 빛을 비추기에 충분해야 하지 않겠는가(마 5:16)? 다시 말하면, 기독교인은 자녀들에게 믿음이라는 속사람뿐 아니라 행함이라는 겉사람의 모양(교육의 형식)도 잘 교육시켜 착한 행실로 남에게 그리스도의 빛을 비추기에 충분하도록 해야 한다(마 5:16).

한국에서는 기독교라는 외래 종교가
자녀들을 버릇없는 사람으로 키웠다는 비난을 받고 있다.
율법에서 해방되었다고 그나마도 예로부터 행해 오던
웃어른에 대한 '예'도 대부분 잊어버리고 가르치지 않았기 때문이다.
기독교인은 타인에게 예의라는 착한 행실로
그리스도의 빛을 비추어야 한다.

"메이 아이 해브 어 캔디?"

채수호(자영업)

이 세상에는 많은 민족들이 있지만 그 중에서도 유대 민족은 주목할 만한 민족이다. 2천여 년 간 나라를 잃고 세계 각지를 유랑하며 박해와 멸시 속에 살아야 했고 불과 반세기 남짓 전에는 나치 독일의 유대인 말살 정책으로 600여만 명의 동족이 희생되는 홀로코스트의 비극도 겪었다. 온갖 역경과 박해 속에서도 유대인들이 두각을 나타내는 이유는 특유의 유전적 특성이나 종교적인 영향, 교육 등 여러 요인이 있겠으나 그 중에서도 엄격한 가정교육이 중요한 역할을 했다고 생각한다.

지역 특성상 우리 가게에는 많은 유대인들이 찾아온다. 여자 손님은 어린 자녀들과 함께 오는 경우가 많은데 이들의 행동을 지켜보면서 유대인의 자녀교육에 관한 일면을 엿볼 수 있다. 꼬마 손님들을 위해 가게에는 늘 캔디나 풍선 등이 준비되어 있다. 아이들은 가게에 들어오면 먼저 캔디통 있는 쪽으로 달려가게 마련이다. 이 때 아이가 유대인이라면 아이 엄마는 아이가 캔디에 손을 대기 전에 반드시 먼저 주인의 허락을 받도록 주의를 준다. "메이 아이 해브 어 롤리팝?" "슈어, 고 어헤드."

아이들은 그제서야 캔디 상자에 손을 넣어 사탕을 그것도 꼭 한 개만 집는다. 이때 아이가 아무 말도 안 하고 가만히 있으면 엄마는 "왓 유 세이?" 하고 아이에게 일깨워 준다. 그러면 아이는 사탕 종이를 벗기느라 정신이 없다가도 주인을 쳐다보며 "땡큐."라고 말한다. 두세 살 어렸을 때부터 예절교육을 철저히 시키는 것이다.

책임 있는 사회 구성원을 만들기 위해 철저하게 자녀를 교육시키는 유대인의 전통은 그들의 성년 의식인 '바미쯔바'*를 통해서도 찾아볼 수 있다. 바미츠바는 히브리어로 '율법의 적용을 받는 사람'이란 뜻이다. 남자아이는 열세 살, 여자아이는 열두 살이 되면 바미쯔바가 된다. 그 전까지는 아이들의 모든 행동과 교육에 대한 책임이 부모에게 있지만 바미쯔바가 되면 스스로 자기 행동에 책임을 져야 하는 것이다. 아이들은 바미쯔바가 다가오면 장애인 시설에 가서 봉사활동을 한다든가 해변가에 쌓인 쓰레기를 치우는 등 좋은 일을 한 가지씩 해야 한다. 이와 같은 선행이 끝나면 바미쯔바 의식을 거행하는데 결혼식 못지않게 성대하게 치러진다. 먼저 템플에서 야훼 하느님께 성년이 되었음을 신고하고 예배가 끝난 후에는 친지를 초청하여 성대한 연회를 베푼다.

사회 구성원으로서의 책임과 봉사를 강조하는 유대인들의 자녀교육과, 입시 위주의 교육으로 자녀들에게는 엄청난 스트레스를 주고 고액 과외비 부담으로 부모들의 허리가 휘어지는 한국인의 교육이 자꾸 비교가 된다.

_ 중앙일보 미주판, 2007년 9월 13일

---

* '바미쯔바(성년식)'에 관해서는 《잃어버린 지상명령 쉐마》(현용수, 쉐마, 2006) 제2권 제4부 제2장 '쉐마와 유대인의 성년식' 참조.

2. 한국 교회 최대과제 '신앙과 삶의 불일치'

요즘 일반 사회는 물론 평신도들도 목사를 부정적으로 평가하는 경우가 많다. 목사들 스스로도 수준 높은 평신도들 앞에서 스트레스를 받는 경우가 많다. 나름대로 열심히 목회를 하지만 그릇이 작거나 역부족인 경우가 많기 때문이다. 이를 뒷받침하는 통계가 나와 주목을 끌고 있다.

교회 갱신을 위한 목회자협의회(대표 회장: 옥한흠 목사)가 2005년 11월1일 발표한 '교회 갱신에 관한 목회자 의식 조사' 결과에 따르면, 목회자들은 한국 교회의 최우선 갱신 과제로 '신앙과 삶의 불일치'(85.5%)를 꼽았다. 그리고 교회 개혁을 위해서는 '목회자의 자기 갱신'이 가장 우선돼야 한다(91.2%)고 생각하는 것으로 조사됐다. 이번 설문조사는 교갱협 영성수련회에 참석한 331명의 목회자이며 연령 비율은 30대와 40대가 전체의 69.7%였다(크리스천 투데이, *교갱협, 목회자 의식조사, 한국 교회 최대과제 '신앙과 삶 불일치'*, 2005년 11월 9일).

목회자들이 고민하는 '신앙과 삶의 불일치'란 무엇을 뜻하나? 자신이 열심히 반듯하게 살려고 노력은 하지만, 결과는 '믿음 따로, 행함 따로'였다는 것이다. 이유는 그들이 가정과 교회에서 믿음만 강조하고 믿음에 걸맞은 행함, 즉 율법교육을 받고 자라지 못했기 때문이다.

더 심각한 현상은 조사에 응한 목회자의 연령 비율이 젊은 30대와 40대가 전체의 69.7%였다는 점이다. 이것은 한국 기독교 역사 120년 동안 기독교교육이 실패했음을 보여주는 것이다. 그동안 구원을 위해 믿음만 강조했지 믿음 뒤에 따라야 하는 착한 행실인 율법의 행함(마

5:16)을 소홀히 했다는 증거다. 교회에서 그나마 있었던 한국의 양반 교육도 시키지 못했음을 보여 주는 것이다.

과거에는 한국에도 존경받는 반듯한 인격을 갖춘 큰 지도자들이 많았다. 주기철, 손양원, 안창호, 박윤선, 박형룡, 한경직 같은 분들이다. 그러나 차후에는 이런 분들이 나오기가 힘들다는 것을 뜻한다. 얼마나 애석한 일인가! 영적 지도자들인 목회자들이 이러하니 평신도들은 얼마나 더 하겠는가? 기독교인들이 세상 사람들에게 비난받는 이유 중 하나도 바로 기독교인들의 낮은 도덕성 때문이다.

위에 열거한 한국 교회의 모델이 되는 어른들이 왜 수많은 기독교인들 중에서도 존경받는 이유는 무엇인가? 흔히 예수님을 믿고 기독교인이 되었기 때문이라고 얘기하지만, 그보다 더 근본적인 이유는 그들이 예수님을 믿기 전에 이미 어린 시절 가정이나 서당에서 한국의 전통적인 양반교육을 받아 인간다운 인간이 되어 있었다는 점을 명심해야 한다. 한국 속담에 "양반이 예수님을 믿으면 양반 기독교인이 되고, 상놈이 예수님을 믿으면 상놈 기독교인이 된다."는 말이 있다. 그동안 한국 교회가 이만큼 성장한 배경에는 물론 부정적인 면도 있었지만 한국의 전통적인 인성교육을 잘 받았던 연로하신 목사들이 많았기 때문이다.

물론 성령을 체험하여 예수님을 믿으면 인간이 변한다. 그러나 기독교인이 되었다고 해도 어릴 때 형성된 근본 기질인 인격은 가변적이다. 성령이 충만할 때는 변한 것 같으나 그렇지 못할 때는 구습이 또 나타나기 일쑤다. 다만 사람에 따라 그 폭이 다르게 나타날 뿐이다. 자주 넘어지는 베드로와 굳건한 바울의 차이다. 위 통계가 교회 개혁을 위해서는 '목회자의 자기 갱신'이 가장 우선돼야 한다(91.2%)

고 생각하는 것은, 목회자 스스로 자신의 부족을 너무나 잘 알고 있다는 증거다. 그러나 이미 성인이 되어 고치는 데는 한계가 있다. 어려서부터 인성교육을 잘 받아 습관이 되어 있어야 한다.

대안은 무엇인가? 예수님을 믿기 이전의 복음적 토양교육, 즉 인성교육을 잘 시켜야 한다. 이것을 'Pre-Evangelism 교육'*이라 부른다. 기독교 2000년의 역사는 예수님을 믿은 이후 예수님의 형상을 닮아가게 하는 기독교교육에만 힘을 쏟았는데 앞으로는 기독교인이 되기 이전, 13세 이전에 인간다운 인간이 되는 Pre-Evangelism 교육에도 관심을 갖고 힘을 쏟아야 한다. 그 인성교육의 내용이 바로 한국인의 수직문화다.**

이 이론은 타종교에도 적용된다. 불교의 성철 스님이나 천주교의 김수환 추기경이 수많은 불자들이나 천주교인들 중에서도 특별히 존경받는 이유는 그들이 믿는 종교 이전에 어릴 때부터 받았던 한국인의 수직문화적 인성교육 때문이다.

목회자들이 고민하는 '신앙과 삶의 불일치'는 무엇을 뜻하나?
자신이 열심히 반듯하게 살려고 노력은 하지만,
결과는 '믿음 따로, 행함 따로'였다는 것이다.
이유는 그들이 가정과 교회에서 믿음만 강조하고 믿음에 걸맞은 행함,
즉 율법교육을 받고 자라지 못했기 때문이다.

---

* 이 책 제1권 제2부 제4장 II. 2. '기독교교육의 새로운 영역(pre-svangelism)의 필요성' 참조.
** 이 책 제1권 제2부 제2장 '인성교육의 본질과 원리: 수직문화와 수평문화' 참조.

3. 유대교와 바울, 천주교와 개신교(칼빈)

유대교는 아브라함 때부터 4200년간 그리고 천주교는 2000년간 지상에서 사라지지 않고 지속되고 있다. 반면, 기독교와 개신교의 역사에서는 타민족에게 선교하는 데는 성공했지만, 자자손손 하나님의 말씀과 성령의 촛대를 전수한 민족은 없다. 그 이유는 무엇인가? 이를 교육의 내용과 교육의 형식의 입장에서 살펴보자.*

역사적으로 기독교의 구원론에 획기적인 이론을 정립한 신학자 둘을 꼽는다면 초대교회의 바울과 중세 시대의 칼빈일 것이다. 물론 루터가 종교개혁을 시작했지만 구체적인 신학의 정립은 칼빈이 했다고 보아야 옳다. 따라서 루터가 종교개혁자라면 칼빈은 신학자였다.

인성교육의 내용과 형식의 입장에서 바울과 칼빈의 공통분모는 무엇인가? 구원의 조건으로 율법의 행함보다는 믿음을 강조했다. 왜 바울과 루터 및 칼빈은 율법의 행함이 아니라 믿음을 그토록 강조했는가? 그 이유를 설명하려면 바울 당시의 유대교와 루터나 칼빈 당시의 천주교를 설명해야 한다. 결론을 먼저 이야기한다면, 타락한 유대교와 천주교의 공통점은 교육의 형식인 율법과 교회 전통을 너무 귀중하게 여긴 나머지 행함으로 구원에 이르는 것으로 여겼기 때문이다. 따라서 바울은 타락한 유대교에 대한 반동이고, 루터는 타락한 천주교에 대한 반동이다.

---

* 물론 학자들에 따라 천주교도 기독교에 포함시키기도 하지만, 여기서는 교육의 형식을 설명하기 위하여 천주교와 기독교를 분리하여 설명한다.

A. 유대교의 교육 내용과 형식

　　　　　　구약의 유대교는 하나님이 택하신 믿음의 조상들이 믿는 종교다. 하나님은 그들에게 하나님에 대한 믿음을 실천하게 하기 위한 선민교육의 방법으로 율법을 주셨다. 유대인이 율법을 강조한 것은 시내산에서 율법을 구체적으로 받기 이전 그들의 조상 아브라함 때부터 시작된다.

　하나님은 아브라함을 택한 이유를 창세기 18장 19절에 "내가 그로 그 자식과 권속에게 명하여 여호와의 도를 지켜 의와 공도를 행하게 하려고 그를 택하였나니 이는 나 여호와가 아브라함에 대하여 말한 일을 이루려 함"이라고 말씀하셨다.

　그리고 세월이 지나 아브라함의 신앙이 성숙하여 이삭을 낳고, 이삭이 성숙했을 때 하나님은 이삭에게 그의 아버지 아브라함을 창세기 26장 5절에 이렇게 평가하셨다. "이는 아브라함이 내 말을 순종하고 내 명령과 내 계명과 내 율례와 내 법도를 지켰음이니라." 즉 아브라함이 율법을 잘 듣고 실천한 것을 칭찬하셨다. 그리고 그 보상으로 아브라함의 아들 이삭에게 아브라함에게 약속하셨던 것과 동일하게 "네 자손을 하늘의 별과 같이 번성케 하며 이 모든 땅을 네 자손에게 주리니 네 자손을 인하여 천하 만민이 복을 받으리라"(창 26:4)라고 재확인해 주셨다.

　그 뒤 약 600년(이삭 → 야곱 → 요셉 → 이집트에서 종살이) 만에 하나님은 이스라엘 백성에게 시내산에서 613개의 구체적인 율법을 주셨다. 그리고 그 율법을 삶의 규범으로 실천하게 하셨다. 이것은 무엇을 뜻하나? 아브라함의 언약과 시내산 언약의 맥락이 동일하다는 뜻이다.

구원은 하나님의 은혜로 하나님의 선택된 백성이 믿음으로 받지만, 축복은 율법의 행함으로 받는다는 뜻이다(신 28장).

이처럼 유대교도 처음에는 믿음에 기초한 하나님 사랑과 이웃 사랑이라는 교육의 내용과 이를 표현하는 교육의 형식인 율법의 행함으로 시작되었다. 그러나 세월이 지나면서 교육의 내용인 하나님 사랑과 이웃 사랑은 점점 사라지고, 교육의 형식인 율법의 행함만이 남게 되어 율법을 남용하는 율법주의나 형식주의로 변질되었다.

특히 종교가 부패할수록 율법주의나 형식주의라는 조직만 남게 되는 경우가 많다. 이때 참 신앙인들보다는 하나님의 이름을 내세워 자신들의 유익과 공리를 탐하는 종교꾼들(율법주의자들)이 판을 치게 된다. 그때마다 하나님은 예언자들을 보내셔서 마음으로 회개하는 것이 외형적인 율법의 행함, 즉 예물보다 더 중요하다는 것들을 가르치셨다(암 5:21-24; 호 6:6; 사 1:10-17; 렘 7:21-23).

바울 당시도 바로 그런 시대였다. 바울은 여기에 대한 반동으로 강하게 율법주의자들(율법을 지키는 자들이 아님)을 공격하지 않을 수 없었다. 그래서 구약 시대와 신약 시대 모두 구원은 율법으로 받는 것이 아니고, 믿음으로 받는다는 원론을 제시하게 된 것이다.

그 증거로 아브라함이 의인이 된 배경을 제시했다(창 15:6). 아브라함이 믿음으로 의인이 된 것처럼 신약 시대 기독교인도 믿음으로 의인이 될 수 있다(롬 4:18-24; 빌 3:9; 갈 3:6-9)는 진리를 외친다. 이때 바울이 믿음을 강조한 것은 율법주의의 허구를 공격함이지 결코 성실히 거룩한 율법을 실천하는 바른 성도들을 공격함이 아니었다.*

---

* 저자의 《부모여 자녀를 제자 삼아라》 (아름다운세상, 2002; 쉐마, 2005) 참조.

뿐만 아니라 유대인의 자녀교육을 연구하다 보면 몇 가지 특성을 발견할 수 있다. 교육의 내용이 너무나 많고 논리적이며 조직적이다. 그리고 그것을 어떻게 자녀에게 가르치느냐 하는 학습 방법 또한 독특한 면이 많다. 자녀들에게 '교육의 내용'을 효과적으로 전하기 위해 '교육의 형식'을 많이 만들어 지키게 한다. 즉 절기나 의식을 많이 만들어 자녀에게 교육의 내용을 체험적으로 기억하고 실천하도록 가르친다.

유대인은 이런 교육 방법을 누구에게 배웠는가? 하나님에게 직접 배웠다. 하나님은 유대인에게 어느 절기를 누가 왜 언제 어디에서 무엇을 어떻게 지켜야 하는지, 그리고 율법의 중요성을 가르치시기 위하여 가나안 정복 후 세겜에 있는 그리심산과 에벨산에 6지파씩 올라가 제사장과 함께 율법을 일일이 낭독하며 확인하는 체험학습(수 8:30-35) 등 많은 교육의 방법들을 가르쳐 주셨다.

유대교 인성교육의 예(회개의 과정)

(창 37:34; 레 13:45; 왕상 21:27)

첫째, 인성교육의 내용		둘째, 인성교육의 방법
마음을 찢고	⇨	**옷을 찢고**
내면적 마음의 회개		회개의 외면적 표현 방법

애통해 하거나 회개를 할 때도 마음만 찢는 것이 아니라 옷도 찢는다(창 37:34; 레 13:45; 왕상 21:27; 욜 2:13). 마음을 찢는 것은 인간의 내면적 애통이나 회개(교육의 내용)를 뜻하고, 옷을 찢는 것은 그 외면적

표시(교육의 형식)를 뜻한다. 유대인의 교육 방법들은 세상의 어느 학자의 이론이 아니라 하나님의 교육 방법이다. 여기에 교육의 특성과 파워가 있다. 그런데 신약 교회(특히 개신교)는 이를 무시하고 인간의 내면만 강조한 것이 가장 큰 오류다.

B. 천주교와 개신교의 교육 내용과 형식

천주교가 2천 년간 맥을 이어 온 것은 참으로 기적이라 아니할 수 없다. 천주교는 아직도 1995년대 후반부터 개신교에서 젊은이를 교회에 유치하기 위해 유행처럼 번지는 요란한 경배와 찬양이나 열린 예배 같은 것이 전혀 없다. 그들은 현대 감각이 배어 있는 유행과의 타협은 꿈에도 생각하지 않고 있다. 그뿐인가? 아직도 그 많은 논란 속에서도 신부나 수녀 같은 성직자의 결혼이 허락되지 않고 있다.

더구나 그들은 초대교회 이후 1960년대 후반까지 하나님의 말씀을 평신도들에게 가르치지 않았다. 단지 믿음의 내용과 삶의 지침인 교리 문답만 있었을 뿐이다.

더 믿기 힘든 부분은 1960년대 후반까지 한국 가톨릭 교회에서 신부가 예배시 하나님의 말씀을 강론할 때 회중이 알아듣는 한국말로 한 것이 아니고 라틴어(이탈리아어)로 했다. 이런 경우 대부분 강론하는 사람도 무슨 말을 하는지 잘 모르거니와 교인들은 전혀 알아듣지 못한다. 더구나 미사(예배)도 신부나 교인들 모두 제단을 향하고 드렸다. 즉 교인들은 신부의 뒷모습을 보고 강론을 들으며 예배를 드린 격이다. 이런 제도는 전 세계 가톨릭 교회에서 수천 년 동안 동일하게 실행되어 왔다.

이런 제도가 현행 제도로 바뀐 것은 불과 1961~1965년 사이에 있었던 제2차 바티칸공회 이후부터다. 그 전에는 성경책을 덮어놓고 있었다는 얘기다. 제2차 바티칸공회의 가장 큰 업적은, 개신교의 영향을 받아 성경 말씀을 성도들에게 가르치자는 계시헌장과 미사의 방법을 평신도가 은혜를 받을 수 있는 방법으로 고치자는 교회헌장을 제정한 것이다. 그 뒤 평신도들에게 하나님의 말씀을 가르치고, 각 민족이 알아듣는 언어로 강론하고, 신부와 평신도가 서로 마주 보며 미사를 드리게 되었다.

그런데도 어떻게 2천 년간 교회가 사라지지 않고 살아남을 수 있었는가? 사라지기는커녕 한국 천주교의 경우는 점점 더 성장하고 있다. 2006년 5월 25일 통계청이 발표한 2005년 인구주택총조사 결과에 따르면, 지난 10년 간 한국 3대 종교 중 불교를 믿는 인구는 3.9%, 천주교는 74.4% 증가한 반면, 개신교는 1.6% 감소했다(한국 통계청 '2005년 인구주택총조사' 2006년 5월 25일).

유대교는 그래도 율법(말씀)과 탈무드라도 계속 전수되었지만, 천주교는 일반 신자들에게 성경 말씀 자체를 그렇게 오랫동안 가르치지 않았는데 어떻게 그 종교가 2000년간 전수될 수 있었는가?

그 이유는 바로 천주교가 개신교에서 소홀히 하고 있는 교육의 형식인 율법과 예절을 전통적으로 세대차이 없이 잘 이어 왔기 때문이다.*

천주교도 처음에는 믿음에 기초한 하나님 사랑과 이웃 사랑이라는 교육의 내용과 이를 표현하는 교육의 형식인 율법의 행함으로 시작되었을 것이다. 그러나 세월이 지나면서 교육의 내용인 하나님 사랑과

---

* 저자는 여기에서 천주교의 모든 신학을 옹호 혹은 묵인하기 위함이 아니고 교육학적 측면에서 천주교의 예전과 전통을 구약의 교육의 형식과 비교하는 것이다.

이웃 사랑은 점점 사라지면서, 교육의 형식인 율법의 행함만이 남게 되어 율법을 남용하는 율법주의나 형식주의로 변질되었다. 특히 종교 지도자들이 부패할수록 율법주의나 형식주의라는 조직만 남게 되었다. 참 신앙인들보다는 하나님의 이름을 내세워 자신들의 유익과 공리를 탐하는 종교꾼들이 판을 치게 되었다.

루터는 천주교의 교권주의와 타락한 천주교 지도부의 비리를 신랄하게 비판했다. 죽은 사람도 돈만 주면 천국에 갈 수 있다는 면죄부를 발행하고, 행함으로 구원받는다는 타락한 천주교 교리에 정면 도전했다. 루터는 실제로 행함을 실천하기 위해 성전 계단을 정성껏 무릎으로 올라가 보기도 했으나 그에게 구원의 확신이나 마음의 평화가 없었다. 그리고 마음으로 예수님을 구원자로 믿었을 때 예수님의 십자가에서의 보혈로 죄사함을 받게 되고 구원의 확신이 생겼다.

그때 당시 타락한 천주교의 상상할 수 없는 위협에도 불구하고 그는 다시 한번 확인한다. 오직 믿음만으로 구원받을 수 있다고……. 그리고 칼빈이 개신교의 신학을 정립할 때, 기독교인의 신앙은 '오직 믿음', '오직 은혜', '오직 말씀'이라고 못을 박는다. 이것은 바울이 유대교에 대한 반동인 것처럼 천주교에 대한 반동이다. 그래서 천주교는 개신교를 프로테스탄트(Protestants, 항의자들, 반항아들)라고 부르지 않는가?

C. 구약도 율법주의를 책망했다

율법주의와 형식주의에 빠져 타락한 마음으로 하나님께 드리는 예물과 절기를 책망하고 깨끗한 믿음을 요구한 것이 신약의 바울과 루터나 칼빈뿐인가? 아니다. 구약의 하나님도 선지자들을 통해 이스라엘 백성이 율법주의와 형식주의에 빠졌을 때 그들과 똑같은 말씀을 하셨다(사 1: 11-14; 애 2:6-7).

> 여호와께서 말씀하시되 너희의 무수한 제물이 내게 무엇이 유익하뇨 나는 숫양의 번제와 살진 짐승의 기름에 배불렀고 나는 수송아지나 어린 양이나 숫염소의 피를 기뻐하지 아니하노라 너희가 내 앞에 보이러 오니 그것을 누가 너희에게 요구하였느뇨 내 마당만 밟을 뿐이니라 헛된 제물을 다시 가져오지 말라 분향은 나의 가증히 여기는 바요 월삭과 안식일과 대회로 모이는 것도 그러하니 성회와 아울러 악을 행하는 것을 내가 견디지 못하겠노라 내 마음이 너희의 월삭과 정한 절기를 싫어하나니 그것이 내게 무거운 짐이라 내가 지기에 곤비하였느니라.
> (사 1:11-14)

하나님은 유대인이 드리는 교육의 형식인 예물이나 절기 자체를 책망하신 것이 아니라, 교육의 내용인 하나님과의 내면적 관계가 깨진 상태에서 가식적으로 하나님과 사람에게 보이려고 드리는 외면적 예물이나 절기 등의 형식주의를 책망하신 것이다(사 1:12). 즉, 교육의 내용 없는 형식을 책망하셨다. 그리고 그들이 지은 스스로 속이는 가증한 죄를 회개하고, 하나님께 용서를 받은 후 거룩한 율법을 지키라고 촉구하신다. 즉, 교육의 내용인 하나님과의 관계를 먼저 회복하고, 그 다음에 교육의 형식을 지키라는 뜻이다.

> 너희가 손을 펼 때에 내가 눈을 가리우고 너희가 많이 기도할지라도 내가 듣지 아니하리니 이는 너희의 손에 피가 가득함이니라 너희는 스스로 씻으며 스스로 깨끗케 하여 내 목전에서 너희 악업을 버리며 악행을 그치고 선행을 배우며 공의를 구하며 학대받는 자를 도와 주며 고아를 위하여 신원하며 과부를 위하여 변호하라 하셨느니라 여호와께서 말씀하시되 오라 우리가 서로 변론하자 너희 죄가 주홍 같을지라도 눈과 같이 희어질 것이요 진홍같이 붉을지라도 양털같이 되리라. (사 1: 15-18)

D. 결론: 대안 제시

　　　　　유대교와 천주교의 가장 큰 공통점은 교육의 형식(율법)을 강조하고, 그 형식을 전통으로 만들어 자자손손 지켜 행함으로 종교 자체는 세대차이 없이 전수하는 데 성공했지만, 정작 교육의 내용인 하나님에 대한 믿음과 사랑이 단절된 적이 여러 번 있었다. 그 결과 혹독한 하나님의 심판을 여러 번 받았다.

　바울과 루터는 타락한 유대교와 천주교의 가장 큰 공통점인 교육의 형식(율법) 그리고 그들의 전통을 신랄하게 비판했다. 왜냐하면 그것 자체가 우상이 되었기 때문이다. 그리고 그 반동으로 '오직 믿음'과 '오직 은혜' 및 '오직 말씀'의 깃발을 높이 세웠다. 유대교와 천주교의 허구에 대항하는 목숨을 건 대투쟁이었다. 그 결과 기독교와 개신교의 역사는 복음을 받은 민족이 타민족에게 선교를 하는 데에는 성공했지만 어느 민족도 자자손손 복음과 하나님의 말씀을 후손들에게 전수하는 데는 실패했다.

교육학적 측면에서 본 유대교, 천주교 및 개신교의 교육 내용과 형식 비교

종교구분 / 인성교육	인성교육의 내용 (깊은 생각)			인성교육의 형식 (바른 행동)		
	내용	강함	약함	내용	강함	약함
유대교(구약)	토라 (하나님의 말씀)	O		행함 (613개의 율법과 각종 절기들)	O	
천주교	하나님의 말씀 오직 믿음 오직 은혜 오직 말씀		O	행함 (예배 예식 + 절기 예식)	O	
개신교	하나님의 말씀 오직 믿음 오직 은혜 오직 말씀	O		행함 (예배 예식 + 절기 예식)		O
결론	유대교는 교육의 내용과 형식 모두 강하다. 그런데 천주교는 교육의 내용은 약한데 교육의 형식은 강하고, 개신교는 교육의 내용은 강한데 교육의 형식은 약하다. 따라서 유대교처럼 천주교는 교육의 내용을 강화해야 하고, 개신교는 교육의 형식을 강화해야 한다. (천주교와 개신교의 장단점 비교는 이 책 제2부 제3장 III. '인성교육 원리 – 현실 적용하기: 왜 수직문화가 개인과 민족에게 그리고 기독교인에게 필요한가' '질문 6' 참조)					

조직신학의 구원론적 시각에서 바울이나 루터 및 칼빈의 주장은 천번 만 번 맞는 말이다. 오직 구원은 하나님의 은혜로 예수님을 개인의 구세주로 믿는 믿음만이 가능하다. 그러나 문제는 구원받은 이후에 성도로서 어떻게 살 것인가이다. 구원받은 이후 하나님의 형상을 닮아가는 거룩(구별된)한 성화 과정에 율법이 필요하다는 점이다. 이것은

조직신학적 주제가 아니라 교육학적 주제다.

그러면 무엇이 잘못되었는가? 바울 이후 후대 신학자들이 전체 신학을 정립할 때 신구약을 균형 있게 살펴 믿음으로 구원받은 이후 선민교육의 방편으로 교육의 형식인 율법도 강조했어야 했다. 그래서 은혜와 율법의 조화를 이루었어야 했다. 즉, 구원을 위한 복음과 성화를 위한 율법의 행함을 함께 강조했어야 했다. (물론 유럽의 경건주의자들은 상대적이나마 까다로운 계율을 세우고 이를 실천했다.)

이제 어떻게 해야 할 것인가? 서로 장점을 보완해야 한다. 개신교의 장점은 유대교와 천주교가 본받고, 유대교와 천주교의 장점은 개신교가 본받아야 한다. 개신교의 장점이 가장 중요한 영혼의 구원에 이르는 신학적 유익이라면, 유대교와 천주교의 장점은 이를 실천하는 교육학적 유익이다. 개신교의 장점이 교육의 내용이라면, 유대교와 천주교의 장점은 교육의 형식이다.

따라서 중요한 순위를 정하면, 당연히 개신교의 장점인 교육의 내용, 즉 바른 진리의 신학이 우선이고 유대교와 천주교의 장점인 교육의 형식, 즉 율법과 전통이 나중이다.

따라서 유대교와 천주교는 믿음, 은혜 및 말씀으로 돌아가야 하고, 기독교는 교육의 형식을 구체적으로 만들어 실천해야 한다. 모두 극단적인 한쪽으로 치우침을 회개하고 서로의 장점은 지키되 약점은 보완해야 한다. 이것이 하나님을 기쁘게 해드리는 방법이다. 이것이 이루어진다면 하나님께서 얼마나 기뻐하시겠는가?

타락했던 유대교와 천주교는 교육의 형식인 율법과 전통만을
너무 강조한 나머지 기독교 신앙의 핵심인
믿음, 은혜 및 말씀을 소홀히 하는 과오를 범했다.
반면 개신교는 교육의 내용인 믿음만을 너무 강조하다
교육의 형식인 율법의 행함과 전통을 소홀히 함으로
자손 대대로 하나님의 말씀을 전수하는 데 실패했다.
따라서 타락했던 유대교와 천주교는
믿음, 은혜의 말씀으로 돌아가야 하고,
개신교는 교육의 형식을 구체적으로 만들어 실천해야 한다.

당신 초등학교 졸업 맞아?

김성혜(미국 밀워키 킬번)

여러 해 전 로버트 풀검 씨가 쓴 《내가 정말 알아야 할 모든 것은 유치원에서 배운다》는 책이 많은 사람의 사랑을 받았다.

"거짓말 하지 마라, 줄을 지켜라, 남의 것을 뺏지 마라…… 등등."

정말 어찌 보면 그의 말이 맞다. 사람 사는데 기본은 유치원에서 배운다고 봐도 틀림 없다.

특히 아직 굳어지고 억센 고집이 생기기 전인 어린 나이에, 사는 데 필요한 기본을 가르치고 익히게 하는 것이 평생을 두고 중요하다는 사실은 말하면 잔소리다. '세 살 버릇 여든 간다' 든가 '늙은 개한테 새 기술 가르칠 수 없다' 는 속담은 항상 머리를 끄덕이게 한다.

내 나이가 들어갈수록 어릴 때 바른 가르침의 중요함을 느낀다. 미국 유치원이나 초등학교서 가장 열심히 가르치는 것의 기본을 들여다 보면 "거짓말 하지 마라."와 "줄 잘 지켜라."가 아닐까 싶다. (독자께서는 내가 "줄 잘 서라"가 아니고, "줄 잘 지켜라" 한 것에 유념하시기 바란다. 내 의미는 물론 한국서 입신양명하기 위해 줄서기 잘 하는 것과는 완전 다른 뜻이기 때문이다.)

줄서기는 타인에 대한 배려를 의미하고, '거짓말 하지 마라.' 는 무엇보다 나 자신에게 진실하고 솔직하라는 뜻이 있다고 나는 본다. 자신에게 성실하고 타인에 대한 배려가 제대로 되었다면 사람의 인간됨의 기본은 갖춘 거라고 나는 생각한다.

　미국에서 나서 미국에서 자란 우리 아들을 보면 나는 정말 줄을 설 줄 모르고 거짓투성이 삶을 살고 있음을 느낄 때가 많다. 대한민국에서 태어나 살았던 사람은 누구나 작고 큰 차이는 있을지 몰라도 이에 무죄한 사람 거의 없을 것 같다. 좋은 대학 가고, 확실한 인맥을 갖기 위해선 대한민국 국민의 '염원'은 "내 자식에 관한 한 남을 밟고서라도 앞서고 올라서야 한다."고 가르치기 때문이다.

　우리 아이가 초등학교 다닐 때 맥도날드 햄버거를 무척 즐겼다. 한 번은 아이에게 이끌려 햄버거 집에 들어가서 줄을 섰는데, 아이가 "나 집에 갈래." 하며 돌아 나서는 거였다. 시간 쪼개 사는 미국 생활에 기껏 여기까지 온 마당에 싫다는 녀석에게 화가 나서, "네가 오자고 조르고 나서 무슨 소리냐?"고 야단을 했더니 아이는 벌써 나가고 없었다.

"먹고 싶지 않아!"
뒤쫓아 나온 내게 아이가 하는 소리다.
"도대체 왜 그러는 거야?"
"엄마가 창피해서 그래!"
내 머리가 띵해진다.
"뭐가 창피한데?"
솟구치는 혈압을 누르고 마른입에 침을 바른 후 물었다.
"그렇게 줄 설 줄을 몰라?"

아이가 뱉어내는 소리다.

"들어가자마자 줄 섰는데?"

"거봐. 엄마는 새치기 하고도 새치기 한 줄도 모르잖아!"

아이가 화를 낸다. 맥도날드 가게 속을 들여다 보며 내가 섰던 자리를 다시 한 번 점검해 봤다.

'아, 내가 잘 둘러보지 않고 느긋하게 서서 떠들고 있는 사람들 앞으로 들어갔던 거였구나!'

"미안해. 내가 잘 못했어. 앞으론 안 그럴게."

나는 아이한테 용서를 구했다.

하지만 나는 아직도 내 속에 새치기 근성이 잠재해 있음을 너무 잘 안다. 자라면서 사람 사는데 필요한 기본을 많이 놓친 건 사실이지만, 지금 이 나이에 와서 우리 교육 어쩌고 핑계 대려니 유치하고, 초라하고, 궁색하기 짝이 없다. 그게 나뿐은 아닌 것 같다.

한인 사회와 어지러운 한국 정치판 보면, "야, 저 사람들 초등학교 나온 것 맞아?" 하는 생각이 들 때가 한두 번이 아니다.

간판들은 휘황해도, 무슨 대학에, 무슨 박사에, 하며 날려도 행동하는 모양새는 영 딴판인 때문이다. "그런데 왜 내 눈엔 핑계에 궁색한 내 모양새보다 남의 허점은 잘 보이는 걸까?" 하는 생각이 든다. 그 또한 제대로 받지 못한 초등교육 때문은 아닐까? 난 왜 이다지도 여기 저기 핑계를 찾는 걸까? 다 집어치고 나 자신에게 항상 먼저 물어야겠다.

"당신 초등학교 졸업 맞아?

_중앙일보 미주판, 2007년 11월 16일

4. 신약교회도 '내면화'와 '제도화'가 필요하다

신약교회는 믿음과 성령만을 너무 강조한 나머지 유대인의 율법과 전통을 너무 업신여겼다. 특히 개신교회는 교회법이나 전통이 너무 빈약하다. 신약교회의 역사를 보면 성령이 강하게 역사했을 때는 교회가 급성장했으나 성령이 약해지면 교회가 사라지곤 했다. 그 뒤에는 다만 성령께서 지나가셨던 흔적들, 교회 건물과 기도원 등만 남았을 뿐이다.

문제는 어느 개인이나 교회나 민족이나 항상 성령이 충만할 수는 없다는 사실이다. 신앙에도 굴곡이 있게 마련이다. 인간이나 교회나 오래가면 첫사랑을 잃게 된다. 이때가 문제다. 역사적으로 보면 초대교회인 예루살렘 교회나 안디옥 교회, 고린도 교회 및 터키에 있는 요한계시록에 나타난 7교회(요한계시록 2-3장)가 모두 그랬다. 이 교회들은 현재 성령께서 지나가셨던 터만 남았지 성령도 하나님의 말씀도 없는 관광지화되었을 뿐이다. 신약 시대 2천년의 역사도 마찬가지이다.

왜 이런 결과를 낳았는가? 성령이 떠난 이후에도 가정이나 민족이 하나님의 말씀을 전수할 방법은 없는가? 유대인의 종교교육을 상고하며 그 해결책 일부를 찾아보자.

유대인의 역사를 보면, 구약의 그들도 첫사랑을 잃는 역시의 주기와 패턴이 신약교회와 같다. 가나안 정복 후 사사기의 초기에는 신앙이 좋았으나 후반에는 완전히 타락했다. 왕정 시대에도 다윗이나 솔로몬 시대에는 신앙이 좋았으나 후기에는 북왕국이나 남왕국 모두 패역하여 아시리아나 바빌로니아의 노예로 잡혀가는 수모를 겪었다.

그럼에도 불구하고 유대인들은 어떻게 자신들의 토라(하나님의 말씀, 율법)를 계속하여 자녀들에게 전수하는 데 성공했는가? 저자 주 물론 아시리아로 잡혀간 유대인은 예루살렘으로 돌아오지 못했다. 유대인은 어떻게 하나님의 영(Spirit, 성령)이 떠났을 때도 계속 하나님의 율법을 전수할 수 있었는가?

유대인은 성령의 능력이 약해졌을 때라도 자신들의 율법과 율법에 기초하여 율법을 더 잘 지키기 위해 만들어진 각종 규례와 전통을 만들었고 이를 열심히 지켜왔기 때문이다. 율법과 율법에 기초하여 만들어진 각종 규례와 전통은 일종의 종교의 내용을 담는 그릇인 조직(structure) 혹은 틀(frame)이나 교육의 형식(forms)을 말한다.*

이것을 사회적 용어로 표현한다면, 하나의 인프라(infrastructure) 구축이다. 하나의 사회공동체가 형성되려면 생활의 기반을 형성하는 중요한 구조물로서 도로·전기·수도·철도·통신시설 등을 먼저 구축하는 것처럼, 신앙생활을 제대로 하려면 이런 제도적 인프라가 필요하다. 이것을 견고하게 만들어 놓아야 신앙생활을 구체적으로 잘 할 수 있다. 그리고 오랫동안 그 신앙을 지속할 수 있다. 그렇지 않고 교육의 내용인 성령(신앙)만 들어갈 경우에는 질서가 없어 혼잡해진다. 그리고 성령이 충만할 때는 교회생활을 충실하게 하지만, 그렇지 않을 때는 교회생활을 소홀히 하기 쉽다. 즉 일정한 원칙이나 습관에 의한 신앙생활이 아니라 기분에 따른 신앙생활을 할 수 있다.

유대인은 율법과 율법에 기초하여 만들어진 각종 규례와 전통(인프

---

* 물론 613개의 율법 중에도 선민교육의 내용적인 것과 형식적인 것이 있다. 여기에서는 교육의 형식적인 측면에서 율법을 말한다.

라)을 지킬 때 비록 그 틀 안의 내용인 성령(EQ)과 사랑이 잠시 떠났다 하더라도 종교의 틀 혹은 조직은 계속 유지되었다. 때문에 비록 성령이 메마른 건조한 율법(말씀)이라도 전수될 수 있었다. 이때는 율법주의(legalism)를 지나치게 신봉하는 율법주의자들이 득세한다.

바울은 이러한 율법주의자들을 "경건의 모양은 있으나 경건의 능력은 부인하는 자들(having a form of godliness but denying its power)"(딤후 3:5)이라고 혹평했다. 그러다가 때가 차서 하나님이 선지자를 통해 그들을 회개케 하면 다시 성령의 능력이 백성들의 마음에 충만케 되어 온전한 유대주의를 지탱하여 왔다.

종교심리학자 앨포트(Allport)는 회개하고 성령을 받은 상태를 '내면화(interiorized)' 그리고 이와 대조되어 영성이 없는 조직의 개념으로 '제도화(institutionalized)'라는 용어를 사용했다(Religion Prejudice, 1959).

그렇다면 이러한 유대인의 생존 방식은 신약교회에서는 찾을 수 없는가? 물론 찾을 수 있다. 로마 천주교나 희랍 정교회의 생존 방식이 바로 그것이다. 그들의 교회 의전은 구약의 것들과 비슷한 것이 많다. 다시 말하면, 2천 년간 거의 세대차이 없는 교회법과 전통을 갖고 있다. 예를 들면, 신부나 수녀의 혼인 금지나 예배 의식 및 절기 예식 등이다.

그 결과 그들은 2천 년 교회사에 많은 오류가 있었음에도 불구하고 현재까지 생존해 왔다. 그들도 유대인처럼 처음에는 성령과 은혜로 시작되었지만 세월이 흐르면서 율법과 전통만 남은 채 속만 부패하던 암흑의 시대가 많았다.

그때마다 새로운 하나님의 지도자가 등장하여 회개운동을 하면 교회가 새롭게 변화하곤 했다. 현재 천주교도 일부에서는 과거 자신들의 잘못을 뉘우치고 자신들의 전통적인 제도 안에서 개신교의 말씀

운동과 성령 운동을 모방하여 시작하고 있지 않는가?*

개신교회 측에서 보면 천주교는 교권주의가 강하고, 하나님의 말씀은 약하고 성령 운동도 약하다는 약점을 많이 지적한다. 그러나 교육학적 측면에서 그들의 견고한 교회법과 전통은 개신교가 배울 만하다.

교육학적 측면에서 한국의 유교는 어떠한가? 유교의 교육 내용은 인(仁), 즉 사랑이다. 그 인을 담는 그릇은 유교의 율법들, 즉 양반의 도리(예, 禮)와 전통이다(차후 더 자세히 설명함). 유학자들도 유대인처럼 처음에는 인간다운 인간의 마음인 사랑으로 시작해 양반의 도리와 전통을 만들었지만 세월이 지나면서 양반의 허례허식만 남고 속은 썩은 시대가 되었다. 즉, 양반들이 율법주의자가 된 적이 많았다. "제사에는 마음이 없고 제삿밥에만 마음이 있다"라는 한국의 속담이 바로 이를 대변한다.

한국의 양반들도 유대인의 바리새파처럼 더 양반다운 양반이 되기 위해 수많은 규례와 법도를 만들어 왔다. 조선 시대 한국 양반가의 까다로운 행동지침이나 제사법은 유대인과 너무 비슷하다. 이 역시 율법적인 면에서 유대인과 매우 닮았다.

절기와 문화 구조의 파워가 전도와 종교교육에 얼마나 강력한 영향을 주는지는 선교 현장에서도 발견된다. 모슬렘권에서 10년 이상 선교 사역을 했던 김영재 목사가 쉐마지도자클리닉에 참석한 후 쓴 간증문의 일부다. 참고로 김영재 목사는 장로교 고려측 목사이며 모슬렘권 선교 사역을 10년 이상 했다.

---

* 여기에서 천주교의 신학을 전적으로 찬성한다는 뜻이 아니고 교육의 형식을 예로 든 것이다.

모슬렘 지역에서 선교 사역을 하면서 느낀 점은 죽은 종교인 모슬렘은 큰 힘 안들이고도 사람들을 모슬렘화하면서 지경을 성공적으로 넓혀가고 있는데, 기독교는 생명을 살리는 참 종교인데도 왜 모든 힘과 열성을 다해도 잘 되지 않는가 하는 문제로 고민했습니다.

그런데 그것은 문화적 배경과 구조에 기인하다는 것을 깨달았습니다. 그들은 절기와 문화 구조 등이 강한데 비해 한국 기독교는 복음만 있지 기독교 절기나 문화 구조가 너무 약하다는 것을 깨달았습니다. 이번에 교수님의 강의를 듣고 그 원인과 대안에 적극 더 공감하게 되었습니다. (김영재, 2004년 10월 21일)

이는 무엇을 말하는가? 신약의 개신교회 특히 한국 교회는 믿음만을 강조하는 내면화(interiorized)'와 더불어 교육의 형식인 '제도화(institutionalized)'가 시급하다는 것을 뜻한다.

유대인은 율법에 기초하여 만들어진 각종 규례와 전통(인프라)을 지킬 때
비록 그 틀 안의 내용인 성령(EQ)이 잠시 떠났더라도
종교의 틀, 혹은 조직은 계속 유지되었다.
그렇지 않고 교육의 내용인 성령(신앙)만 들어갈 경우에는
질서가 없어 혼잡해진다.
즉 율법이 없을 경우 성령이 충만할 때는 교회생활을 충실하게 하지만,
성령이 약해지면 교회생활을 소홀히 하기 쉽다.

5. 대안: 한국인 기독교인에 맞는 율법과 전통을 만들어야 한다

A. 전통이 형성되는 과정

전통은 어디에서 나오는가? 습관에서 나온다. 습관은 어떻게 형성되는가? 반복적인 행동을 통해 이루어진다. 즉 부모가 자녀에게 반복적으로 어떤 특정한 행위를 가르칠 때 만들어진다.

습관(習慣)의 뜻을 한자 풀이로 알아보면 더 이해가 잘 간다. 습관은 '익힐 습(習)'과 '버릇 관(慣)'의 합성어다. '習(습)'은 '羽(깃 우)'와 '白(흰 백)'의 합성어다. '羽(깃 우)'는 새의 날개를 뜻한다. '白'은 百(백)에서 위의 '一(일)'을 뺀 99라는 뜻을 갖고 있다. 이 말의 뜻은 새끼 새가 두 날개를 99번이나 퍼덕이면서 연습을 해야 비로소 창공을 날 수 있다는 뜻이다. 반복적인 연습 없이는 날 수 없다는 뜻이다. 즉 새는 날 때부터 창공을 나는 것이 아니다. 부단한 날개 짓을 반복해 연습을 해야 날 수 있다. 그 반복이 버릇(慣: 버릇 관)이 된 것이 습관이다. 자녀교육도 마찬가지다. 어려서부터 인간의 도리를 율례와 법도에 맞게 반복적으로 연습을 시켜 경건한 자손(말 2:15)으로 키워야 한다.

쉐마지도자클리닉에 참석했던 어느 목사가 유대인 랍비 애들러스테인 씨에게 이렇게 물었다.

"율법을 행하는 것이 너무 힘들지 않습니까?"

그는 이렇게 답변했다.

"자전거를 배울 때 처음에는 몇 번 넘어지지만, 반복해서 연습하다 보면 쉽게 달릴 수 있는 것처럼, 율법도 처음에는 거북스럽지만 어려서부터 계속 반복하여 가르치다 보면 자기도 모르게 습관이 되어 힘들지 않고 기쁨으로 행할 수 있습니다."

따라서 교육학적 측면에서 전통이 형성되는 과정을 이렇게 정리할 수 있다.

"교육은 반복이다."
"반복은 습관을 낳는다."
"습관은 경건에 이르게 한다."

'경건에 이른 습관'이 대를 이어 지켜지면 이것이 바로 전통이 되고 미풍양식이 되는 것이다. 물론 그 전통에는 교육의 내용인 조직적인 사상과 철학적 논리(기독교에서는 신학)가 있어야 한다.

자녀교육에 교육의 형식인 예절교육과 정신적인 논리교육 중 어느 것을 먼저 가르쳐야 하는가? 예절교육이다. 예절교육은 마음과 몸을 동시에 움직여 습관이 되어야 하기 때문에 철들기 전 어려서부터(2세부터) 몸을 움직이며 눈으로 보여주며 시작해야 한다. 그 후 이성이 발달한 후(3세 이후) 정신적인 논리교육을 서서히 시켜야 한다.

'경건에 이르는 습관'이 대를 이어 지켜지면
이것이 바로 전통이 되고 미풍양식이 되는 것이다.
물론 그 전통에는 교육의 내용인 조직적인 사상과
철학적 논리(기독교에서는 신학)가 있어야 한다.

B. 서양 것 모방은 그만하고 한국 것 개발해야

인성교육에 유익한 전통이 유대인에게만 있는 것이 아니다. 우리나라도 유대인처럼 좋은 선비들의 전통이 많았다. 우리 조상들에게는 고귀한 청렴결백한 선비사상이 있었다는 사실을 기억해야 한다. 또 3대가 한 집에서 더불어 사는 지혜가 있고, 위아래의 사랑과 따뜻함, 마을 공동체를 위한 희생정신, 아무리 가난해도 흩어지지 않는 고고한 자세, 효 사상 등이 있다.

더 구체적으로는 식사를 할 때 아래 사람은 어른이 수저를 들기 전에 수저를 들지 않는 습관, 어른에게 큰절 하기, 무릎 꿇고 앉기, 공손하게 인사하기, 경어 사용, 친지의 장례식 때 밤을 새며 도와주기 등이다.

그것들이 특수 계시인 하나님 말씀 안에서 형성된 것은 아니지만, 양반의 도리와 전통 중에서 기독교의 교육 내용을 근거로 한국 기독교인의 교육 형식을 재정립한다면 매우 가치 있는 훌륭한 교육의 모범이 될 수 있다. 왜 한국 기독교인의 교육 형식을 꼭 서양의 형식만 고집해야 하는가? 그것은 잘못된 것이다.

한국 교회사를 돌아보면 이미 우리 신앙의 선조들이 교육 내용은 성경이지만 형식은 한국적인 것을 많이 개발했다. 한복을 입고 설교하고, 새벽예배를 철저히 행하고, 누구에게나 예의바르고, 주의 종을 섬기고, 산에 가서 기도하기를 좋아하고, 나라와 민족을 위해 기도하고, 부모에게 한국식으로 효를 행한 일 등이다.

다만 이런 좋은 점들이 후대가 업신여기고 서양의 것만 모방하는 사이에 거의 사라지고 있음이 안타깝다. 이제 한국 교회는 한국에 유교가 강했을 때는 그나마 예의가 서 있었는데, 기독교가 들어 온 후

마포삼열(Samuel A. Moffett) 박사, 길선주 목사(가운데), 이길함 및 기독교 지도자들. 한국의 초대교회 지도자들은 지극히 한국적이었다. 모두 한복을 입고 길선주 목사는 머리에 상투를 틀고 갓까지 썼다. 그들은 전형적인 신앙 좋은 한국인 기독교인이었다.

오히려 예의가 없어졌다는 사회 일각의 비난에 겸손히 귀 기울여야 한다.

한국의 개신교회도 이런 약점을 보완하기 위해서 율법과 성령 운동의 조화를 이루어야 한다. 율법(하나님 말씀)에 근거한 한국적인 전통을 만들어 세대차이 없이 가정과 교회에서 철저히 지켜 나가야 한다. 문제는 율법과 전통을 지나치게 강조하면 종교의 껍데기만 강조하는 율법주의자들이 되고, 성령 운동만 너무 강조하면 기차가 레일을 벗어나듯 가끔 신비주의 문제를 일으켜 이단으로 빠질 소지가 있다는 점이다. 따라서 율법과 성령은 조화와 균형을 이루어야 한다.

　결론적으로 우리 민족은 성령운동을 계속하면서도 먼저 자신의 가정에서 2세 자녀에게 말씀을 가르친 뒤 이웃 전도와 세계 선교를 실천해야 한다. 그리고 성령을 중시하면서도 율법과 전통을 강조하는 신약교회가 되어야 주님 오실 때까지 제사장의 민족으로 살아남을 수 있다.

한국 교회사를 돌아보면 이미 우리 신앙의 선조들이
교육 내용은 성경이지만 형식은 한국적인 것을 많이 개발했다.
한복을 입고 설교하고, 새벽예배를 철저히 행하고,
누구에게나 예의바르고, 주의 종을 섬기고,
산에 가서 기도하기를 좋아하고, 나라와 민족을 위해 기도하고,
부모에게 한국식으로 효를 행한 일 등이다.

III. 동양인 예절의 근거: 삼강오륜(三綱五倫)과 신언서판(身言書判)

동양인의 기본 예절은 어디에 근거하는가? 크게 2가지에 근거한다. 첫째, 유교에서 인간관계를 위해 제정한 삼강오륜(三綱五倫)이고, 둘째, 지도자가 갖추어야 할 4가지 덕목, 신언서판(身言書判)이다. 예는 삼강오륜(三綱五倫)과 신언서판(身言書判)을 잘 지키기 위한 교육의 형식이다. 그 내용을 살펴보자.

1. 삼강오륜: 인간관계의 기본 도리

A. 삼강오륜의 기본 뜻

유교에는 인간이 지켜야 할 3가지 기본 강령과 5가지 실천적 도덕 강령, 즉 삼강오륜(三綱五倫)이 있다. 삼강오륜은 원래 중국 전한(前漢) 때의 거유(巨儒) 동중서(董仲舒)가 공맹(孔孟)의 교리에 입각하여 삼강오상설(三綱五常說)을 논한 데서 유래되었다.

삼강은 아버지와 아들, 임금과 신하, 남편과 아내의 기본 도리를 수직적인 관계에서 아랫사람이 윗사람에게 해야 할 도리를 언급했고,

오륜(五倫)은 인간 사회에서 지켜야 할 기본적인 5가지 인륜(人倫)을 언급했다.

이것은 중국뿐만 아니라 한국에서도 조선 시대부터 오랫동안 사회의 기본적 윤리로 존중되어 왔다. 물론 오늘날 너무 현실에 맞지 않는 행동 지침들은 약간의 수정이 필요하나, 대부분 지금도 한국인이 마땅히 지켜야 할 윤리 도덕의 기본이다. 다음은 그 내용이다.

1. 삼강(三綱)

첫째, 군위신강(君爲臣綱): 신하는 임금을 섬기는 것이 근본이고,

둘째, 부위자강(父爲子綱): 아들은 아버지를 섬기는 것이 근본이고,

셋째, 부위부강(夫爲婦綱): 아내는 남편을 섬기는 것이 근본이다.

2. 오륜(五倫)

오륜은 《맹자》에서 처음 나오는 말이다. 삼강을 더 양적이나 질적으로 발전시킨 인간관계의 기본 도리를 가르친 것이다. 양적으로는 2가지를 더하고, 질적으로는 더 구체적으로 설명했다. 특히 송나라 때 주희(朱熹)가 오륜을 강조했다. 주희는 오륜에 대해 이렇게 말했다.

> 부자(부모와 자녀)와 형제는 천륜(天倫)이다. 후천적으로 어우러지는 관계는 3가지인데 부부와 군신(임금과 신하)과 붕우(친구 사이)의 관계다. 부부는 천륜을 지속시키는 것이고, 군신은 천륜이 그를 통해 완전하게 되는 것이다. 이것은 인도(人道)를 바로 잡는 것이고, 인간 행위의 표준이 되는 것으로서 하루라도 없어서는 아니 되는 것이다.

한국인은 유교에 의한 충효사상이 강했다. 특히 군사부일체(君師父一體)에 대한 권위와 존경을 강조했다.
사진은 조선 말 서당의 교육 모습. 과거 우리 나라의 서당에서는 인간다운 인간교육을 위한 수직문화만을 가르쳤다. 사진 출처: 한국 고등학교 '교육학' 교과서, 1995년.

인간은 사회적 동물이며 공동체를 이루며 살고 있다. 이것은 가정과 사회, 그리고 국가라는 공동체의 질서, 사랑과 협력이 아름답게 이룰 수 있는 인간관계를 설명한 것이다. 이것들을 구체적으로 실천하기 위해 만든 교육의 형식들이 바로 예다(예:부모에게 큰절 하기, 상석에는 어른이 앉음, 경조사에 축의금과 부조금 내기 등).

첫째, 군신유의(君臣有義): 임금과 신하의 관계에는 의리가 있어야 한다.
이것은 후천적인 인위적 결합에 의한 윤리규범이다. 군주는 통치의 주체이고 신하는 보좌하는 관계다. 따라서 임금과 신하의 관계를 결속하는 것은 의리라고 할 수 있다. 이것을 실현하기 위해 임금은 의로워야 하고, 신하는 충성해야 한다(君義臣忠).

둘째, 부자유친(父子有親): 아버지와 자식의 관계에는 애정이 있어야 한다.

이것은 혈연으로 맺어진 부모와 자식 간의 윤리규범이다. 따라서 아버지는 자식을 사랑하고 자식은 부모에게 효도해야(父慈子孝) 하는 구체적인 관계다.

셋째, 부부유별(夫婦有別): 부부 간에는 분별이 있어야 한다.

이것은 부부 사이의 윤리규범이다. 남편과 아내는 가정을 이루는 기초다. 가정에서 남편과 아내가 해야 할 도리가 다르다. 따라서 아무리 부부라 하더라도 남편과 아내는 각기 할 도리를 지켜야 한다.

넷째, 장유유서(長幼有序): 장유(長幼)에는 차서(差序)가 있어야 한다.
이것은 연령적 질서를 확립하려는 윤리규범이다. 어른은 어린 사람을 잘 인도하고, 어린 사람은 어른을 잘 받들고 따라야 한다. 형제간에도 형은 아우를 사랑하고 아우는 공손해야 한다(兄友弟恭).

다섯째, 붕우유신(朋友有信): 친구 간에는 신의가 있어야 한다.
위의 내용의 기본 개념은 윗사람과 아랫사람의 상하관계, 즉 수직적 관계다. 따라서 신하는 임금에게, 아들은 아버지에게, 아내는 남편에게, 연소자는 연장자에게 순종하며 그들을 존경해야 한다. 그리고 윗사람들은 아랫사람들에게 의와 사랑을 베풀어야 한다.

성경에도 삼강오륜에 관한 말씀이 있는가? 물론 있다. 함께 살펴보자.

B. 성경에도 삼강오륜(三綱五倫)이 있다

앞에서 동양의 삼강오륜의 기본 뜻을 설명했다. 이것은 기본적으로 성경의 가르침과 같다.

1) 성경의 삼강(三綱)

먼저 성경이 삼강(三綱)에 대해 어떻게 말씀하시는지 살펴보자.

첫째, 군위신강(君爲臣綱): 신하는 임금을 섬기는 것이 근본이다.

성경에는 하나님이나 예수님을 왕으로 표현했다(시 72:11, 74:12; 사 9:6; 렘 10:10; 눅 19:38).

> 오직 여호와는 참 하나님이시요 사시는 하나님이시요 영원한 왕이시라 그 진노하심에 땅이 진동하며 그 분노하심을 열방이 능히 당치 못하느니라. (렘 10:10)

> 가로되 찬송하리로다 주의 이름으로 오시는 왕이여 하늘에는 평화요 가장 높은 곳에는 영광이로다. (눅 19:38)

성경은 신하와 백성은 왕을 공경하며 섬기는 것이 기본이라고 했다(벧전 2:17).

둘째, 부위자강(父爲子綱): 아들은 아버지를 섬기는 것이 근본이다.

성경도 부모를 공경하는 것이 약속 있는 첫 계명이라고 가르친다(출

20:12; 엡 6:2-3).

셋째, 부위부강(夫爲婦綱): 아내는 남편을 섬기는 것이 근본이다.

성경도 아내는 남편을 섬기는 것이 근본이라고 가르친다(골 3:18-19).

2) 성경의 오륜(五倫)

이제 성경이 오륜에 대해 말씀하시는 것을 살펴보자.

첫째, 군신유의(君臣有義): 임금과 신하 사이의 도리

성경도 임금과 신하 사이의 도리(윗사람과 아랫사람 사이의 도리)에서 임금은 의로워야 하고, 신하는 충성해야 한다고 가르친다. 성경에는 하나님이나 예수님을 왕으로 비유했다(시 72:11, 74:12; 사 9:6; 렘 10:10; 눅 19:38).

훌륭한 "왕의 능력은 공의를 사랑하는 것이다"(시 99:4). 왕이 가난한 자를 성실히 신원하면 그 위가 영원히 견고해진다(잠 29:14).

성경은 신하나 백성들은 왕을 공경하며 섬기라고 했다(시 72:11; 벧전 2:17). 종들에게도 주인을 두려워하고 떨며 성실한 마음으로 육체의 상전에게 그리스도께 하듯 순종하고 섬기라고 했다(창16:9; 삼상 24:7-12; 엡 6:5; 골 3:22; 딤 6:2).

> 각 사람은 위에 있는 권세들에게 굴복하라 권세는 하나님께로 나지 않음이 없나니 모든 권세는 다 하나님의 정하신 바라 그러므로 권세를 거스리는 자는 하나님의 명을 거스림이니 거스리는 자들은 심판을 자취하리라 관원들은 선한 일에 대하여 두

려움이 되지 않고 악한 일에 대하여 되나니 네가 권세를 두려워하지 아니하려느냐 선을 행하라 그리하면 그에게 칭찬을 받으리라. (롬 13:1-3)

특히 성경은 신하나 아랫사람들이 왕이나 상전에게 순종하고 충성할 것을 강조했다(에 7:9; 잠 14:35; 엡 6:5). 예수님도 착하고 작은 일에 충성한 종에게 더 큰 것을 맡기신다고 말씀하셨다(마 25:21). 바울은 맡은 자들에게 구할 것은 충성이라고 말했다(고전 4:2). 그리고 왕이나 상전들에게는 아랫사람들에게 선을 행하고 의롭게 할 것을 강조했다(롬 13:3; 엡 6:9).

둘째, 부자유친(父子有親): 부모와 자녀 사이의 도리

성경도 자녀들에게 부모를 공경하고 부모는 자녀들을 사랑하라고 가르친다(출 20:12; 엡 6:2-3).

자녀들아 너희 부모를 주 안에서 순종하라 이것이 옳으니라 네 아버지와 어머니를 공경하라…… 또 아비들아 너희 자녀를 노엽게 하지 말고 오직 주의 교양과 훈계로 양육하라. (엡 6:1-4)

셋째, 부부유별(夫婦有別): 남편과 아내 사이의 도리

성경도 아내에게 남편을 섬기고 남편은 아내를 사랑하라고 가르친다(골 3:18-19).

아내들이여 자기 남편에게 복종하기를 주께 하듯 하라. (엡 5:22)

> 남편들아 아내를 사랑하며 괴롭게 하지 말라. (골 3:19)

넷째, 장유유서(長幼有序): 연령적 질서

성경도 나이든 사람을 공경하라고 가르친다(레 19:32).

> 너는 센 머리 앞에 일어서고 노인의 얼굴을 공경하며 네 하나님을 경외하라 나는 여호와니라. (레 19:32)

다섯째, 붕우유신(朋友有信): 친구 간에 신의

성경도 친구 사이에 신의를 지키라고 가르친다(잠 27:6, 10; 요 15:13-14).

> 네 친구와 네 아비의 친구를 버리지 말며 네 환난 날에 형제의 집에 들어가지 말지어다 가까운 이웃이 먼 형제보다 나으니라. (잠 27:10)

> 사람이 친구를 위하여 자기 목숨을 버리면 이에서 더 큰 사랑이 없나니 너희가 나의 명하는 대로 행하면 곧 나의 친구라. (요 15:13-14)

따라서 삼강오륜은 한국인뿐만 아니라 동양인 그리고 모든 인류가 가정과 사회 그리고 국가라는 공동체의 평화와 질서를 유지시키기 위해 마땅히 지켜야 할 도덕적 및 윤리적인 기본 강령이다. 특히 기독교인은 성경 말씀을 따라 더 잘 지켜야 한다.

그래서 성경을 몰랐던 옛 유학자들도 사회의 모든 관계들이 하늘로

동양의 오륜과 성경의 오륜 비교

구분	동양의 오륜	성경의 오륜
첫째	군신유의(君臣有義): 임금은 의로워야 하고, 신하는 충성해야 한다(君義臣忠).	왕은 공의를 행하고 가난한 자를 성실히 신원해야 한다(시 99:4; 잠 29:14). 임무를 맡은 자(신하)가 구할 것은 충성이다(고전 4:2).
둘째	부자유친(父子有親): 아버지는 자식을 사랑하고 자식은 부모에게 효도해야(父慈子孝) 한다.	아비들은 자녀를 노엽게 하지 말고, 자녀들은 부모에게 순종하고 공경해야 한다(출 20:12; 엡 6:1-4)
셋째	부부유별(夫婦有別): 부부 간에는 분별이 있어야 한다.	남편들은 아내를 사랑하며, 아내들은 자기 남편에게 복종해야 한다(엡 5:22; 골 3:19).
넷째	장유유서(長幼有序): 연령적 질서를 확립하려는 윤리규범이다.	연장자(센 머리) 앞에 일어서고 노인의 얼굴을 공경해야 한다(레 19:32).
다섯째	붕우유신(朋友有信): 친구 간에는 신의가 있어야 한다.	사람이 친구를 위하여 자기 목숨을 버리면 이에서 더 큰 사랑이 없다(요 15:13).
결론	성경도 동양의 삼강오륜에 관한 도덕과 윤리의 기본 개념을 동일하게 가르친다. 따라서 기독교인도 삼강오륜을 지켜 행해야 한다.	

부터 정해진다고 말했다(Yoo, 1987, p. 135). 이것은 인간 사회의 바른 질서의 강령도 하나님이 창조하신 것이고, 인간은 그 질서의 강령을 따라야 한다는 뜻이다.

미국의 유명한 선교학자 랠프 윈터(Ralph Winter) 박사는 한국인의 가족 사랑과 예를 너무 부러워했다. 그는 강의 시간에 이런 말을 한 적이 있다(1988년).

> "한국인이 가족끼리 어울리는 모습이 너무나 아름답습니다. 부모는 자녀를 사랑하고, 동기간에 우애 있고, 어른들을 공경하는 모습입니다. 그런데 왜 한국의 젊은이들이 잘못된 미국인의 개인주의를 배우려하는지 이해가 안 됩니다. 그러지 마세요!"

댈러스 신학교의 유명한 구약학 교수인 유진 메릴(Eugene Merrill) 박사도 저자에게 이렇게 말한 적이 있다(2008년 4월).

"한국의 젊은이들이 어른을 공경하는 모습은 너무 아름답습니다."

이것은 외국 신학자들의 눈에 비친 한국인의 삶이 그만큼 자신들(서구)보다 더 아름답다고 성경적이라는 뜻이다. 그 이유는 한국인 가정에서 부모가 대대로 자녀들에게 삼강오륜을 가르쳐 왔기 때문이다. 물론 정통파 유대인도 성경의 가르침을 따라 이런 삼강오륜 교육을 시켰기 때문에 그들의 인성이 좋은 평가를 받는 것이다.

그런데 왜 이런 한국의 미풍양속이 점점 사라져 가는가? 왜 이런 것을 가르치려 하면, 옛것이라고 우습게 여기는가? 서양의 IQ교육에 가려 우리의 좋은 것들을 보지 못한 결과다. 물론 삼강오륜을 실천하는 과정에서 실천 규정들이 너무 강자 위주로 되어 있어 약자들이 아픔을 겪은 것 또한 사실이다(예: 칠거지악의 일부 불합리한 것들). 이런 것들은 합리적으로 고쳐야 한다.

그리고 일부 상석에 앉은 사람들이 행한 잘못된 권위주의 때문에 상처받은 이들이 많다는 것, 또한 사실이다. 그러나 그것은 그들이 삼강오륜을 실천하는 데서 그것을 남용한 것이지 삼강오륜의 근본정신

---

* 권위주의 문제와 대안은 저자의 《유대인 아버지의 4차원 영재교육》(동아일보, 2007년) 제1부 III. 2. '권위와 권위주의의 차이' 참조.

자체가 잘못된 것은 아니다.*

또 한 가지 짚고 넘어가야 할 대목이 있다. 왕과 신하 그리고 백성과의 관계다. 이것은 현대 민주주의 시대에는 맞지 않는 부분이 있다. 옛날 왕에 대한 절대적인 순종을 요구하는 왕권은 실천하기 힘들다. 왜냐하면 현대는 국민이 대통령을 선택해서 세우는 시대이기 때문이다.

그럴지라도 국민들은 대통령의 권위를 인정하고 존경해야 한다. 특히 대통령을 보좌하는 국무위원들은 대통령에게 충성을 다해야 한다. 이것이 안 되면 국가의 기강이 무너지기 쉽다. 그리고 이것을 잘 지키는 것이 성숙한 국민들이 마땅히 지켜야 할 덕목이며 의무다. 그런 면에서 삼강오륜의 큰 틀은 현대에도 적용될 수 있다고 생각한다.

다만 모든 분야에 현대에 맞는 지혜로운 민주적인 방법이 더 요구될 뿐이다. 특히 가정이나 사회에서 지도자의 위치에 있는 사람들은 군림하는 자세를 버리고 사랑과 섬기는 자세의 리더십이 필요하다. 특히 기독교인들은 예수님의 이 두 말씀에 귀를 기울려야 한다.

> 무릇 자기를 높이는 자는 낮아지고 자기를 낮추는 자는 높아지리라 하시니라. (눅 18:14)

> 내가 주와 또는 선생이 되어 너희 발을 씻겼으니 너희도 서로 발을 씻기는 것이 옳으니라.
> 내가 너희에게 행한 것같이 너희도 행하게 하려 하여 본을 보였노라. (요 13:14-15)

유교에는 인간이 지켜야 할 3가지 기본 강령과 5가지 실천적
도덕 강령, 즉 삼강오륜(三綱五倫)이 있다. 물론 약간의 수정은 필요하나
지금도 한국인이 마땅히 지켜야 할 윤리 도덕의 기본이다.
이것은 기본적으로 성경의 가르침과 같다.

2. 신언서판(身言書判): 지도자의 기본 덕목

A. 지도자가 갖추어야 할 4가지 덕목: 신언서판

1) 신언서판의 내용

옛날 한국에서 가르치던 교육의 내용은 주로 인성교육에 가치를 둔 고전들이다. 앞에서 한국인의 인성교육의 핵심으로 인의예지신(仁義禮智信)을 강조했다. 이는 오상(五常)으로 인간이 항상 떳떳이 지녀야 할 5가지 덕목이다.* 이는 도덕과 윤리의 기본 정신이다.

그런데 인의예지신을 삶에서 어떻게 표현해야 하는가? 《논어》에는 그 방법으로 인간이 갖추어야 할 4가지 덕목(四德)으로 요약해 놓았다. 바로 신언서판이다.** 즉 인의예지신이 도덕과 윤리의 기본 정신이라

---

* 이 책 제2권 제5부 제1장 III. '인성교육 측면에서 본 한국과 미국의 교육이념' 참조.
** 논어는 공자와 제자와의 대화를 엮은 동양의 고전이다. the Analects of Confucius, 맹자가 후에 더 구체적으로 정리했음.

면, 신언서판은 그 정신을 행하는 도덕과 윤리의 실천 방법이다.

이는 옛날 중국 당나라에서 나라에 필요한 인재를 뽑은 인사 기준이기도 하다. 즉 지도자의 인성 기준이 신언서판이다. 이는 동서고금을 막론하고 상류사회에서 인간을 평가하는 동일한 잣대로 사용된다. 그 기준을 하나씩 설명해 보자.*

지도자의 첫째 덕목, 신(身)은 몸가짐, 즉 예를 말한다. 이를 '맵시'라고도 한다. 그래서 군자는 외모가 중요하다. 타고난 건강과 외모도 중요하지만 그보다 더 중요한 것은 항상 정장을 하고 몸가짐에 흐트러짐이 없어야 한다. 따라서 덕이 있는 사람은 예의가 있어야 한다. 여성은 남성보다 더 정숙한 예의가 몸에 배도록 교육시켜야 한다.

이는 유대인이 하나님을 더 잘 섬기기 위해 항상 자신들이 정한 율례와 법도에 맞는 의복을 입고 예를 갖추는 것과 동일하다. 다만 한국인의 옷과 유대인의 의복 모양만 다를 뿐이다.

지도자의 둘째 덕목, 언(言)은 말을 통하여 믿음을 주는 신(信), 즉 신용을 쌓는 데 필요한 덕목이다. 이를 '말씨'라고도 한다. 자신의 사상을 표현하는 가장 큰 도구가 말(言)과 글(書)이다. 지혜자는 이 2가지에 능해야 한다. 군자는 항상 자신이 한 말에 대해 책임을 져야 한다. 자신이 한 말에 책임지지 않고, 말을 자주 바꾸면 신의가 없는 사람이 된다. 그리고 말에도 수직문화와 수평문화가 있다.

---

* 여기에서 인성교육의 정신인 '인의예지신'은 5가지 항목인데, 실천 방법인 '신언서판'은 4가지 항목이다. 의(義)가 빠졌으나 이는 후에 실천 방법으로 기(技)로 설명함.

따라서 덕이 있는 사람은 한 마디 한 마디 말하기 전에 생각하고, 책임질 말만 하고 행동해야 한다. 그리고 경박한 말보다는 고운 말과 고급 언어에 익숙하도록 다듬고 발전시켜 언변에도 능해야 한다. 또한 덕이 있는 사람은 말을 잘하는 것도 중요하나 더 중요한 것은 책임질 수 있는 말을 해야 한다는 점이다. 말은 자신의 인격이다. 한 인간의 인격은 그의 신용에 따라 달라진다.

성경에 근거한 유대인의 인성교육과 동일하다. 유대인은 하나님과의 언약을 맺은 백성이다(출 19-24장). 그리고 그 언약을 지키기 위해 율법을 지키는 민족이다. 유대인이 글로 쓴 계약뿐만 아니라, 사람과 사람 사이의 언약도 귀하게 생각하는 이유가 여기에 있다.

지도자의 셋째 덕목, 서(書)는 책을 많이 읽고 글을 쓸 줄 아는 지(智), 즉 '글씨'를 말한다. 여기에서 말하는 책은 수직문화에 속하는 고전을 말한다. 고전에는 삶의 지혜가 있다.

옛날 동서양의 왕들은 권력만 갖고 있는 것이 아니라 시문을 잘 썼다. 성경의 다윗이나 선지자들도 시를 많이 썼고, 한국의 지혜 있는 왕들도 시문을 잘 썼다. 칼만 가진 것으로 생각하기 쉬운 이방원(태종)도 정몽주의 마음을 떠볼 때 이런 시를 읊었다. "이런들 어떠하리 저런들 어떠하리 만수산 드렁칡이 얽혀진들 어떠하리……." 이때 정몽주는 "이 몸이 죽고 죽어 일백 번 고쳐죽어… 님 향한 일편단심 변할 줄 있으랴."로 답했다.

덕이 있는 지도자는 지혜의 글을 쓸 줄 알아야 한다. 즉, 깊은 생각을 표현할 줄 아는 문필가가 되어야 한다. 훌륭한 문필가가 되기 위해서는 먼저 어려서부터 양서를 많이 읽어야 한다. 글에도 수직문화와 수평문화가 있다. 요즘 대부분의 젊은이들은 무게 있는 글을 쓸 줄 모른다. 인터넷에 올리는 글들이 어디 글인가?

지도자의 넷째 덕목, 판(判)은 선악을 옳게 구별하고, 의로운 판단을 함으로써 어진(仁) 이가 될 수 있는 자질을 말한다. 그래야 남에게 억울함이나 손해를 끼치지 않는다. 이를 '마음씨'라고도 말한다. 사랑은 정의와 함께 공존할 수 있다. 정의 없는 사랑이란 존재 자체가 불가능하다. 왜냐하면, 정의가 없으면 악이 승할 수밖에 없기 때문이다. 따라서 덕이 있는 인자한 사람은 선악을 구별하는 판단력이 있어야 한다. 이런 사람이 진정으로 마음씨가 고운 사람이다.

성경에도 판(判)에 대한 좋은 예가 나온다. 하나님이 솔로몬 왕에게 "네게 무엇을 주기를 원하느냐?"고 물었을 때, 그는 지혜를 구했다(왕상 3:5-9). 그 이유는 선악을 잘 구별하여 백성에게 억울한 재판을 하기 위함이라고 설명했다(왕상 3:5-9). 그는 백성을 사랑하는 어진(仁) 왕이었다.

2) 신언서판의 비유: 씨줄과 날줄

신언서판의 예절교육을 다른 비유로 설명해 보자. 지구본을 보면 경도와 위도가 있다. 한국말로는 날줄과 씨줄이라고 한다. 옷감을 짤 때에도 날줄과 씨줄로 엮어서 짠다. 옷감은 날줄과 씨줄이 얼마나 더 많이 더 잘 얽혀 단단하게 짜졌느냐에 따라 가격이 결정된다. 그리고 옷감의 날줄과 씨줄의 양(量)도 중요하지만, 날줄과 씨줄의 질(質)도 중요하다. 그뿐인가? 옷감의 날줄과 씨줄을 엮는 기술 또한 중요하다. 이를 인성교육에 비유해 보자.

첫째, 옷감의 날줄과 씨줄의 양(量)은 인성교육의 내용이 많으냐 적으냐를 말한다. 동양에서는 신언서판이다. 한국의 인격교육(양반교육)의 까다로운 많은 양을 뜻한다.

둘째, 옷감의 날줄과 씨줄을 엮는 실의 질(質)은 인성교육 내용의 질을 뜻한다. 동양에서는 신언서판의 질을 말한다. 한국의 인격교육(양반교육)의 내용이 다른 나라의 것들에 비해 얼마나 합리적이고 수준이 높으냐를 뜻한다.

셋째, 옷감의 날줄과 씨줄을 엮는 기술은 인성교육의 내용을 전수하는 방법을 말한다. 즉, 부모나 스승이 신언서판을 자녀들에게 전수하는 교육 방법이다.

옷감의 날줄과 씨줄이 질도 좋고, 양도 많고, 기술적으로 조밀하게 잘 짜지면 비단처럼 비싼 가격에 팔리고, 반대로 질이 좋지 않고 양도 듬성듬성하여 적을 뿐만 아니라 실을 엮는 기술 또한 미숙하면 싸구려 천이 되어 헐값에 팔린다. 전자가 가정교육을 잘 받은 사람이라면, 후자는 가정교육 없이 제멋대로 자란 사람일 것이다.

가정교육을 잘 받았다는 말은 무슨 뜻인가? 가정에서 까다로운 율례와 법도교육을 잘 받았다는 뜻이다. 자녀들도 마찬가지이다. 얼마나 맵시가 있고, 말씨가 능하고, 글씨를 잘 쓰고, 맘씨가 고운지에 따라 그의 가치가 결정된다. 따라서 자녀의 가치는 부모의 교육으로 결정된다.

이를 한 인간에 비유하면 그의 인격, 성품, 자아형성 및 자긍심

한 인간의 품성을 결정하는 씨줄과 날줄의 비유

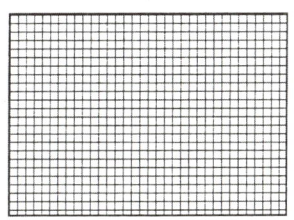

날줄과 씨줄이 곧고 조밀한 옷감

(값비싼 천과 같다)
여호와의 율례와 법도로
예의바르게 자란 자녀의 내적·외적 품성

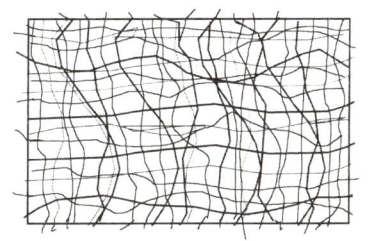

날줄과 씨줄이 구불구불하고 엉성한 옷감

(쓸모 없는 싸구려 천과 같다)
율례와 법도 없이 제멋대로 자란
버릇없는 자녀의 내적·외적 품성

(self-Esteem)이라고 말할 수 있다. 자아형성이 얼마나 잘되었느냐에 따라 그의 품격이 결정된다. 덕이 있는 사람이 갖추어야 할 신언서판(身言書判) 즉 맵시, 말씨, 글씨, 마음씨는 어려서부터 부모가 교육을 통하여 길러줄 수 있다. 4가지 덕을 갖춘 사람은 매사에 빈틈이 없다. 지혜롭다. 남을 배려할 줄 안다. 타의 모범이 된다. 진정한 가치가 있는 신사 숙녀이다.

한국의 어느 교회에서 집회를 하게 되었는데 의사이신 장로가 내게 이런 얘기를 했다.

"자녀들을 청학동(지리산 근교에 위치한 조선 시대 전통대로 사는 마을)에 한 달만 보내면 예의도 바르고 자신의 침구도 잘 개놓는 등 반듯해져서 오는데, 왜 교회에는 10년을 보내도 행동이 잘 변하지 않습니까? 그래서 우리 교회에서는 교육 목사나 전도사들을 1년간 청학동에 연수 보낼 것을 건의한 적이 있습니다."

참으로 중요한 이야기다. 그 이유는 무엇인가? 청학동에서는 한국인의 인성교육인 신언서판 교육을 조직적으로 잘 시키고, 교회에서는 복음만 가르치고 신언서판 교육을 시키지 않기 때문이다. 교회학교 학생들이 예절의 정신이나 방법을 모르는데 어떻게 바른 행동을 할 수 있겠는가?

분명한 것은 복음과 신언서판 교육은 그 목적이 다르다는 것이다. 복음은 영혼 구원에 필요한 것이지만, 신언서판 교육은 영혼 구원은 받지 못해도 한국인의 보편적 인성교육에 꼭 필요한 것이다. 복음으로 구원받은 기독교인은 비기독교인보다 신언서판 교육을 더 잘 받아 비기독교인들의 눈에도 행동으로 본을 보여야 한다. 그래야 그들에게 전도하기도 쉽다.

한국인 인성교육의 핵심은 인의예지신(仁義禮智信)이다.
이것이 도덕과 윤리의 기본 정신이라면,
신언서판(身言書判)은 그 정신을 실천하는 도덕과 윤리의 실천 방법이다.

B. 신언서판에 기(技, Technics)를 더하라

사람이 살아가는 공동체에는 윤리와 도덕도 중요하지만 가정을 보살필 수 있는 생활력도 대단히 중요하다. 따라서 오늘날과 같은 경쟁 시대에 신언서판(身言書判)이란 4가지 덕목에 한 가지 더할 교육이 있다. 기(技, Technics)이다. 이를 '재능' 혹은 '솜씨'라고 말할 수 있다. 기를 가진 사람은 자신의 능력을 개발하여 생활력이 강하다. 사람은 좋은 재능이 있어 사회에서 능력을 발휘해야 돈을 벌어 가족을 부양하고, 남도 도와줄 수 있다. 그리고 인류에 봉사할 수도 있다.

4가지 덕과 함께 기를 겸한 사람을 도덕적 인격자라고 말할 수 있다. 덕(德)이 있다고 하여 남에게 신세를 끼치면 안 된다. 이는 수치다. 따라서 인간은 각자 생업을 위한 기술을 배워야 한다. 이는 현대 학문과 현대 과학에서 담당한다. 유대인이 전 세계에서 승리하는 이유는 사덕(四德)뿐 아니라 기, 즉 재주가 타민족에 비해 유난히 뛰어나기 때문이다.

한국에서는 덕이 있는 사람들이 사회의 경쟁력에 뒤지는 경우를 많이 본다. 그리고는 세상만 한탄한다. 그것은 잘못된 것이다. 안타까운 일이다. 그 이유는 덕과 재능 2가지 영역에서 균형 잡힌 교육을 시키지 않기 때문이다. 특히 기독교인 중에 믿음이 좋다고 하면서도 생활 능력이 없는 사람이 있다. 이는 기독교교육을 잘못 받은 사람이다.

그런데 현대에 이보다 더 큰 문제는 4가지 덕에 관한 교육은 일절 시키지 않고 오직 기, 즉 재주교육에만 열을 올리는 데 있다. 덕 없이 기만 자랑하는 사람은 남을 위하기보다 자신의 유익과 쾌락만을 좇으며 살 수밖에 없다. 이런 사람은 이기적이며 개인주의가 팽배하다. 사

인간의 4가지 덕(德)과 기(技, Technics)

구분	인간의 4가지 덕				재능
오상(五常)의 실천 방법	신(身)	언(言)	서(書)	판(判)	기(技, Technics)
오상 인성 교육의 정신(목적)	예(禮)	신(信)	지(智)	인(仁)	의(義)
순 한국말	맵시	말씨	글씨	마음씨	솜씨

회 공동체에 해를 끼치게 된다.

따라서 인성의 기본이 없는 재주는 타락하고 끝내는 인간을 파멸로 인도할 뿐이다. 우리나라 자녀교육을 위한 잠언에 "재승덕(才勝德; 재주가 덕을 앞지르다)하면 안 된다."라는 말이 있다. 이 말은 오늘날 자녀에게 들려줄 귀한 명언이다.

어느 교회 장로님의 질문이다.
"자녀들을 청학동에 한 달만 보내면 예의바르고 반듯해져서 오는데 왜 교회에는 10년을 보내도 행동이 잘 변하지 않습니까?"
청학동에서는 신언서판 교육을 시키고 교회에서는 시키지 않기 때문이다.
예절의 정신이나 방법을 모르는데 어떻게 바른 행동을 하겠는가?

3. 신언서판과 기독교인의 관계

A. 왜 한국인 기독교인에게 신언서판 교육이 필요한가

인간이 갖추어야 할 4가지 덕목(四德)으로 《논어》에 소개된 신언서판 교육은 동양에만 있는가? 그렇지 않다. 기독교인의 경전인 성경에도 있다. 하나씩 성경의 가르침을 살펴보자.

첫째 덕목, 신(身)은 몸가짐, 즉 예(禮)를 말한다. 이를 '맵시' 라고도 한다.

유대인의 율법 교육에서도 교육의 형식인 예(禮)가 매우 중요시 된다. 이는 하나님과 사람 앞에 예를 행하는 것이다. 토라에 나타난 율법에도 계명(the commands)과 규례(the decrees)와 법도(the ordinances)가 있는 이유가 바로 여기에 있다(출 24:12; 신 4:8, 6:1; 대상 29:19).

제사장이 입는 옷도 일일이 법도와 규례가 있다(출 28:2-3, 31-34, 39-40; 겔 42:14, 17, 19). 하나님이 명하신 것이다. 예를 들면, 아론과 그의 아들들은 회막에 들어갈 때에나 성소에서 제사를 드리려고 제단으로 나아갈 때에, 예복을 입어서 몸 아래(하체)를 가려야 한다. 몸 아래를 노출하는 죄를 지으면 죽는다(출 28:43). 그래서 그들은 하나님을 섬길 때에 발 복숭아 뼈를 덮는 긴 예복을 입었나.

왜냐하면 그들은 하나님에게 구별된 거룩한 백성으로 하나님을 섬기는 자들이기 때문이다. 오늘날 천주교 신부들이 미사를 드릴 때 긴 도포를 입는 이유가 여기에 있다. 이것은 하나님을 더 가까이서 섬기는 자는 평신도보다 하나님에 대한 예를 더 갖추어야 한다는 것을 뜻한다.

현재 정통파 유대인은 일반인이라 해도 엄격한 옷을 입는 기준(the dressing codes)을 만들어 자녀에게 유대식 양반 옷맵시를 훈련시킨다.
신약의 예수님도 비유로 말씀하시며 임금을 뵈러 갈 때 예를 갖추기 위하여 예복 입을 것을 강조하셨다(마 22:11-12). 인간이 부모와 어른을 공경하는 것 자체가 예를 행하는 것이다. 하나님과 예수님 그리고 바울도 "네 부모를 공경하라"(출 20:12; 막 7:10, 19; 엡 6:1-3)고 말씀하셨다. 그리고 하나님은 "너는 센 머리 앞에 일어서고 노인의 얼굴을 공경하며 네 하나님을 경외하라 나는 여호와니라"(레 19:32)라고 말씀하셨다. 바울은 매사에 자기 상전에게 예를 행하여 공경할 것을 당부하였다(딤전 6:1).

둘째 덕목, 언(言)은 말을 통하여 믿음을 주는 신(信), 즉 신용을 쌓는 데 필요한 덕목이다. 이를 '말씨'라고도 한다.
예레미야 선지자는 율법에 대해 말만 하고 행치 않는 유대인을 향하여 "그들은 각기 이웃을 속이며 진실을 말하지 아니하며 그 혀로 거짓말하기를 가르치며 악을 행하기에 수고한다"(렘 9:5)라고 꾸짖었다.
예수님도 제자들에게 서기관들과 바리새인들의 말하는 바(유대인의 율법 교육)는 행하고 지키되 저희의 하는 행위는 본받지 말라고 말씀하셨다. 왜냐하면, 저희는 말만 하고 행치 아니하기 때문이다(마 23:1-7). 바울도 "저희 목구멍은 열린 무덤이요 그 혀로는 속임을 베풀며 그 입술에는 독사의 독이 있도다"(롬 3:13)라고 한탄했다. 거짓말에 능한 사람은 하나님과 사람 앞에 신용을 잃은 자다.

동양의 신언서판과 성경의 신언서판 비교

구분	동양의 신언서판	성경의 신언서판
첫째 덕목	신(身)은 몸가짐, 즉 예(禮)를 말한다.	성경도 하나님과 사람 앞에 예를 행하라고 가르친다. 제사장의 옷도 일일이 법도와 규례가 있다(출 28:2-3).
둘째 덕목	언(言)은 말을 통하여 믿음을 주는 신(信), 즉 신용을 쌓는 데 필요한 덕목이다.	기독교인은 말과 혀로만 사랑하지 말고 오직 행함과 진실함으로 해야 한다(요일 3:18). "의인의 입은 지혜를 말하고 그 혀는 공의를 이른다"(시 37:30).
셋째 덕목	서(書)는 책을 많이 읽고 글을 쓸 줄 아는 지(智), 즉 '글씨'를 말한다.	유대인은 성경을 배우고 전하기 위해 글을 배운다. 성경의 대부분의 저자들이 시라는 문학의 형태로 하나님의 말씀을 전했다. 다윗이나 솔로몬 왕도 시문을 잘 썼다.
넷째 덕목	판(判)은 선악을 옳게 구별하여 의로운 판단을 함으로써 어진(仁) 이가 될 수 있는 자질을 말한다. 그래야 남에게 억울함이나 손해를 끼치지 않는다.	의인은 선악을 구별하는 판단력이 있어 악인을 두호하지 아니하며, 약자 편에 서서 약자의 억울함을 풀어준다(신 24:17; 잠 18:5). 이런 이가 어진(仁) 이다.
결론	따라서 동양의 4가지 덕목(四德)인 신언서판은 성경을 배우는 하나님의 백성에게도 필요하다. 신언서판이 보편적 인간다운 인간을 기르기 위한 가르침이라면, 성경의 덕목은 하나님의 형상을 닮은 하나님의 백성으로 양육하기 위한 가르침이다. 하나님께서는 동양에도 각자 양심을 따라 선악을 분별하고 도덕적인 삶을 영위하기 위하여 성경의 잠언과 같은 일부 보편적 진리(예: 명심보감)를 주셨다고 보아야 한다(롬 1:19-20, 2:14-15).	

그 해결책은 어디에 있는가? 요한은 이렇게 가르친다. "자녀들아 우리가 말과 혀로만 사랑하지 말고 오직 행함과 진실함으로 하자"(요일 3:18). "의인의 입은 지혜를 말하고 그 혀는 공의를 이른다"(시 37:30).

성경교육을 받은 유대인은 말의 신용만 지키려고 노력하는 것이 아니고 글쓰기와 더불어 언변 또한 능하다. 구약이나 신약 성경을 쓴 저자들은 물론 다윗이나 솔로몬 그리고 신약의 예수님이나 바울이 그 대표적인 예다.

셋째 덕목, 서(書)는 책을 많이 읽고 글을 쓸 줄 아는 지(智), 즉 '글씨'를 말한다. 여기에서 말하는 책은 수직문화에 속하는 고전을 말한다. 고전에는 삶의 지혜가 있다.

유대인의 첫째 고전은 하나님의 말씀이다. 그리고 유대인의 부모는 하나님의 말씀을 자녀들에게 가르쳐 전수하는 것이 평생의 소원이다(신 6:4-9). "이 율법책을 네 입에서 떠나지 말게 하며 주야로 그것을 묵상하여 그 가운데 기록한 대로 다 지켜 행하라 그리하면 네 길이 평탄하게 될 것이라 네가 형통하리라"(수 1:8).

따라서 성경의 다윗 왕이나 솔로몬 왕도 시문을 잘 썼다. 그리고 선지자들을 포함한 성경의 저자들이 대부분 시라는 문학의 형태로 하나님의 말씀을 전했다.

넷째 덕목, 판(判)은 선악을 옳게 구별하여 의로운 판단을 함으로써 어진(仁) 이가 될 수 있는 자질을 말한다. 그래야 남에게 억울함이나 손해를 끼치지 않는다. 이를 '마음씨' 라고도 말한다.

신구약 성경 말씀 자체가 구별된 삶을 살기 위하여 선악을 구별하게 한다(민 24:13; 신 1:39; 시 1편; 고후 5:10; 히 5:14). 여호와의 율법은 완전하여 영혼을 소성케 하고 여호와의 증거는 확실하여 우둔한 자로 지혜롭게 하며, 여호와의 계명은 순결하여 눈을 맑게 해 준다(시 19:7-8). 따라서 의인은 선악을 구별하는 판단력이 있어 악인을 두호하지 아니하며, 약자 편에 서서 약자의 억울함을 풀어 준다(신 24:17; 잠 18:5). 이런 이가 어진(仁) 이다.

따라서 동양의 4가지 덕목(四德)인 신언서판은 성경을 배우는 하나

미국 클린턴 행정부 당시 국무부 인권 담당 차관보를 역임하고 예일대 법대 학장을 지낸 고홍주 박사. 인성교육과 IQ교육을 함께 받아 성공한 대표적인 모델이다. 그는 부모로부터 철저한 한국의 신언서판 교육과 기독교교육을 받은 기초 위에 IQ교육을 받은 것이 성공 요인이다.

님의 백성에게도 필요하다. 다만 그 덕목을 가르치는 교육의 목적과 그 목적을 이루기 위한 구체적인 교육의 내용이 다를 뿐이다. 공자의 4가지 덕목(四德)이 보편적 인간다운 인간을 기르기 위한 가르침이라면, 성경의 덕목은 하나님의 형상을 닮은 하나님의 백성으로 양육하기 위한 가르침이다. 하나님의 백성은 구약에서는 유대인을 말하고 신약에서는 기독교인을 말한다. 여기에서 독자는 저자의 글을 구원론적 시각에서 보지 말고 교육학적인 시각에서 보기 바란다. 그렇다면 동서양의 인성교육 철학은 대동소이하다는 말이다.

그렇다면, 어떻게 서양의 인성교육 철학이 동양의 것과 대동소이할까? 그 이유를 인종적인 측면에서 살펴보자. 신약 시대에 예루살렘에서 시작된 기독교가 유럽에 전파되면서 서양의 인성교육 철학은 기독교의 가치에 의해 형성되었다. 때문에 독일, 프랑스, 이탈리아 및 영국의 음악, 미술, 건축 및 문학 등의 고전들이나 철학자들이 거의 기독교

유대인 자녀들은 항상 여호와의 율례와 법도, 즉 한국으로 치면 어려서부터 양반교육을 철저하게 받았기 때문에 커서도 대인관계에서 성숙한 모습을 보인다. 유대인 가운데 세계적인 인물이 많이 배출되는 것은 그들의 특별한 인성교육 때문이다. 사진은 유대인 3대가 기도회 시간에 기도하는 모습.

인들이다. 따라서 그들의 문화나 사상 및 철학의 가치들은 기본적으로 성경에 근거하고 있다. 그런데 그 성경문화 자체가 바로 동양에서 형성되었다는 사실이다. 왜냐하면, 구약의 아브라함의 후손 유대인 자체가 동양인이고, 예수님과 바울도 동양인이기 때문일 것이다.

설사 이런 이유를 감안하지 않는다 해도, 하나님께서는 동양(중국이나 한국)에도 특수 계시인 하나님 말씀이 전수되기 전에 각자 양심을 따라 선악을 분별하고 도덕적인 삶을 영위하기 위해 성경의 잠언과 같은 일부 보편적 진리를 주셨다고 보아야 한다(롬 1:19-20, 2:14-15).

《명심보감》의 내용이 성경의 잠언이나 전도서의 내용과 비슷한 이유가 여기에 있다. 예를 들면, 식자우환(識者憂患)이란 고사성어는 "많이 아는 자가 근심도 많다."라는 뜻이다. 이는 전도서 1장 18절의 "지혜가 많으면 번뇌도 많으니 지식을 더하는 자는 근심을 더한다"와 비슷하다. 그리고 "멀리 있는 형제보다 이웃사촌이 낫다"는 한국의 속담은 잠언 27장 10절의 "… 가까운 이웃이 먼 형제보다 나으니라"와 같다.

신언서판 교육은 성경에도 있다.
동양에도 특수계시인 하나님 말씀이 전수되기 전에
각자의 양심에 따라 선악을 분별하고 도덕적인 삶을 영위하기 위해
성경의 잠언과 같은 일부 보편적 진리를 주셨기 때문이다.
《명심보감》의 내용이 성경의 잠언이나 전도서의 내용과
비슷한 이유가 여기에 있다.

조선 시대 왕자의 하루는?

월간 어린이 좋은 생각 · 박은숙 기자

'내가 왕자라면 얼마나 좋을까?' '옛날에 태어났다면 난 아마 공주였을 거야.'

전에는 무조건 왕자님, 공주님 대접을 해 주시던 부모님이 이젠 '공부해라, 정리 좀 해라' 잔소리만 하시기 때문일까? 이런 상상을 누구나 한번쯤 해 보게 된다. 그러다 보면 아무 일도 안 하고 다른 사람의 시중을 받았던 옛날 왕자, 공주가 부러워지게 마련이다. 그런데 조선 시대 왕자들은 정말 아무 것도 안 하고 편히 지냈을까? 궁금증 해결을 위해 조선 시대 왕자의 하루 속으로 들어가 보자.

아침

아침문안-모든 생활의 기본은 예절

왕자는 절대 늦잠을 잘 수 없다는 사실을 아는가? 왕자는 아침 일찍 일어나 제일 먼저 왕과 왕비를 찾아뵙고 아침 문안을 여쭙는 것으로 하루를 시작했다. 어리지만 왕의 후계자이기 때문에 어른처럼 품위 있는 행동을 해야 한다. 그래서 잠자리에서 일어나 잠들기 전까지 하루 종일 '예의' 라는 말을 끊임없이 듣고 배웠다.

식사-먼저 부모님의 상을 살펴라

아무리 배가 고파도 부모님의 식사가 먼저다. 수라상 곁에서 자리를 지키며 부모님이 편안히 식사하시는지 살펴야 한다. 침이 꼴깍 넘어가도 어쩔 수 없다. 그 다음에 방으로 돌아와 아침을 먹는데 아침을 거르거나 편식을 하면 왕의 불호령이 떨어진다. 간식으로는 주로 콩을 먹었다. 콩이 두뇌 발달에 좋고 살도 안 찌는 음식이기 때문이다. 그리고 왕자가 살이 찌면 아랫사람들이 혼이 났다.

오전 공부-스승께는 깍듯이

아침을 먹고 나면 세자시강원에 가야 한다. 세자시강원은 왕의 후계자가 공부를 하는 곳이다. 왕자 한 명을 위해서 무려 스무 명이나 되는 스승님들이 준비하고 계신다. 먼저 예의를 갖춰 인사를 하고, 전날 배웠던 것을 발표해야 한다. 그 다음에 새로운 내용을 배웠다. 공부를 마친 후에도 스승님께 깍듯하게 배웅 인사를 드렸다.

점심
오후 공부-게으름 피우면 불호령!

점심을 먹고 난 뒤에는 다시 공부를 시작한다. 따지고 보면 밥 먹고 공부하는 게 하루 생활의 대부분이었다. 왕자가 배우는 공부는 '예학'이라고 부르는데, 학문뿐 아니라 후계자로서 갖추어야 할 품성과 행실을 모두 포함하고 있다.

무서울 게 없는 왕자지만, 꾀라도 부리면 왕에게 호되게 야단을 맞았다. 신하들이 왕자가 공부를 안 한다고 글을 적어서 왕에게 알렸기 때문이다. 모두들 왕자가 잘하나 못하나 감시하고 있는 셈이라 긴장하고 살 수밖에 없었다.

시험-왕자에게도 성적표가?

책을 한 권 끝낼 때마다 시험을 치러야 한다. 스승님들 앞에서 책의 내용을 달달 외우는 게 시험이었다. 가끔 왕이 직접 찾아오기도 하시는데 그땐 더 잘 해야 한다. 잘 해내면 왕은 스승님들께 음식을 대접하기도 했다. 잘 못하면? 당연히 호된 야단을 맞았다. 사실 왕이 오지 않아도 시험을 보면 성적표가 나오기 때문에 왕이 알 수 있었다.

실습-백성을 보살피는 법

언제나 책만 읽었던 것은 아니다. 일년에 2~4차례 군사 훈련도 하고, 농사를 짓는 법도 배웠다. 군사 훈련하는 것을 '강무'라고 하는데 말을 타거나 활을 쏘는 것이다. 또 백성들이 주로 농사를 지으니까 그 수고로움을 알기 위해서, 봄에 쟁기로 밭을 갈거나 가을에 추수를 직접 하기도 했다.

저녁

저녁 공부-방학은 꿈도 못 꿔

부모님이 저녁을 드실 때 곁을 지키고, 그 다음에 밥을 먹는 것은 아침과 같다. 그 다음에 또 공부를 한다. 주로 낮에 배운 것 중 모자란 부분을 다시 공부하는데, 야간 보충학습이라고 할까? 고3 수험생도 아닌데 밤늦도록 공부를 해야 한다. 그리고 왕자에겐 방학도 없다.

저녁 문안-효도의 모범을 보이자

하루 일과의 끝은 웃어른께 저녁 인사를 드리는 것이다. 부모님의 잠자리가 편안한지 늘 살폈다. 아버지인 왕이 병에 걸리면 약을 지어 먼저 맛을 본 뒤 건네 드렸다. 이런 때는 공부도 뒤로 미루고 병을 보살펴 드렸다. 부모님의 고통을 함께 느끼기 위해서이다.

길고 긴 왕자의 하루는 이렇게 예절을 지키며 인사하고 식사하고 공부하는 것의 반복이었다. 이쯤 되면 '왕자 안 할래' 하는 어린이도 있을 법하다. 실제로 이런 엄격한 생활을 견디지 못하고 바르지 못한 행동을 해서 왕의 후계자 자리를 빼앗긴 왕자도 있었다고 한다.

_출처 월간 좋은생각, 2007년 12월호

왕자의 교육, 이것만은 배우자

인성이 우선!
가장 중요하게 여긴 것은 생활 태도였다. 늘 예의를 갖추고 부모님을 공경하는 마음가짐을 갖자.

리더십을 길러라
백성의 마음과 어려움을 살피는 것이 왕의 의무인 것처럼, 다른 사람을 이해하는 것이 리더의 기본이다. 늘 남의 말에 귀를 기울이자.

골고루 공부하기
왕자는 모든 학문을 골고루 공부했다. 음악이나 체육, 미술도 소홀히 하지 않는 균형 잡힌 공부를 하자.

B. 신언서판과 한국인 기독교인과의 관계

> **저자 주** 이제부터 부모가 자녀를 한국인다운 한국인 기독교인으로 양육하기 위해, 왜 삼강오륜과 신언서판 교육을 시켜야 하는가를 설명한다. 이 이론은 타종교인뿐 아니라 전 한국인에게도 필요하다. 설명하는 중 '삼강오륜과 신언서판'이라는 말을 많이 사용해야 하는데, 편의상 '신언서판'으로만 표기한다.

1) 양반이 예수님을 믿으면 양반 교인, 상놈이 예수님을 믿으면 상놈 교인이 된다

한국인 인성교육의 기본 개념은 삼강오륜과 신언서판이다. 이것이 한국인의 선비교육, 즉 고품격 인격교육(양반교육)이다. 이 교육을 옷감의 날줄과 씨줄에 비유하여 설명했다. 옷감의 날줄과 씨줄이 질(質)도 좋고 양(量)도 많고, 기술적으로 조밀하게 잘 짜졌으면 비단처럼 좋아서 비싼 가격에 팔리고, 반대로 질도 안 좋고 양도 듬성듬성할 뿐만 아니라 실을 엮는 기술 또한 미숙하면 싸구려 천이 되어 헐값에 팔린다. 기독교인의 인성교육도 마찬가지이다. 이제 이 비유를 기독교인의 인성교육에 적용해 보자.

첫째, 옷감의 날줄과 씨줄의 양은 인성교육의 내용, 즉 신구약 성경의 내용을 말한다. 유대인으로 말하면 하나님의 율례와 법도를 뜻한다.

둘째, 옷감의 날줄과 씨줄의 질(실의 質)은 인성교육 내용의 질, 즉 하나님 말씀(성경)의 의미인 사랑과 진리의 가치를 뜻한다. 인성교육 내용의 질인 동양의 양반교육 내용이 다른 것에 비해 상대적 우위를 차지하는 것이라면, 성경 내용의 질은 절대적이며 영원히 변하지 않는 최상의 가치들이다.

셋째, 옷감의 날줄과 씨줄을 엮는 기술은 인성교육의 내용을 전수하는 방법을 말한다. 신구약을 모두 가르치는 한국인 기독교인들은 왜 전 세대보다 신앙이 해이해지는가? 또 유대인과 다르게 말씀 전수에서 세대차이가 많이 나는가? 그것은 옷감을 짤 때 실의 양이 적고, 질도 안 좋고 짜는 기술(방법)도 좋지 않았기 때문이다. 즉, 유대인처럼 성경 말씀을 양적으로 많이 가르치지 못하고, 선악을 구별하기 위해 율법교육(말씀교육)의 질을 높여 유대인처럼 조직적으로 개발하여 효과적으로 가르치지 못하고, 말씀을 가르치는 방법도 권위주의나 혹은 강압적으로 잘못 가르치기 때문일 것이다. 저자가 유대인의 성경적 쉐마교육을 연구하여 소개하는 이유가 여기에 있다.

인성교육의 내용을 전수하는 방법은 누구에게 배울 수 있는가? 예수님과 바울에게서 배울 수 있다. 그들의 학습 방법(Teaching and Learning Method)은 신약성경에 나타나 있지만, 근본적인 그 모형은 현재의 정통파 유대인에게도 세대차이가 없이 그대로 남아 있다. 왜냐하면, 예수님이나 바울도 정통파 유대인이셨기 때문이다. 따라서 정통파 유대인의 성경 학습법을 배우면 예수님이나 바울의 학습법을 배우는 것과 동일하다.

성경대로 가르치는 유대인 부모는 자녀에게 까다롭고 지독하게 훈련시키지만 지혜로 가르치기 때문에 자녀들에게 상처를 주지 않고 율법을 잘 전수할 수 있다. 그리고 부모와 부모 세대 및 조상들을 존경하도록 키울 수 있다.* 따라서 그들은 자자손손 율법(말씀)의 양과 질 그리고 교육 방법에 세대차이가 없다.

그렇다면, 한국인 기독교인에게 인성교육의 내용으로 성경만 필요하고 동양의 신언서판은 필요하지 않은가? 그렇지 않다. 유대인이 자녀들에게 성경 외에 유대인의 전통문화를 가르쳐 유대인으로 키우는 것처럼, 한국인 부모는 성경 외에 동양의 양반교육의 내용과 방법인 신언서판 교육도 함께 시켜 자녀를 한국인 기독교인으로 키워야 한다. 신언서판은 동양의 지혜와 예의범절에 관한 교육의 내용이기 때문이다.

위에서 언급했지만 신언서판 교육의 실천 방법[인간의 4가지 덕목(四德)]은 성경의 인성교육의 실천 방법(구원론이 아니다)과 비슷하다. 그러나 그 방법 면(구체적 코드)에서는 한국인과 유대인의 것이 서로 다를 수 있다. 가령 똑같은 성경 말씀의 '부모 공경'이라도 그 실천 방법에서 한국인 자녀들은 유대인이나 서양 자녀들의 인사법과 다르게 부모에게 큰절을 해야 한다. 옷의 맵시도 한국식으로 정숙해야 한다.

한국의 양반교육은 한국인의 품성과 교육의 형식을 갖게 하는 수직문화 교육이다. 한 개인의 수직문화는 그의 종교적 신앙을 담는 그릇이다. 그 그릇에 비례하여 주님을 위해 더 큰 일도 할 수 있지만, 반면에 주님의 영광을 가릴 수도 있다. 한국 기독교 속담에 이런 말이 있다. "양반이 예수님을 믿으면 양반 교인이 되고, 상놈이 예수님을 믿으면 상놈 교인이 된다."

---

* 저자의 《IQ는 아버지 EQ는 어머니 몫이다》 시리즈에서 유대인의 아버지, 어머니의 가정교육 및 효도교육과 고난의 역사 교육 참조.

> **저자 주** '양반·상놈'이란 원래 조선 시대 계급사회에서 사용하던 용어다. 그러나 계급 사회가 붕괴된 후에는 양반이란 말은 좋은 가정교육을 받은 덕이 있는 인격적인 사람을 지칭하는 데 사용되었다. 물론 이 용어를 현대에 적용하는 것은 일부 부적합하지만, 이해를 돕기 위한 표현이니 양해를 바란다. 또한 조선 시대 천민 계급 중에도 양반집 자제들보다 더 인격적인 사람이 전혀 없었다는 얘기는 아니다. 성경에도 오네시모라는 노예가 죄를 짓고 도망쳤지만, 예수님을 믿은 후 유익한 사람이 된 예가 나온다(빌레몬서 참조).

기본적으로 어려서부터 반듯한 한국인의 인격교육을 잘 받은 사람이 예수님을 믿어도 반듯한 인격적인 교인이 될 수 있다는 뜻이다. 성경에서 예를 든다면, 바울이다. 그는 유대인의 율법의 의에는 흠이 없는(빌 3:6) 양반교육을 받은 후에 예수님을 만났기 때문에 다른 초대교회 지도자들보다도 훌륭한 기독교인의 모범이 되었다.* 따라서 한국인도 고고한 인품을 가진 선비 출신들이 예수님을 믿으면 바울처럼 선비 기독교인이 된다.

쉐마지도자클리닉을 받은 목회자가 다음해 자기 교회의 목회 목표를 이렇게 정했다(2006년).

'선비목회'

그는 항상 교인들의 품성 문제로 고민했다고 한다. 왜 교회를 오래 다녔는데 크게 달라지지 않는가? 그런데 쉐마지도자클리닉에서 인성교육 강의를 들은 후 'Pre-Evangelism' 교육이 얼마나 중요한지를

---
* 이 책 제4권 제3장 '전인 교육적 측면에서 본 바울 연구' 참조.

깨닫게 되었다고 한다. 그리고 늦었지만 교회에서 전 교인에게 한국인의 선비교육을 시키기로 결심했다고 했다. 그는 어려서 한학을 공부한 목회자였다.

한국의 수수께끼 중 "사람 인(人)자 다섯(人 人 人 人 人)은 무슨 뜻인가?"란 질문이 있다. 답은 "사람(人)이면 다 사람(人)인가 사람(人)다운 사람(人)이 사람(人)이지"이다. 무슨 뜻인가? 사람은 많지만 모두 진정으로 가치 있는 사람은 아니라는 뜻이다. 즉 사람다운 사람만이 진짜 가치 있는 사람이란 뜻이다. 다시 말해 인성교육을 잘 받은 품성이 좋은 인격자가 사람다운 사람이란 뜻이다.

좋은 기독교인이 되려면 우선 순위가 "첫째, 사람이 돼라. 둘째, 기독교인이 돼라."이다. 이 말은 먼저 사람다운 사람이 기독교인이 돼야 타의 모범을 보이는 기독교인이 될 수 있다는 뜻이다. 사람다운 사람이 되려면 철들어 복음을 받아들이기 이전부터, 즉 태아기부터 인성교육(양반교육)을 조직적으로 잘 받아야 한다. 인성교육은 인격교육 혹은 품성교육이라고 말할 수 있다. 장성한 후에는 언어나 습관 등의 잘못 굳어진 품성이 갑자기 변하기 힘들다.

인간의 기본 성품 형성이 잘못된 사람은 설사 예수님을 믿고 성령을 받았다 하여도 상대적으로 좀 나아지긴 하겠지만 그 내용과 틀이 완전히 변하기는 힘들다. 설사 일시적으로 변했다 하더라도 성령 충만함이 줄어들면 본성이 드러나게 마련이다. 왜 그런가? 내면적 죄는 회개하여 깨끗해졌다 하더라도 외적으로 나타나는 습관적 행위의 틀은 쉽게 바꾸기 힘들기 때문이다.

그러나 신언서판의 인격교육을 잘 받고 자란 사람이 예수님을 믿으면 내면적 죄를 회개했기 때문에 그야말로 속과 겉이 아름다운 인격적인 기독교인이 된다. 감정 절제를 잘 한다. 언행에 흠이 없다. 인간 관계에 지혜가 있다. 뿌리 깊은 심성이 있다.

저자 주 성령 충만함이 줄어들 때 본성이 얼마나 드러나느냐는 사람에 따라 다르다. 본인의 의지에 따라 어느 정도 절제가 되기도 하고 안 되기도 한다. 따라서 기독교인이 된 이후 변화된 삶은 2가지 요소, 말씀과 성령 충만의 정도 그리고 개인의 의지가 중요하다. 이 2가지 요소로 잘 훈련시키면 상대적이긴 하지만 구습도 변할 수 있다.

이것은 무엇을 뜻하나? 어느 종교를 믿느냐에 관계없이 한국 국민 전체가 어린이부터 어른까지 선비교육을 받아야 한다는 것을 뜻한다. 그래야 불교의 성철 스님이나 천주교의 김수환 추기경 같은 인격적인 분들이 나올 수 있다.

인간의 기본 성품 형성이 잘못된 사람은
설사 예수님을 믿고 성령을 받았다 해도,
상대적으로 좀 나아지긴 하겠지만 그 내용과 틀이 완전히 변하기는 힘들다.
설사 일시적으로 변했다 하더라도 성령 충만함이 줄어들면
본성이 드러나기 때문이다.

선인이 술집에 간다고 하여 꼭 악하게 될 수는 없다.
마찬가지로 악인이 회당에 간다고 해서
꼭 달라지지는 않는다.

Tokayer

이것은 유대인의 속담이다. 흔히들 속담을 예로 들며 설교를 하지만 이런 속담을 절대적 진리로 착각해서는 안 될 것이다. 단, 자기가 하는 말을 정당화하는 데에 속담을 인용하는 것만큼 편리하고 쉬운 것은 없다. 그래서 결혼식 주례사나 설교에는 속담이 빠지지 않고 등장한다.

유대인의 꽁트 하나를 보자.

어느 마을에 경건한 신자인 체하며 회당에 빠지지 않고 나가지만, 품행이 좋지 않은 사나이가 있었다.

하루는 랍비가 그를 불러서 품행을 단정히 하라고 주의를 주자, 그 사나이는 이렇게 말했다.

"저는 정해진 날 하루도 빠짐없이 예배당에 나가는 충실한 신자인데요."

랍비는 그에게 다시 말했다.

"이보게, 사람이 동물원에 매일매일 간다고 해서 동물이 되는 것은 아니잖나."

_탈무드 잠언집, 동아일보, 2009

2) 인성교육학적 측면에서 본
고린도 교회와 데살로니가 교회의 차이

예수님을 믿으면 구원을 얻는다. 그 후 성화의 과정이 필요하다. 그때 누가 성화되기가 더 쉬운가? 예수님 믿기 이전(Pre-Evangelism)에 인성교육이 잘된 사람이 예수님을 믿은 후(Post-Evangelism)에도 '신의 성품'(벧후 1:4)에 참여하는 자(partakers of the divine nature)가 되기 쉽다. 육을 쳐서 하나님의 말씀에 복종함으로 믿음에 덕을, 덕에 지식을, 지식에 절제를, 절제에 인내를, 인내에 경건을, 경건에 형제 우애를, 형제 우애에 사랑을 공급하기 쉽다(벧후 1:4-7). 예수님 믿기 이전의 좋은 인성교육이 옥토를 준비하는 과정이라면 복음과 하나님의 말씀은 씨앗이다.

따라서 올바른 기독교인 자녀교육을 위해 다음 도표(302쪽)와 같은 우선순위를 정할 수 있다.

한 인간이 복음을 받기 이전의 성품의 중요성에 대한 가르침을 성경에서 찾아보자. 예수님은 '씨 뿌리는 자의 비유'(마 13:1-23)에서 4가지 인간의 종교성 토양(옥토, 길가, 돌밭, 가시떨기 마음밭) 즉 인성에 대해 말씀하셨다. 마음밭도 옥토가 있고 돌밭이 있다는 말이다. 먼저 "사람이 돼라"는 말은 예수님의 복음을 받아들일 마음밭인 옥토를 준비하라는 것이다. 마음이 옥토, 좋은 땅이란 무엇인가? 수직문화와 높은 EQ를 소유한 마음을 뜻한다. 신인서편의 인성교육을 잘 받은 사람을 말한다.

이러한 사람은 하나님의 말씀을 듣고 깨달으며 결실하여 혹 100배, 혹 60배, 혹 30배가 되는 사람들이다(마 13:8, 23). 그러나 마음밭이 수평문화에 물들어 길가, 돌밭, 가시떨기밭이 되면 복음을 받아도 제대

성숙한 기독교인이 되는 3단계

3가지 단계		방법
첫째 단계	사람이 돼라(인격자가 돼라)	마음의 복음적 토양교육(Pre-Evangelism)
둘째 단계	기독교인이 돼라	복음 전도(Evangelism)
셋째 단계	성숙한 기독교인이 돼라	제자화(Discipleship, Post-Evangelism) - 내적 성숙(영성 훈련) - 외적 성숙(율법을 행함)

로 싹이 나고, 자라고, 꽃이 피고, 열매 맺는 데까지 가기는 힘들다(마 13:3-7, 18-23).* 따라서 예수님을 영접하기 이전의 아름다운 마음의 옥토 마음밭을 가꾸기 위해 어려서부터 신언서판의 인성교육이 필요하다.

어떤 이는 성령 충만함을 받으면 어린 시절의 인성교육에 상관없이 교육이 모두 끝난 줄로 알고 있다. 그러나 그것은 잘못된 견해다. 물론 성령 충만함을 받으면 나쁜 성품도 좋은 성품으로 변하기 쉽고, 교육시키는데도 그렇지 못한 사람들보다 훨씬 쉽다. 그러나 13세 이전에 형성된 잘못된 인성, 즉 기질을 어느 정도 다스릴 수는 있지만 완전히 없앨 수는 없다(Impossible to remove bad personality or character).

상대적으로나마 바른 길로 훈련(Discipline)을 시킬 수는 있지만 그 결과는 본인의 의지와 훈련의 정도에 따라 변화의 양이 다르다. 즉 하

---

* 더 자세한 내용은 이 책 제1권 제2부 제3장 II. '수직문화와 수평문화가 종교성 토양에 미치는 영향' 참조.

나님의 말씀과 성령님은 인성의 교정에 크게 도움이 될 수 있다는 뜻이다. 하지만 그럴지라도 먼저 좋은 마음의 옥토를 가꿀 수 있는 13세 이전의 인성교육이 무엇보다 중요하다.

성경의 예를 들어 보자. 신약의 바울 서신을 보면 여러 초대교회들이 있었다. 그 중 다른 교회들(예: 데살로니가 교회, 에베소 교회 및 빌립보 교회)에 비해 고린도 교회에 유난히 도덕적으로 타락한 사람들이 많았다. 바울은 그들에게서 들려오는 소문에 너무나 황당했다. 싸움이 많아 교회가 분열되고(고전 1:10-4:21), 도덕적으로 타락하여 근친상간까지 하는 교인들이 있었다(고전 5:1-13).

그들이 예수님을 믿지 않고 성령 체험을 하지 못한 사람들인가? 아니다. 물론 그들도 예수님을 믿고 엄청난 성령 체험을 했다. 너무나 성령의 각종 은사를 많이 받아 교만하여 서로 누구의 것이 크냐고 다툴 정도였다.

그래서 바울은 그들의 영적 교만을 바로잡기 위해 부득불 자신의 예를 들었다. "내가 너희 모든 사람보다 방언을 더 말하므로 하나님께 감사하노라"(고전 14:18). 부득불 자신이 체험한 주의 환상과 계시를 자랑했다. 셋째 하늘에 이끌려 가서 말할 수 없는 말을 들은 것들을 간증했다(12:1-4). 그러면서 바울은 그들에게 "교회에서 네가 남을 가르치기 위하여 깨달은 마음으로 다섯 마디 말을 하는 것이 일만 마디 방언으로 말하는 것보다 나으니라"(고전 14:19)고 충고했다. 물론 그들의 신앙생활에는 성령 충만한 자의 특성도 나타났다. 성령의 능력을 받아 하나님을 섬기는 일에 매우 열심이었다. 하나님께 헌금도 많이 드렸다(고후 9:1-2).

그렇게 성령이 충만한 사람들이 왜 세상 사람들처럼 타락하는가?

그 이유는 그들이 예수님 믿기 이전 술과 매춘의 타락한 항구 도시, 고린도에서 자랐기 때문이다. 오죽하면 '고린도인처럼 행하다'란 헬라어 '코린티아조마이'가 고린도의 도덕적 타락상을 뜻하겠는가! 물론 사람에 따라 차이가 나겠지만 이렇게 타락한 환경에서 자란 사람들은 예수님을 믿는다 해도 교회에서 문제를 일으킬 소지가 많은 경우를 종종 본다. 왜냐하면 먼저 사람이 되는 인성교육을 받지 못했기 때문이다.

반면 바울은 데살로니아 교회를 생각하면 감사가 넘쳤다(살전 1:2). 그 교회 교인들이 많은 환난 가운데서 성령의 기쁨으로 도를 받아 바울 일행과 주를 본받은 자가 되어 마게도냐와 아가야 모든 믿는 자의 본이 되었기 때문이었다(살전 1:6-7).

그 이유는 그들이 거주하는 데살로니아가 고린도보다 도덕적으로 깨끗한 동네였기 때문이었다. 이것은 무엇을 뜻하는가? 데살로니아 교회 교인들은 고린도 교회 교인들보다 어려서부터 양질의 인성교육을 잘 받았기 때문에 예수님을 믿은 후에도 성화되기가 쉬웠다는 것을 증명해 준다.

성령 충만한 고린도 교회는 데살로니가 교회보다
도덕적으로 세상 사람들처럼 타락한 교인들이 많았는가?
그들이 예수님 믿기 이전 술과 매춘의 타락한 항구 도시,
고린도에서 자랐기 때문이다.

안타깝지만 사실입니다

성령 받은 대도 조세형, 조폭 두목 조양은과 김태촌은 현재 어디에 있는가?

저자 주 많은 이들이 얘기한다. 성령 받고 예수님을 믿으면 사람이 변하는데 다른 교육이 왜 필요한가? 물론 모두 틀린 말은 아니다. 그러나 위에서 설명한대로 어린 시절 잘못된 습관의 열매는 성령을 받고 예수님을 믿어도 잘 변하지 않는다는 사실이다.

한국 사회를 떠들썩하게 했던 대도 조세형, 조폭 두목 양은이파 조양은과 김태촌을 그 예로 들어보자. 세 사람의 공통점은 모두 남을 괴롭혔던 두목 중의 두목이라는 점이고, 감옥을 출소 후 성령이 충만하다는 오순절 교단의 교회에 다니며 다른 교회에 다니며 간증까지 했던 사람들이다. 그리고 조세형 씨와 조양은 씨는 주의 종으로 헌신하기 위하여 오순절 계통의 신학대학원까지 나온 사람들이다.

그런데도 그들은 왜 계속 동일한 범죄를 짓고 감옥에 가는가? 그들의 행적을 요약한 언론 기사를 들여다보자.

대도 조세형 치과의사 집 털다 들통

1970~80년대 초반 대담하게 부유층과 고위 권력층 서백만을 상대로 금품을 털고, 그중 일부를 가난한 사람들에게 나눠줬다는 이유로 '대도(大盜)', '현대판 홍길동'으로 불렸던 조세형(67) 씨.

1998년 11월 징역 15년을 살고 출소한 그는 독실한 종교생활을 하며 새로운 삶을 찾는 듯했다. 이듬해엔 사설 경비업체에 취직해 범죄예방 전문위원으로 활동했으며, 2000년 5월에는 16세 연하의 아내를 맞아 결혼했다. 그리고 순복음 신학대학원에서 목회자지도자 과정까지 수료했다.

하지만 조 씨의 '변신'은 그리 오래가지 못했다. 2000년 11월 신앙 간증을 하러 일본을 방문했다가 대낮에 도쿄의 한 주택가에 들어가 금품을 털었다. 당시 그는 일본 경찰이 쏜 총에 맞기까지 했다. 그는 한국에 돌아와서도 또 절도죄로 수감 중이다. 임상심리학자 권정혜(고려대 심리학과 교수)씨는 "조 씨에게 '절도'라는 것은 뿌리 깊게 박혀있는 오래된 습관인 것으로 보인다."며 "이런 상태에서는 경제적 여유를 떠나서 자신이 아무리 안 하려고 해도 어느 순간 갑자기 재발할 수 있다."고 말했다.

_조선일보, 2005년 3월 25일

'양은이파' 전 두목 조양은 씨 긴급 체포

조 씨는 1970~1980년대 주먹계에서 이른바 '3대 패밀리' 시대를 주도했던 인물이다. 조 씨는 1980년 범죄단체 결성 등 혐의로 구속돼 15년형을 선고받은 뒤 1995년 만기 출소했다. 옥중에서 기독교 신앙에 전념한 조 씨는 1994년 동시통역사 김모 씨와 옥중 결혼을 했고, 출소 후 서울 여의도 순복음교회에서 조용기 목사의 주례로 결혼식을 올렸다.

그는 결혼식을 올린 후 신앙 간증 행사에 다니고 노숙자들의 발을 씻겨 주는 '세족식'에 참가하는 등 신앙인의 길을 걷는 듯했다. 1996년에는 자서전 《어둠 속에 솟구치는 불빛》을 바탕으로 자전적 영화 '보스'를 제작, 직접 출연까지 했다.

그러나 조 씨는 1996년 8월 억대의 스키 회원권을 갈취한 혐의 등으로 검찰에 다시 구속돼 징역 2년을 선고받았다. 또한 2001년에는 거액의 외화를 빼돌려 해외원정 도박을 벌이고 자신이 출연한 영화 판권을 갈취한 혐의로 세 번째로 구속됐다. 조 씨는 영화 제작 당시에도 출연 배우들과 스태프를 무자비하게 폭행하고 제작자로부터는 영화의 판권까지 빼앗은 혐의를 받았다.

조 씨는 지난 2004년에는 순복음총회 신학대학원(옛 한세대 목회대학원)에서 목회학 신학 석사 학위를 받았다. 그 역시 현재 감옥에 있다.

_조선일보, 2007년 4월 14일

김태촌씨 '신앙으로 회개' 위선이었나

"이제 폭력조직과는 완전히 손을 끊었습니다. 앞으로 청소년 선도와 복지사업, 신앙생활에만 전념하겠습니다"(2005년 8월 10일, 석방이 확정된 뒤 기자와의 인터뷰에서).

김태촌 씨는 수감(1987~2005년) 중일 때부터 자신의 과거를 깊이 회개하는 모습을 자주 보였다. 2005년 7월 구속집행정지로 병원에 누워 있던 김 씨는 언론 인터뷰에서 "석방되면 사회봉사를 하겠다."고 강조했다. 수척해진 그의 모습에선 밤의 세계를 지배하던 조폭 두목의 살기(殺氣)를 찾아보기 힘들었다.

김 씨는 그해 사회보호법 폐지로 석방된 뒤에도 학교와 소년원, 교회 등을 돌아다니며 청소년 선도활동과 신앙 간증을 했다.

언론도 김씨의 '새 삶'을 앞다퉈 보도했다. 지난해 4월엔 경기지방경찰청 교회에서 경찰들을 상대로 신앙 간증까지 했다. "경찰에 수없이 붙잡히고 유치장을 들락거렸는데 오늘은 집사 자격으로 서게 돼 감회가 새롭다. 죄를 지을 때마다 교도소에 보내 줘 너무 감사하게 생각한다." 김씨의 참회어린 간증에 경찰들도 박수를 보냈다.

그러나 바로 그 시점 김 씨는 한류 스타 권상우 씨에게 '피바다'를 운운하며 협박한 것으로 검찰 수사 결과 드러났다. 결과적으로 언론이 김씨의 의도적인 위선 행각에 놀아난 셈이다.

_중앙일보, 2007년 2월 7일

김태촌 · 조양은 40년 흥망사

신앙에 관해서는 김태촌 씨도 할 말이 많다. 과거 서방파 핵심 조직원으로 현재 교회 장로인 문병○ 씨. 김 씨의 신앙적 동지인 그는 지난 몇 년 동안 김 씨와 신앙 상담을 하는 편지 교류를 했다.

"편지를 한 번에 28장을 써서 보낸 적도 있다. 그것도 깨알 같은 글씨로. 그건 아무나 흉내 낼 수 있는 게 아니다. 그는 성경을 몇 천 절 암송한다. 그것은 인간의 의지가 아니라 하나님의 섭리다. 언젠가 내가 말했다. 당신은 하나님이 건달 세계로 파송한 전도사라고"

_신동아, 2007년 6월 1일

결론은 무엇인가?

앞의 세 사람의 안타까운 현실에 누가 돌을 던질 수 있겠는가? 그들의 마음은 원이로되 행동이 절제가 안 되었기 때문이다. 이것은 어린 시절의 인성교육이 얼마나 중요한 지를 보여 준다. 그래서 유대인의 속담에 이런 말이 있다.

"선인(善人)은 술집에서도 악에 물들지 않지만, 악인은 시나고그에 와도 고치지 못한다." (토카이어, 탈무드의 생명력, 동아일보, 2009, '지혜로운 자의 책임' 참조)

그렇다면 이들의 회심한 신앙은 전혀 그들의 삶에 영향을 끼치지 못했는가? 그렇지 않다. 만약 그들이 예수님을 믿지 않았다면 더 자주 죄를 지었을 것이다. 다행히 예수님 때문에 그나마 그 정도에서 그칠 수 있었을 것이다. 그리고 예수님 때문에 회개도 더 많이 했을 것이다. 그래서 백범 김구 선생은 이렇게 말했다.

"경찰서 하나 짓는 것보다 교회 하나 짓는 것이 낫다."

예수님을 믿고 완전히 과거를 청산한 사람들은 없는가? 물론 있다. 그런 이들은 신앙도 좋지만, 워낙 결단이 센 사람들이다. 그러나 그런 예는 매우 드물다. 또한 그들 역시 옛 습관을 참기 위해 피나는 기도와 노력을 한다는 사실을 기억해야 한다.

저자가 아는 어느 조폭 출신 목사님은 육을 절제하기 위해 한 달에 일주일씩 정기적으로 금식기도를 한다고 고백했다. 따라서 사녀들에게 올바른 인성교육을 시키는 것은 물론 신앙교육도 철저하게 시켜야 한다.

앞의 세 사람의 예에서 어린 시절의 인성교육이
얼마나 중요한 지를 보여준다.
물론 드물지만 워낙 결단이 센 사람은 예수님을 믿고 완전히
돌아서는 사람들도 있다.
그들 역시 옛 습관을 참기 위해 피나는 기도와 노력을
한다는 사실을 기억하고 자녀들에게
올바른 인성교육을 시키도록 노력해야 한다.

C. 부모가 자녀를 제자 삼는 3단계

지금까지 어릴 때의 인성교육이 그만큼 중요하다는 것을 설명했다. 그렇다면, 기본적으로 누가 어린이에게 인성교육을 시켜야 하는가? 물론 부모다. 부모가 가정에서 어려서부터 자녀에게 복음을 전하기 전에 복음을 받아들일 '마음의 복음적 토양교육'을 시켜야 한다.

이를 영어로 pre-evangelism이라고 한다. 현재까지 기독교교육의 오류는 무엇인가? 복음주의자들이 복음(Evangelism)만 강조했지 복음을 전하기 전 '마음의 복음적 토양교육(pre-evangelism)'에는 관심을 두지 않은 데 있다.

그 이유는 구원에 필요한 복음만 중요한 줄 알았지 복음의 말씀을 뿌릴 '마음의 복음적 토양교육'의 중요성을 몰랐기 때문이다. 더구나 현대는 육을 자극하는 수평문화가 극을 이루어 자녀들의 마음이 옥토가 되기에 더욱 힘든 시대가 아닌가?

기독교인이 되기 이전에 먼저 사람이 되는 교육이 중요하다. 신언서판의 양반교육은 동양적 표현이지만 서양에도 자신의 문화에 맞는 서양식 신언서판 양반교육의 내용과 방법이 있다. 남을 배려하는 예의는 인종에 관계없이 보편적 가치이기 때문이다. 따라서 "사람이 돼라"는 말은 각 인종의 문화에 맞는 사람다운 인격적인 사람이 돼라는 말이다.

이제 부모가 자녀를 제자 삼는 교육을 요약해 보자. 부모는 자녀를 낳으면(원칙적으로는 태아 때부터) 이런 단계를 거쳐야 한다.

부모가 자녀를 제자 삼는 3단계

	세 번째 단계	제자화 교육 (Post-Evangelism, Discipleship)
	두 번째 단계	복음 전도 (Evangelism)
	첫 번째 단계	복음을 전하기 전 '마음의 복음적 토양교육' (pre-evangelism)

첫 번째 단계: 복음을 전하기 전 '마음의 복음적 토양교육'(pre-evangelism)을 잘 시켜 마음밭을 옥토로 만들고,

두 번째 단계: 복음을 전하여 영혼을 구원시키고(Evangelism),

세 번째 단계: 그리스도의 형상을 닮는 제자화 교육(Post-Evangelism, Discipleship)을 시켜야 한다.

따라서 부모는 3가지 측면에서 자녀의 스승이 돼야 한다.

첫째, 복음을 전하기 전 인성교육의 스승
둘째, 복음을 전하는 스승
셋째, 말씀을 가르쳐 제자 삼는 스승

자녀를 제자 삼는 세 번째 단계의 '제자화'도 2가지 측면으로 나누

어 훈련을 시켜야 한다. 내면적 성숙과 외면적 성숙이다. 내적 성숙은 하나님 말씀과 기도 훈련을 통한 영성 훈련이고, 외적 성숙은 율법을 행함으로 내적 성숙이 겉으로 드러나는 성령의 열매다.

**기독교인이 되기 이전에 먼저 사람이 되는 교육이 중요하다.
신언서판의 양반교육은 동양적 표현이지만
서양에도 자신의 문화에 맞는 서양식 신언서판 양반교육의 내용과 방법이 있
다. 따라서 '사람이 돼라'는 말은 각 인종의 문화에 맞는
'사람다운 인격적인 사람이 돼라'는 말이다.**

D. 왜 자녀가 말을 안 듣나: 잡견(雜犬) 이야기

많은 부모들이 우리 아이는 다른 사람의 말은 잘 듣는데 부모 말은 안 듣는다고 한다. 그런데도 어떻게 전통적 유대인 가정의 자녀들은 그렇게 부모 말을 잘 듣는가? 그 근본적 차이는 무엇인가? 그것은 어려서부터 훈련받지 못한 부모와 훈련받은 부모의 차이일 뿐이다.

어떤 사람이 집안에서 잡견 한 마리를 키웠다. 그런데 이 개가 주인의 말을 전혀 듣지 않고 제멋대로 행동했다. 대소변을 아무 데나 보는가 하면 모든 행동이 천방지축이었다. 주인은 이 개의 종자가 나빠서 그런 줄 알고 그냥 참고 있다가 혹시 몰라서 개 훈련소에 데리고 가

보았다.

그런데 그 개를 훈련시키는 훈련 교사가 개는 훈련시키지 않고 개 주인인 자신만 훈련시키는 것이 아닌가? 개를 훈련시키려고 개 훈련소에 찾아갔던 개 주인은 어쩔 수 없이 자신이 훈련생이 된 꼴이었다. 그리고 집으로 돌아와 자신이 교육 받은 대로 개를 훈련시켜 보았다. 그런데 웬일인가? 이변이 일어났다. 개가 변하기 시작했다. 주인의 말을 잘 알아듣는 것이었다. 대소변도 가리고 명령에 순종했다.

개 주인이 뒤늦게 깨달은 것은 개의 행동에 문제가 있었던 것은 개가 잡종이어서가 아니라는 점이다. 그 이유는 2가지였다. 첫째 주인이 개를 훈련(교육)시키는 교육의 내용과 방법을 몰랐고, 둘째 개에게 옳은 행위를 가르치지 않았기 때문이다.

IQ가 낮은 동물도 그러한데 하물며 사람의 자녀교육은 어떻겠는가! 자녀들의 행동이 천방지축이라면 누구 때문인가? 자녀들 책임인가, 아니면 자녀를 제대로 훈련시키지 못한 부모 책임인가? 물론 예외도 있겠지만 우선은 부모의 책임이라고 할 수 있다.

현재 한국 교육의 가장 큰 문제점 중 하나는 부모들이 자녀에게 여호와의 말씀으로 가르치고 훈련시킬 생각은 안 하고 남에게 자녀교육을 통째로 맡길 생각만 하는 데 있다. 부모는 돈만 벌고 그 돈으로 자녀를 어려서부터 학원이나 유치원으로 보내 위탁교육을 시키는 데만 열을 올리고 있다. 이렇게 되면 몇 가지 심각한 문제가 생긴다.

첫째, 자녀들이 부모를 존경하지 않고, 부모의 말을 잘 듣지 않는다. 왜냐하면 학교에서 가르치는 선생과 가정의 부모 사이에 교육의 내용과 방법에서 차이가 나기 때문이다.

개는 성령도 안 받고 예수님도 믿지 않지만 교육만으로 행위가 고쳐진다. 그런데 우리의 자녀가 성령을 받고 예수님을 믿는데도 행위가 고쳐지지 않는 이유는 무엇인가? 제대로 구체적인 교육을 시키지 않았기 때문이다.

둘째, 자녀가 심한 수평문화에 오염될 수 있다. 그 이유는 학원이나 학교에서 가르치는 IQ 위주의 학습 내용은 세속에 속하는 수평문화이기 때문이다. 정신적 사상을 가르치는 수직문화가 아니다.

셋째, 자녀가 성장한 후에는 자신의 자식이 되기가 힘들다. 이것은 처음부터 내 자식임을 포기하는 것과 마찬가지이다. 왜냐하면, 자식은 낳은 사람을 닮는 것이 아니고 가르친 사람을 닮기 때문이다. 미국에 입양된 한국인 어린이들 가운데 기독교식으로 반듯하게 자란 이들이 많은 것은 아이들이 기독교식으로 가르친 양부모를 닮기 때문이다.

과외공부나 학교교육만 받고 자란 자녀들은 설사 일류학교를 졸업했다고 해도 효자가 되기는 힘들다. 현재 많은 부모들이 "내가 너를 학교에 보내느라고 얼마나 고생했는데 네가 나한테 그럴 수 있느냐."라고 항변한다. 그러나 때는 이미 늦다. 자녀교육은 돈으로 시키는 것이 아니고 자신의 기도와 정성, 신본주의 사상인 수직문화로 시켜야 한다는 사실을 명심해야 한다. 단지 돈은 자녀를 키우기 위한 보조 수단일 뿐이다.

"부자에게는 자녀가 없다. 다만 상속자만 있을 뿐이다." 유대인의 격언이다. 유대인은 돈을 차가운 것으로 표현한다. 옛날 종이 화폐가 없었을 때에는 은이나 금이 화폐 역할을 대신했다. 은이나 금이 얼마나 차가운가? 이 말은 돈으로 키운 자녀가 얼마나 차갑고 비정한 인간이 되는지를 말해 준다.

어떤 분은 이렇게 묻는다.

"옛날에는 안 그랬는데 왜 요즘은 이렇게 애 키우기가 힘든지 모르겠습니다."

왜 옛날에는 비교적 자녀의 인성교육이 잘될 수 있었는가? 그 이유는 그 당시에는 자녀들 주변에 수평문화가 거의 없었을 뿐 아니라, 교육의 환경 전체가 인성교육 위주의 수직문화 분위기였기 때문이다. 시골 동네에는 서당이 있었고 어른들이 계셔서 모든 대소사를 비록 일반 계시이긴 하지만 동양의 율례와 법도에 맞도록 가르쳤다. 오늘날처럼 한 발짝만 나가면 맞부딪치는 외설적인 그림이나 사진 등은 꿈도 꾸지 못하던 시대였다. 그리고 자녀를 가르친 교사들의 사상도 부모의 것과 동일한 가치관들이었다.

이에 대한 해결책은 무엇인가?

첫째, 앞에서 예로 들은 잡견의 문제는 개에게 있었던 것이 아니라 개 주인에게 있었던 것처럼, 자녀의 행동에 문제가 있다면 그 책임은 우선 부모에게 있다는 사실을 알아야 한다.

둘째, 개 주인이 훈련받은 후 개를 훌륭한 개로 키울 수 있었던 것처럼, 자녀를 둔 부모가 먼저 부모다운 부모가 될 수 있도록 성경에 근거한 교육의 내용과 방법을 훈련받아야 한다. 어느 면으로든 교육받지 않고 훌륭한 부모가 되기는 힘들다.

저자가 교육부흥회를 위주로 하다가 쉐마교사대학을 개강하여 평신도 지도자와 목회자 클리닉을 운영하는 이유가 바로 여기에 있다. 마지막으로 성경교육을 받은 부모는 부모가 직접 자녀를 책임지고 가르치려는 사명이 있어야 한다. 특히 부모가 직접 인성교육의 내용인 하나님의 신본주의 사상을 자녀에게 가르칠 때 자녀는 부모로부터 부모가 가진 신본주의 사상과 전통 및 가훈을 전수받을 수 있다.

현재 훌륭한 부모를 둔 자녀들에게도 문제가 많은 이유는 부모 자신은 훌륭할지 몰라도 자신이 가진 인성교육의 내용을 구체적으로 자녀들에게 가르치지 않았기 때문이다.

더구나 개는 성령도 안 받고 예수님을 안 믿는 데도 변하는데, 성령 받고 예수님을 믿는 기독교인 자녀들은 왜 안 변하는가? 그것은 가정에서 자녀들에게 인성교육을 안 시켰기 때문이다.

부모가 하나님의 말씀에 따라 훈련받은 대로 자녀를 직접 키울 때 자녀가 부모를 존경하고 따르며 효자가 될 수 있다. 모든 세상의 법칙은 심은 대로 거두는 법이다. 부모들이여! 더 늦기 전에 성경적 자녀교육을 배우기에 힘쓰고 직접 나의 자녀를 가르치자!

왜 잡견이 셰퍼트처럼 말을 잘 듣는가?
개 주인이 개 훈련법을 배워 잡견에게 가르쳤기 때문이다.
자녀가 변하기를 원하는가?
부모가 먼저 자녀교육법을 배워 자녀에게 가르쳐라.
오늘날 부모들은 양육법을 몰라도
배우려 하지 않는 데 더 큰 문제가 있다.

부록

1. 쉐마교육 체험기 및 실천기
2. 국악 찬양

부록1 쉐마교육 체험기 및 실천기

기독교교육학적 입장

강의에 비해 책의 내용은 빙산의 일각
양성일 교수

- 현 한양대학교 전자컴퓨터 공학부 교수
- 한양대학교 전자공학과 졸(BS)
- 미국 텍사스 대학교 전기 및 컴퓨터 공학과 졸(Ph.D.)
- 합동신학대학원 졸(M.Div.)

두 달여 전 설교를 준비하는 중에 'Shema, O Israel!' 하시는 신명기 6장의 말씀을 대하게 되었다. '하나님의 나라' 라는 주제 하에 몇 번에 걸친 설교를 통해 하나님 나라의 백성으로 부름 받은 성도야말로 영적 이스라엘이라고 증거하고 있었기에, 하나님께서 우리 영적 이스라엘로 무엇을 들으라('shema' 또는 'hear') 하시는 것인지 정녕 알고 싶었다. 그래서 '쉐마'에 대해 좀 더 연구해 보기로 했다.

인터넷에 있는 클리닉을 참관하신 분들의 소감문은 내게 큰 감동과 도전으로 다가왔다. 클리닉에 참석하기 전에도 현 교수님의 저서를 통해 수직문화 및 수평문화의 개념을 접했지만, 실상 직접 현 교수님의 강의를 듣고 보니 책을 통해 접한 내용은 빙산의 일각에 불과하다는 것을 실감할 수 있었다.

특히 수직문화 교육을 통한 인성교육을 복음적 토양교육이라고 정의하며 복음화(Evangelism) 이전에 준비시켜 주어야 하는 전 복음화(Pre-Evangelism) 과정이라 강조한 부분은 이 클리닉 내용의 백미라 하겠다.

(1) 전 복음화 과정(Pre-Evangelism) = 인성교육을 통한 복음적 토양교육 과정

(2) 복음화(Evangelism) = 하나님의 은혜를 인하여 믿음으로 말미암아 구원을 얻음

(3) 후 복음화 과정(Post-Evangelism) = 성화의 여정(the process of sanctification)

이러한 구성은 참으로 신선하고도 놀라웠다. 이것은 전 복음화 과정이나 후 복음화 과정이 함께 어우러져 성화의 여정으로 통합될 수 있는 하나의 제자화 과정이다.

그렇다. 하나님께서 그의 택하신 백성들에게 허락하시는 구원은 복음이 그에게 임하기 전에도 인성교육을 통한 복음적 토양교육을 통하여, 또한 복음을 받은 후에는 제자화 교육을 통해 그의 사랑하시는 백성들에게 풍요롭고 충만하게 임하는 것임에 분명하다. 그것이야말로 하나님의 주권적인 은혜다.

우리는 예수 그리스도를 영접하여 구원을 얻으면 그것으로 모든 것

을 이룬 양 얼마나 날뛰었던가? 천국을 갈 수 있는 신분으로서의 구원 곧 칭의의 구원을 얻은 것뿐인데……. 오히려 두렵고 떨림으로 달려가야 할 구원의 여정 곧 성화의 여정은 멀고도 험난할 뿐이다. 하나님께서 목적하시는 그리스도의 형상을 이루는 그 수준 있는 의인의 자리에 이르기까지 이 성화의 여정을 땀 흘리며 힘껏 달려가야 할 것이다.

성화의 여정을 따라 힘차게 달려가는 중에 내게 맡겨 주신 자녀들에게, 후학들에게, 교회 지체들에게 인성교육을 통한 복음적 토양교육이 얼마나 중요한 것인지를 힘써 증거하리라. 이러한 나의 달음박질이야말로 하나님께서 위에서 부르신 부름의 상을 위해 달려가는 성화의 여정인 것을 확신하면서, 마침내 그리스도의 형상을 이루리라는 가슴 벅찬 소망을 품고 달려가는 달음박질이기를 간절히 소망해 본다.

영성신학적 입장

여성우월주의를 주장했던 내가 깨지다니
조미경 사모

- 연세대 연합신학대학원 수학
- 한남대학교 기독교학과 졸
- 숭의여전 유아교육과 졸

하나님의 말씀이 내게 직접적 음성으로 들렸다

이스라엘아 들으라, 우리 하나님 여호와는 오직 유일한 여호와시니…….
미경아 들으라, 우리 하나님 여호와는 오직 유일한 여호와시니…….

하나님이 모세를 통해 주셨던 이 말씀이 오늘 쉐마목회자클리닉에 참석한 내게 직접적 음성으로 들렸다. 여섯 살 때 어머니와 함께 처음 참석했던 새벽예배에서 쭈뼛쭈뼛 앉아만 있던 내게 역사하시어 오늘날까지 함께 해 주신 그 하나님의 음성이 현용수 목사님이라는 도구를 통해 너무도 생생하게 들려오기 시작했다.

기독교인이지만 매일 삶 속에서 별다른 자각 없이 살았던 내게 2007년을 맞이하면서 시작된 'IQ-EQ 교육부흥회'(서울 성덕중앙교회,

김영규 목사)는 '바로 이거구나' 라는 삶의 답들을 너무도 또렷이 보여주기 시작했다. 그리고 나서 결심한 아들 셋과의 새벽예배, Q.T, 경건의 훈련들 등등. 2007년이 아직 18일밖에 되지 않았지만 우리 가족에게 큰 변화와 희망을 안겨 주었다. 마치 무엇엔가 홀린 듯한 모습으로 우리 부부는 세미나에 참석했고 급기야는 대출 신청을 해서 미국에까지 갈 준비를 하고 있다.

현 목사님의 강의를 통해 매 순간순간마다 망치로 얻어맞는 듯한 강한 충격과 은혜는 그동안 내 삶의 고민과 염려와 불안을 희망과 설레임으로 바꾸어 놓고 있다. 이 방법, 저 방법, 이 책, 저 책, 이 경험담, 저 경험담들에 지쳤던 나의 모든 근심이 '쉐마' 라는 처방전 앞에서 한 방에 날아갔다. 연약하고 부족한 내게 주신 아들 셋, 그리고 목회 사역을 감당해야 하는 남편, 그러한 문제들을 놓고 이 방법, 저 방법 이 책 저 책, 이 경험담 저 경험담. 마치 술래잡기를 하는 아이처럼 이리저리 헤매다 밤이면 문득 잠에서 깨어 기도도 못하고 한숨과 눈물로 흘려버린 시간들. 아직 일 년도 못 되었지만 고등학교 교목이라는 새로운 사역지에서 매일 힘겹게 사역하고 있는 남편. 나의 걱정과 한숨이 오늘 현용수 목사님의 '쉐마' 라는 처방전 앞에서 한 방에 날아간 기분이다.

쉐마를 통해 자녀교육의 문제, 부모 공경에 대한 문제, 올바른 하나님의 백성으로 살아가야 하는 문제, 아니 인생의 모든 문제가 풀리는 것을 보고, 성경 또한 내가 보지 못하고 느끼지 못했던 부분이 새롭게 다가오기 시작했다. 하나님은 이 어렵고 험난한 시대에 우리를 그냥 내버려 두지 않으시고 '어찌할꼬!' 하는 우리의 탄식 기도 속에 이미 주님이 역사하고 계셨고, 문제를 문제로 인식했을 때 우리 마음에 해결책과 답을 주셨다.

내 인생에서 이처럼 강한 성령님의 역사를 느껴 본 적이 없다
내가 아직도 쉐마를 몰랐다면? 두렵고 떨리며 아찔하기까지 하다

그 해결책과 답이 현용수 목사님의 '쉐마'라는 것에 그 무엇보다도 감사에 감사를 드린다. 우리의 선택이 옳은 것임을 끊임없이 들려주시는 성령님의 음성을 통해 확신하고 있다. 글을 쓰는 이 순간에도 너무나 큰 충격을 받아 벅찬 감동과 느낌으로 온 몸과 손이 떨림을 느낀다. 내 인생에서 이처럼 강하게 역사하시는 성령님을 느껴 본 적이 없다. 그저 나 하나 잘 살고 예수님 잘 믿어 천국에 가야 한다는 이기적 구원과 막연함 속에서 벗어나, 이제 왜 내가 이 땅에 살고 있는지에 대한 명확한 해답과 앞으로의 삶 속에서 나의 사명이 무엇인지를 이제는 명확히 말할 수 있다.

한 가지 너무나 후회스러운 것은 현용수 목사님의 쉐마를 이제야 접했다는 것이다. 모든 분들이 하게 되는 후회이기도 하겠지만 개인적으로 더 후회스러운 것은 1년 전 친정교회(전북 남원동 북교회)에서 부흥회 기간에 현 목사님의 설교를 들은 적이 있었는데, 그때는 아이들과 자모실에서 얼핏얼핏 흘려들었다. 처음부터 잘 듣지 못하고 중간에 흘려들어서 효도교육을 이야기하실 때 반감마저 가지기도 했다. 친정 어머니가 《IQ는 아버지 EQ는 어머니 몫이다》라는 책까지 사 주셨는데 앞부분만 대충 읽고 서재에 1년 넘게 먼지 속에 꽂아 두었다. 오! 주여, 오호 통재라~ 애재라~. 그런데 주님이 날 얼마나 사랑하셨는지 2006년 12월 31일 밤부터 시작된 교육부흥회를 통해 분명한 음성으로 날 깨워 주셨다. 그 은혜와 사랑을 생각하면 지금도 눈물이 난다. 그리고 다시 한 번 기회를 주시지 않았다면 어떻게 됐을까 생각하니 두렵고 떨리며 아찔하기까지 하다.

난 다른 목사님들이나 사모님들처럼 현재 사역을 하거나 일을 하고 있진 않지만 가정에서 내게 주신 세 아들이 무엇보다 귀중한 나의 사역지임을 깨달았다(그동안 결혼하고 집에서 살림만 하며 아이들 키우면서 열등감 또한 없지 않았다. 애가 셋이라는 것에 이상한 눈초리도 적지 않게 받았다). 남편과 함께 신학도 전공하고 공부도 잘했다는 엘리트 의식에 젖어 있던 내게 결혼하고 하는 일 없이 아이 셋을 키우는 것은 엄청난 자기훈련의 시간이었다. 그러면서 받았던 상처와 자괴감, 우울함 속에 있었던 내게 현용수 목사님의 강의는 가슴이 뚫리는 나의 심령 속까지 치유하는 심리치료의 역할까지도 해 주었다.

데모하며 결혼은 물론 아이 낳는 것조차 생각하지 못했던 나

우리를 눈물로 키우신 나의 어머니를 생각하며 남자에 대한 증오와 비하(물론 결혼을 통해 상당 부분 치료되었지만 성경말씀처럼 남편은 나의 머리로까지 인정하려고 들지 않았다), 대학 때 데모를 하면서 남녀평등을 넘어 여성우월주의를 주장하고 선머슴 같았던, 들사람 같았던 나, 여성이면서도 결혼은 물론 아이 낳는 것조차 생각하지 못했던 나, 수평문화에 길들인 자들의 대표적 모습이었던 나였다.

그런 내가 목사 사모가 되고, 세 아들의 엄마가 되었을 때 주변 사람들의 놀라움과 부담스러운 눈빛을 알고 있었다. 기도로 말씀으로 그러한 것들을 극복했다고 생각했지만 인생의 슬럼프에 가끔씩 내 가슴을 파고드는 그 눈빛들을 느끼곤 했다.

그동안 세상학교에서 많은 것들을 배웠지만 헛되고 잘못된 것들이 너무나 많았다. 때문에 그저 나의 논리와 자신에 대한 합리화로 나를 방어하고 무장했다. 후회와 회개할 것이 많았던 시간, '아하' 하며 무릎을 치는 일이 많았던 시간, 희망으로 미소가 떠오르는 일들이 많았던 시간, 기쁨으로 몸이 들썩였던 시간이 바로 3박4일의 쉐마목회자 클리닉이었다.

작년에 사역지를 교목으로 옮기면서 사택 문제로 대출을 많이 받았다. 그리고 올해 미국까지 가는 '쉐마'를 위해 '거금'의 대출을 하는 모험을 감행해 본다. 아니 인생을 걸어 본다. (누군가는 '올인' 했다는 표현을 한다.) 오늘의 투자가 먼 훗날 아니 몇 년 안에 우리를 영혼의 거부로 만들어 주어 영원히 마르지 않는 생명수의 강이 우리 안에, 우리 가정 안에, 교회 안에, 학교 안에, 우리 민족 안에 흐르리라 기대해 본다.

**효도교육을 이야기하실 때 반감마저 가지기도 했다.
친정 어머니가 'IQ-EQ' 책까지 사 주셨는데
앞 부분만 대충 읽고 서재에 1년 넘게 먼지 속에 꽂아 두었다는 것이다.
오! 주여, 오호 통재라~ 애재라~**

가정과 교회에 적용

쉐마는 지성과 영성 겸비한 자녀양육
임유영 사모

■ 부산 사상제일교회 사모
■ 대전 침례신학대학교
■ 기독교교육 전공, 시인

혼탁한 사회에서 자녀를 어떻게 키울까를 고민하다

결혼 뒤 내 안에 숨겨진 두려움은 '과연 내 자녀를 나를 뛰어넘는 사람으로 키울 수 있을 것인가?' 하는 것이었다. 세상은 눈을 뜨고 나면 더 난잡하고, 더 잔인해지고, 더 삭막해지고 있음을 모두가 실감한다. 한국 교회가 양적 성장을 거듭함에도 세상 앞에 이토록 무력하기만 한지 슬프고 답답할 따름이었다.

세 살, 한 살인 아들들을 키우던 1997년 겨울 《IQ는 아버지 EQ는 어머니 몫이다》라는 책을 접하게 됐다. 아버지와 어머니의 역할을 한마디로 규정하는 현 교수님의 이론에 많은 충격을 받았다. 나름대로 자녀양육에 관한 책들을 많이 읽고 있었는데 난생 처음 듣는 이론이었다. 그때 깨달은 것은 '내 자신이 어머니로서 사랑보다 훈련에 더 비중을 두고 자녀를 키우고 있으며, 아이들의 기본 정서를 만족시키지 못한다.'는 것이었다. 그 책을 읽고 자녀양육에 대해 큰 충격을 받았지만 영상문화에의 노출을 제한하고 한국의 수직문화(전통음식과 고전음악)를 가르쳐야 한다는 몇 가지 정보 외에는 책 속의 큰 보화를 놓치고 말았다. 그 뒤로도 자녀교육에 관한 책들을 탐독했지만 동감하기도 하고 헷갈리기도 했다.

그러는 내 안에는 늘 '자녀를 세상 사람들과 다르게 키워 그리스도의 훈련된 군사로 세우리라.'는 열망이 있었다. 그런 열망으로 2001년 다른 곳에서 가정사역 2년 과정을 공부했는데, 유익을 얻었으면서도 시대의 흐름에 타협하고 편승하고 있다는 부담감이 다가와 늘 편치 않았다.

책을 읽고도 핵심을 다 놓치고 부스러기만을 주워 먹다니…….

그러던 중 가정사역 아카데미에서 이한의 목사님께서 쉐마자녀교육법을 강의했다. 몇 년 전 읽었던 책의 내용이 떠오르며 마음이 시원해짐을 느꼈다. 그 길로 집에 와서 남편에게 "세 아들을 키울 하나님의 비법이 있을 것 같다."며 '쉐마목회자클리닉'에 등록하고 싶다고 했다. 장소와 기간, 비용 모두 만만치 않았지만 우리 부부는 미래에 투자하는 심정으로 참석했다.

쉐마클리닉에서 받은 충격은 책에서 받은 충격의 10배 이상이었다. 무엇보다도 수직문화·수평문화 강의는 이 시대를 간파하는 현 교수님의 지성과 영성이 빚어낸 보화였다. 강의 시간 내내 '책을 읽고도 핵심을 다 놓치고 부스러기만 주워 먹었구나.' 하는 자책을 버릴 수가 없었다. 동시에 기독교교육을 전공한 내가 그동안 읽었던 책들, 교육

이론들이 단번에 한 줄로 세워지는 놀라운 일을 경험하게 됐다. 정말 횡재한 기분이었다. 그곳에 여러 목사님과 사모님들이 있었는데 "자녀가 다 커버려서 안타깝다."는 분들이 많았다. 솔직히 큰아이가 열 살이라는 것이 너무나 다행스러웠다.

습관이 될 때까지 새벽예배를 계속하라

당시 우리집 큰아이는 초등학교 3학년이었다. 10대 초반에 예수님을 인격적으로 만나기를 소원하면서 새벽예배와 수요예배, 금요예배에 동행하고 있었다. 그러나 겨울이 되자 아이도 힘들어 하고 함께 예배를 드리던 조카가 방학이 되어 집에 가자 '쉬었다 할까' 하며 갈등을 겪고 있었다. 이때 하나님은 쉐마를 통해 "습관이 될 때까지 계속하라."고 말씀하시며 부모가 자녀에게 줄 수 있는 최고의 자산이 좋은 습관임을 깨우쳐 주셨다.

감사하게도 하나님의 은혜로 가정에서 점차 수평문화가 사라졌다. TV와 게임기는 하루 1시간 이내로 제한했고, 설거지와 심부름으로 용돈을 모아 절기헌금, 집안 어른 생신, 명절 등을 챙기고 사랑의 리퀘스트 ARS 등에 쓸 수 있도록 교육했다.

쉐마를 듣고 그동안 자녀를 양육하며 세상적 가치와 싸워 온 것에 자부심을 느끼며, 가슴이 벅차 당장 교회에 적용하고 싶었지만 사람들의 가치가 변하지 않은 상태에서 방법만을 가져오는 것은 무리라는 생각이 들었다. 그래서 먼저 우리 가정에서 더 철저하게 쉐마를 적용하기로 결심했고, 남편은 수요일마다 쉐마를 강의했다. 그러나 새벽 5시에 아이들을 깨워 예배에 참석시키기가 쉽지 않았다. 유독 몸이 약한 둘째는 초등학교 입학과 동시에 새벽예배에 나왔는데, 6개월 가까이 코피를 쏟고 야뇨증 증세까지 나타났다. 고통의 시간이었으나 사명으로 알고 강행했다. 오히려 막내는 쉽게 두 형을 따라 나섰다. 아이들이 오전 5시 새벽예배에 참석하면서부터 늦게 자는 버릇이 없어지고 저녁 9시만 되면 잠자리에 들더니 점점 새벽 일찍 일어나는 체질로 바뀌었다. 우리 부부는 사역이 늦는 날도 저녁식사만 챙기면 아이들이 일찍 자니 부담이 덜했고, 또 새벽시간을 알뜰하게 쓰니 놓치는 것이 적었다. 이 무렵 화제를 모은 '아침형 인간'은 바로 우리 아이들이었다.

아이들이 부모와 민족을 생각하게 되다

하나님께서는 우리의 결단에 성령으로 기름 부으시고, 새벽예배를 다녀온 뒤 다시 잠들지 않고 시간을 관리하는 요령을 하나씩 가르쳐 주셨다. 쉐마교육에 있는 대로 부모가 자녀를 제자 삼는 비전을 품게 됐다. 새벽예배 후 큰아이는 20절, 작은아이는 10절씩 성경을 쓰고, 영어를 듣게 했다. 글을 모르는 어린 막내(여섯 살)에게는 성경을 읽어 주었다. 그리고 수학 100문제와 학습지를 풀게 했다. 남편은 쉐마교육에서 배운 대로 아침 식탁에서 성경쓰기를 한 내용을 나누고 가르쳤다. 그리고 아이들은 남편의 축복기도를 받고 학교에 갔다. 새벽을 깨우기에 가능한 일들이었다.

그밖에 한국인으로서의 자부심을 길러 주기 위해 예절과 순종을 강조하고, 자주 한복을 입히며 국악 공연도 보러 갔다. 아쟁이나 해금, 대금, 거문고의 독특한 소리가 아이들의 가슴을 울리는 것을 느끼기 시작했다. 나중에 알고 보니 이런 교육이 인성교육의 원리인 수직문화 교육이었다! 그래서 우리 가정과 교회에서는 쉐마교육연구원에서 보급하는 국악으로 된 쉐마 3대 찬양과 쉐마 효도 찬양을 3대가 함께 즐겨 부르고 있다. 전쟁기념박물관에서 고난의 역사를 보여 주고, 거제 포로수용소에서 전쟁과 분단 조국의 아픈 현실을, UN묘지에서는 국력의 중요성을 가르쳤다. 그 뒤 책을 읽을 때나, 시사문제를 이야기할 때 아이들의 생각이 사뭇 달라진 것을 느낄 수 있었다.

쉐마교육을 받을 때 유대인의 절기교육에 큰 도전을 받고, 그동안 고난주간에 어른들만 하던 아침금식을 다 함께 했는데 아이들이 잘 따라주었다. 아이들이 금식하고 학교에 가면 안쓰러운 마음에 오전 내내 더 기도를 했다. 먹고 싶은 것을 참기 어려운 시기의 아이들이라 더욱 예수님의 고난을 추상적으로가 아닌 체험적으로 느끼는 것 같았다. 자연을 좋아하는 남편은 쉬는 날이면 거제도 교회수련원에 가서 아이들과 텃밭을 가꾸고 바다에서 게와 조개도 잡는다. 이것도 나중에서야 아이들의 EQ교육에 유익하다는 사실을 알게 됐다.

집에서 TV를 치우는 결단을 하다

가장 힘든 결단은 정통파 유대인들처럼 집에서 TV를 없애는 것이었다. 쉐마를 다녀온 뒤 1시간만 허용하던 TV 시청이나 게임을 일체 금지했는데, 아이들은 아쉬워하고 투정도 부렸다. 30분을 봐도, 1시간을 봐도 만족함이 없는 아이들의 태도를 보고 '완전히 끊는 것이 유익하겠다.'는 결심을 굳혔다.

2003년 10월 드디어 집에서 TV를 치웠다. 그러나 아이들의 반응은 의외로 담담했다. 하나같이 "있어도 못 보는데요, 뭐!" 하는 것이었다. 아쉬운 사람은 나 하나였다!

가끔 유익한 비디오를 보고 말씀을 나누는 것으로 대신했다. 놀라운 것은 계속 영상을 보여주지 않았더니 오히려 딱딱한 다큐멘터리나 영화를 더 잘 소화한다는 점이었다.

지난 여름 우리 가족은 로만 폴란스키 감독의 〈피아니스트〉라는 영화를 비디오로 감상하며 이야기를 나눴다. 그런데 글쓰기를 싫어하던 큰아이가 일기장 3쪽에 나라와 민족의 소중함, 실력의 가치 등에 대해 써놓은 것을 보고 우리 부부는 놀라고 감사했다.

TV를 보지 않게 되자 수평문화를 차단하는 효과만 있는 것이 아니고 부수적 효과도 컸다. 방과 후 시간에 예체능 교육과 바깥놀이 및 다양한 양서들을 읽게 한 것이다. 자연스럽게 시각적인 교육에서 활자를 읽는 문화로 바뀌었다. 또 가족이 더 많은 시간을 함께 보내게 되고, 책 읽는 것이 가정의 문화로 자리 잡았다. 그러나 교회 안에서조차 '아이들을 너무 가둬 키우는 것 아니냐!'는 시선이 있었고 아이들도 같이 달려갈 친구가 없는 것이 큰 어려움이었다.

어린이 새벽모임을 떠오르게 하신 하나님

남편이 교회에서 수요쉐마 강의를 한 지 6개월쯤 지나자 반응이 나타나기 시작했다. 아이들을 데리고 예배에 참석하는 성도가 점점 늘고 목사님 가정에서 하는 교육을 배우고 싶다는 분들이 많아졌다. 그래서 자세히 설명해 주고 교재도 나누어 주었으나 지속적으로 하는 일은 쉽지 않았다. 그러던 중 영혼 구원을 위해 젊은 부부가 40일 작정으로 새벽기도를 시작했는데 따라온 아이들이 기도에 집중하지 못하고 방해하는 일들이 생겼다.

사모인 나로서는 너무나 고민스러웠다. 작정하고 기도하는 젊은 부부들을 말릴 수도 없고 1시간이 넘도록 아이들을 잡아두기도 어려운 일이었다. 이 일로 하나님께 아뢰자 어린이 새벽모임을 떠오르게 하셨다. 할렐루야! 그러나 막상 시작하려니 두려운 마음이 들었다. '한 번 시작하면 평생 달려가야 할 텐데……' 하는 마음이 나를 눌렀다. 남편은 하나님이 좋아하시는 일이고 어린 영혼을 하나님 나라 가치로 훈련시킬 탁월한 방법이라며 격려하고 적극 지원을 약속했다. 그러나 남편은 결코 교인들에게 자녀들을 새벽기도에 나오게 하라고 강요하지 않았다.

쉐마교육 후 큰 아이가 시험에서 1등을 했다
-성경교육은 세상 교육을 능가한다-

이 무렵 큰아이가 학기 말 시험에서 1등을 하는 축복을 받았다. 큰아이는 조기입학한 경우여서 부담을 느낄까봐 공부를 강조하지 않았다. 쉐마교과서에서 배운 대로 유대인처럼 먼저 영혼을 위한 내면적 성경교육을 계속하면 외면적 세상 학문도 겸비된다는 증거였다. 어린이 새벽모임이 시작되자 부모님들이 너나 할것없이 좋아하며 아이들을 데리고 나왔다. 우리 집 아이 3명뿐이던 새벽기도회에 학부모들의 자발적 참여로 아이들이 25명으로 늘었다.

이제 세대차이 없이 새벽기도를 드리게 됐다. 제일 좋아한 사람은 20개월을 먼저 달려온 우리 집 아이들이었다. "왜 우리만 새벽에 일어나야 해요?" "언제까지 할 건데요?" 하며 투정하던 말이 쑥 들어갔다. 쉐마교육을 시작한 지 1년 8개월 만의 결실이었다.

　부모들이 새벽마다 아이들을 깨워 오느라고 전쟁을 치르고, 믿지 않는 남편을 설득하느라 힘겨운 경우도 있었다. 어느 성도는 외아들을 바로 키울 유일한 길이라며 새벽 4시에 나와 아들과 함께 교회를 청소했다. 코피 흘리는 아이, 밤새 이불에 지도 그리는 아이, 안 간다고 우는 아이 등등 온갖 일들이 있었지만 일단 새벽예배를 보고 운동장을 한 바퀴 돌 때면 다섯, 여섯 살 난 동생들까지 함께 나섰다.

　오히려 새벽예배에 나오는 것을 가장 힘들어 한 사람은 대학생과 청년들이었다. 워낙 올빼미 체질로 굳어져 도저히 새벽에 일어날 수가 없다고 했다. 주일학교 교사인 S양은 제자훈련 때마다 "사모님, 저는 새벽 체질이 아니에요, 저는 죽어도 못 나와요." 하며 작정기도 주간에도 못 나오는 대학생이었다. 그런데 이변이 생겼다. 주일 공과 공부 시간에 새벽예배에 나오는 반 아이들이 "선생님은 집도 가까우신데 왜 새벽예배에 안 나와요?" 하는 바람에 자다가도 그 소리만 생각하면 벌떡 일어나진다며 새벽을 깨우기 시작했다. 그 뒤로 부모도 못 말린다는 인터넷을 하지 않게 됐다.

　사실 새벽에 나오는 초등학생 중에는 20분 이상 걸어서 오는 아이, 차로 15분 이상 오는 아이들도 있다. 우리 교회는 교인의 50% 이상이 타지역에서 차를 타고 오는데 이 일로 교회 가까이 살고 싶어하는 분들이 많아졌다. 신기한 것은 어릴수록 빨리 적응한다는 것이다. 처음에는 부모 손에 끌려 나오더니 3주쯤 지나 익숙해지고 차츰 저희들끼리 경쟁이 붙자 "새벽예배를 평생 하겠다."고 말하는 아이들도 있었다. 인성교육의 실천은 어릴 때부터 하는 것이 좋다는 증거였다.

교육부흥회 후 세대차이 없이 3대가 신앙생활

지난해 12월 마지막 주에 현용수 교수님께서 우리 교회에서 부흥회를 하신 뒤 "정말 가치 있는 일을 하고 있다."는 자긍심이 생겼다. 좋은 것 같아서 따라오긴 왔는데 그 가치를 제대로 모르다가 '원조' 로부터 그 가치를 인정받으니 한층 자신감이 생긴 것이다.

그리고 가정에서나 교회에서도 3대가 함께 예배 드리고, 새벽예배도 3대가 함께 드리는 것으로 바꾸고 있다.

남편은 거제수련원에서 청소년세계비전을 위해 준비하며 기도해 왔는데, 쉐마교육 이후 구체적인 방법으로 세대차이 없이 부모가 자녀를 제자 삼는 것을 목회의 비전으로 삼고 새벽을 깨우는 부모와 아이들을 격려하고 있다. 쉐마교육이 성경적 자녀 비전의 원리로 가장 탁월하다고 확신하는 데는 3가지 이유가 있다.

첫째, 하나님이 주신 교육원리와 내용이며
둘째, 4200년간 이를 실천한 유대인의 선민교육을 통해 이 교육의 탁월함이 검증되었고
셋째, 현재 우리 가정과 교회가 그 원리와 방법으로 새롭게 변화하는 임상의 현장이 되고 있기 때문이다.

이것은 미래를 심는 시작일 뿐이다. 먼저 내가 쉐마를 통해서 배운 하나님 나라 가치로 무장하고, 가정과 교회 공동체를 통해서 자녀들을 지성과 영성을 겸비한 하나님 나라의 훈련된 군사로 키우는 일을 위해 끝까지 달려갈 것이다. 자녀 비전에 획을 그어주신 현 교수님께

너무나 감사드린다. 그리고 현 교수님을 만나게 하신 하나님을 찬양하며 그분께 영광을 돌린다.

큰아이가 학기 말 시험에서 1등을 하는 축복을 받았다.
쉐마교과서에서 배운 대로 유대인처럼 먼저 영혼을 위한
내면적 성경교육을 계속하면 외면적 세상 학문도 겸비된다는 증거였다.

학교와 사회에 적용

교육계의 답답했던 숙제들이 시원하게 풀렸다
정지웅 박사

- 서울대학교 농업생명대학 명예교수
- 서울대학교 사범대학 교육행정 BA
- 서울대학교 대학원 교육학 MA
- 국립 필리핀 대학교 대학원 at Los Banos 지역사회개발 Ph.D.

나는 학부와 대학원에서 교육학을 전공했고, 박사과정에서 지역사회개발을 전공하여 41년간 서울대학교 학생들에게 지역사회개발과 사회교육에 관하여 가르쳤다. 종래 이스라엘 정착과 관련하여 키부츠와 모샤브 공동체에 대한 약간의 공부를 통해 유대인들의 교육방식이 독특한 점은 다소 알고 있었으나, 이번 기회에 이토록 심층적으로 공부할 수 있게 되어 이러한 기회를 준 쉐마교육연구원에 크게 감사하면서 앞으로 한국의 교회와 교회교육의 개선을 위한 몇 가지 생각과 결심을 다지게 되었다.

본 교회 담임 목사님의 권고로 아내와 함께 쉐마교육에 참석했을 때, 처음에는 그 교육이 그 교육이겠지 생각하며 별 기대를 하지 않았다. 그런데 막상 교육을 받고 나니 전혀 예상 외의 소득을 얻고 가슴이 뿌듯했다. 평생 한 번도 들어 보지 못했던 내용들이 많았고 교육현장에서 늘 답답했던 숙제들이 이번 기회에 시원하게 풀리면서 이것이 앞으로 한국 교육의 대안이 되리라는 확신을 얻게 되었다. 몇 가지 개인적 생각과 결심을 제시해 본다.

유대인은 총 5775년의 히브리 족속·유대민족의 역사에서 아브라함 이후 4200여년간의 역사를 가지고 있으면서, 오늘날의 이스라엘 국가를 이루기까지 거의 1900년을 나라 없이 살면서, 20세기에는 약 20여 년간 600만 명의 대학살을 당하는 고난을 겪기도 했다. 이러한 긴 고난의 역사 속에서도 세계를 변화시킨 인물이 많이 나왔고 중동의 사막 지역에 작은 나라를 세우고 열강과 겨루는 부와 강국을 이룩한 그 열쇠가 무엇이었는지를 발견했다.

이스라엘 재건 역사의 기본의 하나는 신앙의 반석 위에 이룩한 가정교육이며, 이것이 곧 쉐마교육이라는 점이다. 그 신앙의 기초가 토라(모세 5경), 특히 그 중에도 창세기 18장 19절(아브라함에게 준 지상명령)과 신명기 6장 4-9절(이스라엘 민족에게 준 지상명령)이었다. 이것이 곧 쉐마교육의 핵심이다. 언뜻 보기에 쉬운 것 같지만 변화가 심한 이 세상에서 천년을 두고 과연 계승해 나갈 수 있는지에 대해서는 누구도 장담할 수 없으리라 본다. 그런데 유대민족은 이를 계승해 나가고 있다는 점에 대해 우리 한민족은 큰 교훈을 삼아야 할 것이다.

이러한 쉐마교육을 가능하게 한 핵심 주체가 자녀의 지적 발달에 큰 영향을 주는 아버지의 역할과, 이에 앞서 자녀의 감성 발달을 좌우하는 어머니의 자녀양육과 인성교육이라는 점이다. 또한 유대인은 가정을 성전으로 귀하게 여기어 안식일과 절기마다 가정예배를 중시하고, 산아제한을 하지 않고 자녀를 많이 출산하고 있으며, 이들의 영성훈련과 인성교육에 큰 역점을 두어 효를 중시하는 가정교육을 실시하고 있다. 우리도 그러한 가정교육을 체계 있게 해야 할 것이다.

교회예배와 교회교육과 관련하여 3대 가족들이 함께 예배를 보는 가족 중심 예배로 체제를 바꾸고 가족원들이 완전히 떨어져 활동하는 것은 지양해야 할 것으로 보인다. 교회는 지역사회 주민을 위한 평생교육을 제공하고 유대인의 가정교육 방식을 널리 알려 교훈을 삼게 할 필요가 있을 것이다.

한편 중등 학교교육에서는 주입식 교육과 남녀공학을 지양하고, 극기 훈련, 고난의 역사 교육 강조, 토론식 교육, 귀납적 사고, 창의성 개발 등을 강조하면서 한국인으로서의 긍지를 갖도록 하는데 역점을 두어야 할 것이다.

앞으로 쉐마교육을 통해 더 많은 사실들을 배우고 깨달아 한국은 물론 세계에서 교육의 바른 방향에 조금이나마 기여할 수 있게 되기를 기원한다.

자녀들도 변합니다

기도회 때 방언의 은사를 받고
박지훈 학생(부산 은혜교회, 중학교 3학년)

1월 14일자로 쉐마 제7기 2학기에 참석했다. 1학기 세미나에서 정말 새로운 것을 많이 알게 되어 큰 기대를 안고 왔다. 현 교수님 강의를 들으면서 다시금 등록비가 아깝지 않다, 오기를 잘 했다고 생각했다.

강의를 들을 때 마음 뜨끔해지는 말도 있었고 회개도 많이 했다. 난 1학기 기도회 때 방언의 은사를 받았다. 그래서 이번 기도회를 몹시 기다렸는데 4~5회 정도 방언을 한 것 같다. 하나님께 내 잘못을 회개할 수 있는 시간이 되어서 너무 좋았고 수평문화에 젖어들다 기도를 통해 건져 올라 온 듯한 느낌이다. 미국에 가지 못하는 것이 아쉽지만 나중에 꼭 유대인들의 생활 모습을 보고 지금까지 내가 살아온 것을 회개하고 앞으로의 삶을 위해 신선한 충격을 맛보고 싶다.

이번 쉐마교육은 정말 다시금 깨닫고 내 마음을 다지는 세미나였다. 또 한 번 하나님과 만나는 시간이었다. 항상 쉐마를 위해 현 교수님을 위해 기도하고 도울 수 있는 후원자가 되고 싶다.

그러다가 와서 강의를 듣고 유대인들이 살아가는 모습과 현대교회의 문제점에 대해 듣고 큰 충격을 받았다. 수직문화와 수평문화를 알고 지금 내가 얼마나 수평문화에 물들어 있는지, 얼마나 수평문화에 물들어 가고 있는지를 알게 되었다.

현용수 교수님이 하시는 말씀에 얼마나 마음이 뜨끔뜨끔했는지 모른다. 현재 우리나라 교육이 얼마나 잘못되었는지 알게 되었다. 지금부터라도 수평문화를 배격하고 수직문화에 물들도록 노력할 것이다.

그리고 부모님께 여기에서 배운 것들과 느낀 것을 말씀드리고 모시고 와야겠다. 장차 장가 가면 내 아들과 손자에게도 가르쳐 주어야겠다. 현재는 강의가 너무 감동적이고 벅차서 도저히 글을 못 쓰겠다. 현용수 교수님께 감사하며 글을 마치겠다.

자녀들도 변합니다

가장 후회스러운 일 '가정예배 반대' 사건
박소영(부산 은혜교회, 중학교 2학년)

2학기 강의 중 내게 가장 많은 것을 느끼게 해 주고, 반성하게 만든 강의는 바로 '효도교육'이었다. 효도교육이 내 마음에 그렇게 깊이 박힌 이유는 아버지가가 생각나서였다.

무엇보다도 내가 가장 후회한 일은 '가정예배 반대' 사건이었다. 하루는 아버지가 성경책을 가져다 놓고 우리를 불러 앉히시면서 아버지가 깨달은 성경말씀을 해 주셨다. 하지만 엄마와 세 딸들은 반쯤 감은 눈으로 꾸벅꾸벅 졸면서 아버지가 기도할 때는 한숨까지 쉬어대며 은근히 불만을 토해냈다. 자존심 강한 아버지는 화가 나셔서 이후 가정예배를 포기하셨다.

이때 내가 쉐마교육을 받았다면 아버지를 위로하고 나머지 가족을 설득했을 것을……. 어쩌면 내가 먼저 나서서 가정예배를 드렸을 텐데……라는 생각이 들어 정말 크게 후회했다. 진정한 수직문화를 우리에게 가르쳐 주신 아버지께 진작 감사해야 했다.

쉐마교육을 듣고 나니 나의 관점이 이렇게 싹 바뀌었다. 할아버지, 할머니를 지극히 모시며 효의 본을 보여 주신 부모님, 한국식 음식을 열심히 만들어 주신 어머니, 한식만을 고집하시는 아버지.

지금은 홈스쿨링 때문에 부모님과 함께 있는 상황이 아니어서 청소나 안마, 가정예배 등을 함께 할 수 없지만 매일 전화를 드리기로 결심했다. 제일 중요한 것은 미래의 나의 자녀들을 말씀 맡은 자로 키우고, 하나님을 경외하고, 순종하는 큰 기업으로 키우자는 굳은 결심을 한다.

 국악 찬양

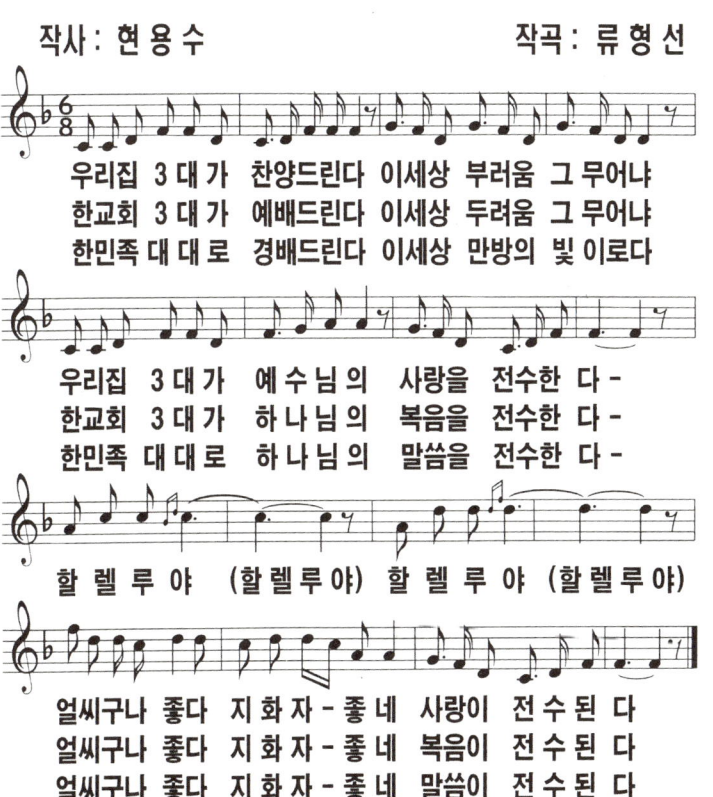

참고자료 (References)

외국 자료

Abramov, Tehilla. (1988). *The Secret of Jewish Femininity.* Southfield, MI: Targum Press Inc.

Adahan, Miriam. (1995). *The Miriam Adahan Handbook: The Family Connection.* Southfield, MI: Targum Press Inc.

_____. (1994). *The Miriam Adahan Handbook: After the Chuppah.* Southfield, MI: Targum Press Inc.

_____. (1994). *The Miriam Adahan Handbook: Nobody's Perfect.* Southfield, MI: Targum Press Inc.

_____. (1988). *Raising Children to Care.* Jerusalem, Israel: Feldheim Publishers.

Aiken, Lisa. (1996). *Beyond bashert: A guide to enriching your marriage.* Northvale, NJ: Jason Aronson Inc.

Agron, David. (1992). *Soviet Jews: A Field God Has Plowed.* Fuller Theological Seminary School of World Mission, ThM Thesis. Pasadena, California.

Agus, J. B. (1941). *Modern Philosophies of Judaism.* New York, NY: Behrman's Jewish Book House.

Allis, O. T. (1982). *The Five Books of Moses.* Translated into Korean by Jung-Woo Kim. Seoul: Christian Literature Crusade.

Allport, G. W. (1946). Some Roots of Prejudice. *Journal of Psychology*, 22, 9-39.

_____. (1950). *The Individual and His Religion.* New York: Macmillan.

_____. (1954). *The Nature of the Prejudice.* Cambridge, MA: Addison-Wesley.

_____. (1959). Religion and prejudice. *Crane Review*, 2, 1-10.

_____. (1960). *Personality and Social Encounter.* Boston: Beacon.

_____. (1963). Behavioral Science, Religion, and Mental Health. *Journal of Religion and Health*, 2, 187-197.

_____. (1966a). The Religious Context of Prejudice. *Journal for the*

Scientific Study of Religion. 5, 447-457.

_____. (1968). *The Person in Psychology.* Boston: Beacon.

Allport, G. W. , & Ross, J. M. (1967). Personal Religious Orientation and Prejudice. *Journal of Personality and Social Psychology,* 5, 432-443.

Angoff, Charles. (1970). *American Jewish Literature.* New York, NY: Simon and Schuster.

Baeck, Leo. (1958). *Judaism and Christianity.* Philadelphia: Jewish Publication of America.

Barclay, William. (1959a). *Train Up A Child.* Philadelphia: Westminster Press.

_____. (1959b). *Educational Ideals in the Ancient World.* Grand Rapids, MI: Baker House.

Barker, K. (1985). *The NIV Study Bible.* Grand Rapids, MI: Zondervan.

Bavinck, Herman. (1988). 개혁주의 교의학. 이승구 역, 서울: 기독교문서선교회.

_____. (1988). 개혁주의 신론. 이승구 역, 서울: 기독교문서선교회.

Bedwell, et al. (1984). *Effective Teaching.* Springfield, IL: Charles C. Thomas.

Bennett, William J. (1993). *The Book of Virtues.* New York, NY: Simon & Schuster.

Benson, C. H. (1943). *History of Christian Education.* Chicago, IL: Moody Press.

Ben-Sasson, H. H. Editor. (1976). *A History of the Jewish People.* Cambridge, MA: Harvard University Press.

Berenbaum, Michael. (1993). *The World Must Know, The History of the Holocaust As Told in the United States Holocaust Memorial Museum.* Boston, MA: Little, Brown and Company.

Berkhof, Louis. (1971). *Systematic Theology.* London: Banner of truth.

_____. (1983). *Manual of Christian Doctrine.* Grand Rapid, MI: Eerdmans.

Bigge, Morris L. (1982). *Learning Theories for Teachers.* New York, NY: Harper & Row.

Birnbaum, Philip. (1991). *Encyclopedia of Jewish Concepts.* New York, NY: Hebrew Publishing Company.

Bloch, Avrohom Yechezkel. ( ). *Origin of Jewish Customs: The Jewish*

Child. Brooklyn, NY: Z. Berman Books.

Botterweck & Ringgren, ed. (1977). *Theological Dictionary of the Old Testament, Vol. 1*. Grand Rapids, MI: Eerdman Publishing Company.

Bower, G & Hillgard, E. R. (1981). *Theories of Learning*. Englewood Cliffs, NJ: Prentice-Hall.

Boyer, Barbara. Grossberg, *Peterson Sent to Jail*. Philadelphia Inquirer, July 10, 1998.

Branden, Nathaniel. (1985). *Honoring the Self: Self-Esteem and Personal Transformation*. New York, NY: Bantam.

_____. (1988). *How to Raise Your Self-Esteem*. New York, NY: Bantam.

_____. (1995). *Six Pillars of Self-Esteem*. New York, NY: Bantam.

Bridger, David. ed. (1962, 1976). *The New Jewish Encyclopadia*. West Orange, NJ: Behrman House, Inc.

Brown, Collin, ed. (1975). *The New International Dictionary of New Testament Theology, Vol. 1*. Grand Rapids, MI; Regency Reference Library, Zondervan.

Brown, Driver & Briggs. (1979). *The New Brown – Driver – Briggs – Genesis Hebrew and English Lexicon*. Peabody, Ma: Hendrickson Publishers.

Brown, Michael. (1989). *The American Gospel Enterprise*. Shippensburg, PA: Destiny Image Publishers.

_____. (1992). *Our Hands Are Stained with Blood*. Shippensburg, PA: Destiny Image Publishers.

_____. (1994). *Our Hands Are Stained with Blood*. Translated into Korean by Hansarang World Mission College Press. Seoul: Hansarang World Mission College Press.

_____. (1990). *How Saved Are We?* Shippensburg, PA: Destiny Image Publishers.

_____. (1991). *Power of God*. Shippensburg, PA: Destiny Image Publishers.

_____. (1993). *It's Time to Rock the Boat*. Shippensburg, PA: Destiny Image Publishers.

_____. (1995a). *Israel's Divine Healer*. Grand Rapids, MI: Zondervan Publishing House.

_____. (1995b). *High-Voltage Christianity*. Lafayette, LA: Huntington

House Publishers.

Bryant, Alton. Editor. (1967). *The New Compact Bible Dictionary*. Grand Rapids, MI: Zondervan.

Calvin, John. (1981). *Genesis, the Pentateuch, Vol. I*. Grand Rapid, MI: Baker Book House.

_____. (1981). *Exodus, the Pentateuch, Vol. II*. Grand Rapid, MI: Baker Book House.

_____. (1981). *Institutes of the Christian Religion*. Translated by Moon Jae Kim, Seoul: Haemoon-sa.

Canfield, Jack. (1993). *Chicken Soup for the Soul*. Deerfield Beach: Health Communications, Inc.

Chait, Baruch. (1992). *The 39 Avoth Melacha of Shabbath*. Jerusalem, Israel: Feldheim Publishers, Ltd.

Chung, Susan. (2001). *Educational Advices, in Christian Herald*. September 23, 2001. p. 9. LA, CA.

Cohen. (1992). *The Psalms. Revised by Rabbi Oratz*. New York, NY: The Soncino Press, Ltd.

Cohen, Abraham. (1983). *Everyman's Talmud*. Translated in Korean by Ung-Soon Won, Seoul: Macmillian

_____. (1995). *Everyman's Talmud*. New York, NY: Schocken Books.

Cohen, Simcha Bunim. (1993). *Children in Halachan*. Brooklyn, NY: Mesorah Publications, Ltd.

Coleman, William L. (1987). *Environments and Customs of Bible Times*. Seoul: Seoul books.

Commonweal(Magagine). (1981). April 24.

Complete Word Study Dictionary(The). (1992). *Complied and edited by Spiros Zodhiates*. Chattanooga, TN: AMG Publishers.

Cooper, James. (1986). *Class Room Teaching Skills*. Lexington, MA: D. C. Heath and Company.

Cross and Markus. (1999). The Cultural Constitution of Personality. *Handbook of Personality*. Edited by Pervin and John. pp. 378-396, New York, NY: The Guilford Press.

Daloz, Laurent A. (1986). *Effective Teaching and Mentoring*. San Francisco,

CA: Jossey-Bass.

Darmesteter, A. (1897). *The Talmud.* Philadephia: The Jewish Publication Society of America.

Debour, Rolang. (1992). *Social Customs in Old Testaments(I).* Seoul: Kidok Jungmoon-sa.

_____. (1993). Social Customs in Old Testaments(II). Seoul: Kidok Jungmoon-sa.

Derovan & Berliner. (1978). *The Passover Haggadah.* Los Angeles, CA: Jewish Community Enrichment Press.

Dewey, John. (1916). *Democracy and Education.* New York, NY: The Free Press.

_____. (1938). *Experience and Education.* New York, NY: Macmillian publishing Co.

Ditmont, Max I. (1979). *Jews, God and History(한국역: 이것이 유대인이다).* Translated into Korean by Young Soo Kim, Seoul, Korea: 한국기독교문학연구 출판부.

Dobson, James. (1992). *Dare to Discipline.* Wheaton, IL: Tyndale House Publisher, inc.

Doerksen, V. D. (1965). *The Biblical Doctrine of Progressive Sanctification.* Unpublished ThM. Thesis of Talbot Seminary.

Donin, Hayim Halevy. (1972). *To Be A Jew: A Guide to Jewish Observance in Contemporary Life.* USA: Basic Books.

_____. (1977). *To Raise A Jewish Child: A Guide for Parents.* USA: Basic Books.

_____. (1980). *To Pray As A Jew: A Guide to the Prayer Book and the Synagogue Service.* USA: Basic Books.

Drazin, N. (1940). *History of Jewish Education.* Baltimore: The Johns Hopkins press.

Eavey, C. B. (1964). *History of Christian Education.* Chicago, IL: Moody.

Ebner, Eliezer. (1956). *Elementary Education in Ancient Israel.* New York: Bloch publishing Co.

Emma Gee. (1976). *Counter Point, Perspectives on Asian America.*

Encyclopedia Britannica, Macropaedia, Vol. 10. (1979). Chicago, IL: Encyclopedia Inc.

Encyclopaedia Britannica, Micropaedia, Vol. V. (1979). Chicago, IL: Encyclopedia Inc.

Encyclopaedia Britannica, Micropaedia, Vol. IX. (1979). Chicago, IL: Encyclopedia Inc.

Encyclopaedia of Judaica. (1993). Decennial Books 1983-1992. NY: Mc Millan.

Erikson, E. (1959). *Identity and the Life Cycle, Psychological Issues. Vol. 1.* New York: International University Press.

Erikson, E. (1959). *Dimensions of New Identity (1st Ed.).* New York: W. W. Norton & Co.

_____. (1963). *Childhood and Society (2nd Ed.).* New York: W. W. Norton & Co.

_____. (1968). *Identity Youth and Crisis.* New York: W. W. Norton & Co.

_____. (1982). *The Life Cycle Completed.* London: W. W. Norton & Co.

Feldman, Emanuel. (1994). *On Judaism.* Brooklyn, NY: Shaar Press.

Feldman, Sharon. (1987). *The River the Kettle and the Bird.* Spring Valley, NY: Philip Feldheim Inc.

Fowler, J. W. (1981). *The Psychology of Human Development and the Quest for Meaning.* New York: Harper & Row, Publishers, Inc.

Friedman, Avraham Peretz. (1992). *Table for Two.* Southfield, MI: Targum Press Inc.

Fromm, Erich. (1989). *The Art of Loving.* NY: Harper & Row, Publishers.

Fuchs, Yitzchak Yaacov. (1985a). *Halichos Bas Yisrael, A Woman's Guide to Jewish Observance. Vol. 1.* Oak Park, MI: Targum Press.

_____. (1985b). *Halichos Bas Yisrael, A Woman's Guide to Jewish Observance. Vol. 2.* Oak Park, MI: Targum Press.

Gangel, K & Benson, W. (1983). *Christian Education: It's History & Philosophy.* Chicago: Moody Press.

Geiger, K. (1963). *Further Insights Into Holiness.* Kansas City: Beacon Hill Press.

Goetz, Bracha. (1990). *The Happiness Book.* Lakewood, NJ: CIS Publishers and Distributors.

Gold, Avie. (1989). *Artscroll Youth Pirkei Avos.* Brooklyn, NY: Mesorah Publications Ltd.

Golding, Goldie. (1988). *Arrogant Ari*. Brooklyn, NY: Sefercraft, Inc.

Goleman, Daniel. (1995). *Emotional Intelligence*. New York, NY: Bantam Books.

Gollancz, S. H. (1924). *Pedagogies of the Talmud and That of Modern Times*. London: Oxford University press.

Gordon, M. M. (1964). *Assimilation in American Life*. New York, NY: Oxford University Press.

Greenbaum, Naftali. (1989). *Honor Your Father and Mother*. Bnei Brak, Israel: Mishor Publishing Co., Ltd.

Grider, J. K. (1980). *Entire Sanctification: The Distinctive Doctrine of Wesleyanism*. Kansas City: Beacon Hill Press.

Guder, Eileen. (1982). *We are Never Alone*. Translated by Eujah Kwon, Seoul: Voice Publishing Company.

Han, Woo Keun. (1970). *The History of Korea*. Seoul: Eul-yoo Publishing Co.

Hauslin, Leslie. (1990). *The Amish: The Ending Spirit*. New York: Crescent Books/Random House.

Hefley, James. (1973). *How Great Christians Met Christ*. Chicago, IL: The Moody Bible Institute of Chicago.

Heller, A. M. (1965). *The Jew and His World*. New York, NY: Twayne Publishers, Inc.

Heller, Rebbetzin Tziporah. (1993). *More Precious Than Pearls*. Spring Valley, NY: Feldheim Publishers.

Hertz, Joseph H. (1945). *Sayings of the Fathers(Ethics of the Fathers)*. USA: Behrman House Inc.

Hirsch, Samson Raphael. (1988). *Collected Writings of Rabbi Samson Raphael Hirsch*. Jerusalem, Israel: Feldheim Publishers Ltd.

_____. (1989a). *Genesis, the Pentateuch, Vol. I*. Gateshead: Judaica Press Ltd.

_____. (1989b). *Exodus, the Pentateuch, Vol. II*. Gateshead: Judaica Press Ltd.

_____. (1989c). *Leviticus, the Pentateuch, Vol. III*. Gateshead: Judaica Press Ltd.

_____. (1989d). *Numbers, the Pentateuch, Vol. IV*. Gateshead: Judaica Press Ltd.

_____. (1989e). *Deuteronomy, the Pentateuch, Vol. V*. Gateshead: Judaica

Press Ltd.

_____. (1990). *The Pentateuch*. Edited by Ephraim Oratz, New York, NY: Judaica Press, Inc.

Holloman, H. W. (1989). *Highlights of the Spiritual Life(N. T)*. Unpublished class syllabus of Talbot School of Theology.

Holocaust(The). (   ), Yad Vashem, Jerusalem: W. Turnowasky & Son Ltd.

Holy Bible. (NIV, KJV). (1985).

The Jewish Bible. TANAKH, The Holy Scriptures by JPS, 1985.

Hook, S. (1950). *John Dewey*. New York, NY: Barnes & Noble, Inc.

Hurh & Kim. (1984). *Korean Immigrants in America*. Cranbury, NJ: Associated University.

Hyun, Yong Soo. (1990). *The Relationship between Cultural Assimilation Models, Religiosity, and Spiritual Well-Being Among Korean-American College Students and Young Adults in Korean Churches in Southern California*. Doctoral dissertation(Ph.D.), Biola University, Talbot School of Theology, La Mirada CA. Ann Arbor: University Microfilms International.

_____. (1993). *Culture and Religious Education*. Seoul: Qumran.

_____. (1993). *Jewish Education Seminar Note*. Los Angeles, CA: SCEI.

_____. (1993). *Jewish Education Seminar Cassette Tapes*. Los Angeles, CA: SCEI.

Ives, Robert. (1991). *Shabbat and Festivals Shiron*. Beverly Hills, CA: The Medi Press.

Jacobs, Louis. (1984). *The Book of Jewish Belief*. New York, NY: Behrman House, Inc.

_____. (1987). *The Book of Jewish Practice*. West Orange, NJ: Behrman House, Inc.

Jensen, I. R. (1981a). *Genesis: A Self-Study Guide*. Translated into Korean by In-Chan Jung. Seoul: Agape Publishing House

_____. (1981b). *Exodus: A Self-Study Guide*. Translated into Korean by In-Chan Jung. Seoul: Agape Publishing House.

Josephus. (1987). *Wars of Jews, VII*. Translated by Jichan Kim, Seoul, Korea: Word of Life Press.

Joyce, B & Weil, M. (1986). *Models of Teaching.* Englewood Cliffs, NJ: Prentice-Hall.

Kaplan, Aryeh. (1983). *If You Were God.* New York, NY: Olivestone Print Communications, Inc.

Kaufman, Y. The Lawyers Unite. (Sept. 1985). *Moment* 10, 8. 45-46.

Keil & Delitzsch. (1989a). *Genesis, the Pentateuch, Vol. I.* Grand Rapid, MI: Hendrickson.

_____. (1989b). *Exodus, the Pentateuch, Vol. II.* Grand Rapid, MI: Hendrickson.

Kling, Simcha. (1987). *Embracing Judaism.* New York, NY: The Rabbinical Assembly.

Koh, Yong Soo. (1994). *A Theology of Christian Education as Encounter.* Seoul: Presbyterian Theological Seminary Press.

Kohlberg, L. (1981). *Essays on Moral Development: The Philosophy of Moral Development.* (Vol. 1). New York: Harper & Row.

_____. (1984). *Essays on Moral Development: The Psychology of Moral Development.* (Vol. 2). New York: Harper & Row.

Kolatch, Alfred J. (1981). The Jewish Book of Why. Middle Village, NY: Jonathan David Publishers, Inc.

_____. (1985). *The Second Jewish Book of Why.* Middle Village, NY: Jonathan David Publishers, Inc.

_____. (1988). *This Is the Torah.* Middle Village, NY: Jonathan David Publishers, Inc.

Korea Times(The), (Los Angeles Edition), (1989). *Korean-American Population Increase.* May 26.

Kosmin, Barry. (1990). *Exploring and Understanding the Findings of the 1990 National Jewish Population Survey.* Unpublished research paper in University of Judaism. Los Angeles: CA.

Kuyper, A. (1956). *The Work of the Holy Spirit.* trans. Henri De Vries, Grand Rapids: Wm. B. Eerdmans Publishing Company.

LaHaye, Beverly. (1978). *The Spirit Controlled Woman.* Translated by Eun-Soon Yang. Seoul: Word of Life Press.

Lamm, Maurice. (1969). *The Jewish Way in Death and Mourning.* New York: Jonathan David Publishers.

_____. (1980). *The Jewish Way in Love and Marriage*. Middle Village, NY: Jonathan David Publishers, Inc.

_____. (1991). *Becoming a Jew*. Middle Village, NY: Jonathan David Publishers, Inc.

_____. (1993). *Living Torah in America*. West Orange, NJ: Behrman House, Inc.

Lampel, Zvi. trans. (1975). *Maimonides' Introduction to the Talmud*. New York, NY: Judaica Press.

Lange, J. p. (1979). *The Book of Genesis I & II*. Translated into Korean by Jin-Hong Kim. Seoul: Packhap.

Lapin, Daniel. (2001). *Buried Treasure. Sisters.* OR: Multnomah Publishers, Inc.

_____. (2002). *Thou Shall Prosper(Ten Commandments for Making Money)*. Hoboken, NJ: John Wiley & Sons, Inc.

_____. (2004). *선한 부자를 위한 10계명[원제: Thou Shall Prosper(Ten Commandments for Making Money]*. Translated into Korean by Jae Hong Kim. Seoul: Siat Publishing Co.

Lee, Nam-Jong. (1992). *Christ in the Pentateuch*. Seoul: Saesoon Press.

Lee, Sang-Keun. (1989). *Genesis, the Lee's Commentary*. Seoul: Sungdung-sa.

_____. (1989). *Exodus, the Lee's Commentary*. Seoul: Sungdung-sa.

Lee, Sung Eun. (1985). *Conflict Resolution Styles of Korean-American College Student*. Ann Arbor, MI: University Microfilms International, A Bell & Howell Information Company.

Leedy, p. D. (1980). *Practical Research*. New York, NY: Mcmillan.

Leri, Sonie B. & Kaplan, Sylvia R. (1978). *Guide for the Jewish Homemaker*. New York, NY: Schocken Books.

Leupold, H. C. (1942). *Exposition of Genesis. Vol. I*. Grand Rapids: Baker.

_____. (1974). *Exposition of the Psalms*. Grand Rapids: Baker.

Levinson et al. , (1978). *The Season's of Man's Life*. New York, NY: Alfred A. Knopf.

Lipson, Eric-Peter. (1986). *Passover Haggadah*. USA: Thomas Nelson, Inc.

Los Angeles Times. *Annual Income, Americans vs. Jews*. April 13, 1988. p. 14.

_____. *Police Link Slain Honor Student to Theft Scheme*. 1993, January 6,

A1, 13.

_____. *Slaying of Honors Student Detailed*. 1994, April 8, A3.

_____. *2 Rabbis Accused of Molesting Girl*. 15. 1995, June 2, B1.

_____. *Hostage Drama in Moscow*. 1995, Oct. 15, A1, 4.

Lowman, Joseph. (1984). *Mastering the Techniques of Teaching*. San Francisco, CA: Jossey-Bass.

Luther, Martin. (1962). *On the Jews and Their Lies*. trans. Martin H. Bertram, in Martin Luther's Works, 47:268-72(1543). Philadelphia, Pa: Muhlenberg.

Luzzatto, Moshe Chaim. (1989). *The Ways of Reason*. Jerusalem, Israel: Feldheim Publishers Ltd.

MacArthur, John. (2001). *Successful Christian Parenting*. Translated into Korean by Ma Young Rae, Seoul: Timothy Publishing House.

Maertin, Doris & Boeck, Karin. (1996). *E.Q. Munchen*. Translated into Korean by Myong Hee Hong. Germany: Wilhelm Heyne, Veriag Gmbtt & Co.

Matzner-Bekerman, Shoshana. (1984). *The Jewish Child: Halakhic Perspectives*. New York, NY: KTAV Publishing House, Inc.

McGavran, Donald. (1980). *Understanding Church Growth*. Grand Rapid, MI: Zondervan.

Meier, Paul. (1988). *Christian Child-Rearing and Personality Development*. Translated into Korean by Jeoung Hee-Young. Seoul: Chongshin College Press.

Miller, Basil. (1943). *John Wesley*. Grand Rapid, MI: Zondervan Publishing House.

Miller Yisroel. (1984). *Guardian of Eden*. Spring Valley, NY: Feldheim Publishers.

Milwaukee Journal Sentinal. July 7, 1998.

Moment, No. 10, 8, 1985.

_____. January and February 1988.

_____. No. 9, 1988.

Morris, V. C. & Pai, Y. (1976). *Philosophy and American School*. Boston: Houghton Miffin.

Munk, Meir. (1989). *Sparing the Rod*. Brooklyn, NY: Mishor Publishing Co., Ltd.

Murray, Charles. (2007). *Jewish Genius.* Commentary, April, 2007, p. 30.

Narramore, Clyde M. (1979). *A Woman's World.* Grand Rapids, MI: Zondervan Publishing House.

Neath, Ian. (1998). *Human Memory.* Pacific Grove, CA: Brooks/Cole Publishing Co.

The New Compact Bible Dictionary. (1967). Editor; Alton Bryant. Grand Rapids, MI: Zondervan.

The New International Dictionary of New Testament Theology Vol. 1. Edited by Collin Brown, 1975, Grand Rapids, MI; Regency Reference Library, Zondervan.

Nye, Joseph Jr. (1990). *Bound to Lead: The Changing Nature of America Power.* Translated in Korean by No-Woong Park. (21세기 미국파워). Seoul: The Korea Economic Daily.

Orlowek, Rabbi Noach. (1993). *My Child, My Disciple.* Nanuet, NY: Feldheim Publishers.

Oxford Advanced Learner's Dictionary of Current English as Hornby(혼비영영한사전). (1987). 서울: 범문사.

The Outlook, Rabbi's Aide Gets 22 Months in Prison. 1996, Jan. 20. B1.

Payne, J. B. (1954). *An Outline of Hebrew History.* Grand Rapid, MI: Baker Book House.

Pervin and John. ed. (1999). *Handbook of Personality.* New York, NY: The Guilford Press.

Piaget, Jean. (1972). *Biology and Knowledge.* Chicago, IL: The University of Chicago Press and Edinburgh: Edinburgh University Press.

Pilkington, C. M. (1995). *Judaism.* Lincolnwood, Il: NTC Publishing Group.

Paloutzian, R. F., & Ellison, C. W. (1982). *Loneliness, Spiritual Well-Being and Quality of Life.* In L. A. Peplau and D. Perlman (Eds). Loneliness: A Sourcebook of Current Theory, Research and Therapy. New York: Wiley Interscience.

Hiebert, Paul G. (1985). *The Missiological Implications of an Epistemological Shift.* Theological Students Fellowship. 8(5): 12-18.

Radcliffe, Robert J. Bloom's Taxonomy-Cognitive Domain Levels of Critical Thinking. *Peabody Journal of Education,* 3/70.

Radcliffe, Sarah Chana. (1988). *Aizer K'negdo: The Jewish Woman's Guide* to Happiness in Marriage. Southfield, MI: Targum Press Inc.

Radcliffe, Sarah Chana. (1989). *The Delicate Balance*. Southfield, MI: Targun Press Inc.

Rashi. (1996). *The Metsudah Chumash. vol. V*. Hoboken, NJ: KTAV Publishing House.

Ratner, J. (1928). *The Philosophy of John Dewey*. New York, NY: Henry Holt and Co.

Rausch, David A. (1990). *A Legacy of Hate: They Christians Must Not Forget the Holocaust*. Grand Rapids: Baker.

Reuben, Steven Carr. (1992). *Raising Jewish Children In A Contemporary World*. Rocklin, CA: Prima Publishing.

Sanders, E. P. (1995). *Paul, the Law, and the Jewish People*. Translated by Jin-Young Kim, Seoul: Christian Digest.

Scherman, Nosson. (1992). *The Complete ArtScroll Siddur*. NY: Mesorah Publication, Ltd.

Scherman, Nosson & Zlotowitz, Meir. Editors (1994). *The Chumash*. Brooklyn, NY: Mesorah.

Schlessinger, B. & Schlessinger, J. (1986). *The Who's Who of Nobel Prize Winners*. Oryx Press.

Seitz, Ruth. (1991). *Amish Ways*. Harrisburg, PA: RB Books.

_____. (1989). *Pennsylvania's Historic Places*. Intercourse, PA: Good Books.

Seymour Sy Brody, Art Seiden(Illustrator), (1996). *Jewish Heroes and Heroines of America: 150 True Stories of American Jewish Heroism*. New York, NY: Lifetime Books.

Shapiro, Michael. (1995). *The Jewish 100*. Secaucus, NJ: Carol Publishing Group.

Shilo, Ruth. (1993). *Raise A Child As A Jew*. Translated and edited by Hyun-Soo Kim, Gae-Sook Bang. Seoul: Minjisa.

Singer, Shmuel. (1991). *A Parent's Guide to Teaching*. Hoboken, NJ: Ktav Publishing House, Inc.

Skinner, B. F. (1969). *Contingencies of Reinforcement*. Meredith.

Solomon, Victor M. (1992). *Jewish Life Style*. Translated into Korean by

Myung-ja Kim, Seoul: Jong-ro Books.

Stalnaker, Cecil. (1977). *The Examination and Implications of Hebrew Children's Education Through A. D. 70*. A Unpublished ThM Thesis, Biola University, Talbot School of Theology.

Stevenson, William. (1977). *90 minutes at Entebbe Airport*. Translated into Korean by Yoon Whan Jang. Seoul: Yulwhadang.

Swift, Fletcher H. (1919). *Education in Acient Israel from Earliest Times to 70 A. D.* The Open Court Publishing Company.

Talmud. Babylonian Edition.

_____. Jerusalem Edition.

TANAKH. The Jewish Bible. The Holy Scriptures by JPS, 1985.

Telushkin, Joseph. (1991). *Jewish Literacy*. New York, NY: William Morrow and Company, Inc.

_____. (1994). *Jewish Wisdom*. New York, NY: William Morrow and Company, Inc.

Theological Dictionary of the Old Testament Vol. 1. Edited by Botterweck & Ringgren, 1977, Grand Rapids, MI: Eerdman Publishing Company.

Thurow, Lester. (1985). *The Zero Sum Solution: "Is America a Global Power in Decline?"* Boston Globe, 20 March 1988, p. A22. New York, NY: Simon & Schuster.

Tillich, Paul. (1950). *Der Protestantismus: Prinzip und Wirklichkeit*. Stuttgart: Evangelisches Verlagswerk.

Times. *Armed & Dangerous*. April 27, 1998.

Tokayer, Marvin. (1979). 탈무드. 서울: 태종출판사. 김상기 역.

_____. (1989a). 짤막한 탈무드. 서울: 기독태인문화사. 김상구 역.

_____. (1989b). 유대인의 처세술. 서울: 민성사. 신기선 역.

_____. (1989c). 탈무드의 도전. 서울: 태종출판사. 지방훈 역.

_____. (2007). 탈무드 1. 서울: 동아일보.

_____. (2007). 탈무드 2(부제: 랍비가 해석한 모세오경). 현용수 편역. 서울: 동아일보.

_____. (2008). 탈무드 3(부제: 탈무드의 처세술). 현용수 편역. 서울: 동아일보.

_____. (2008). 탈무드 4(부제: 탈무드의 생명). 현용수 편역. 서울: 동아일보.

_____. (2009). 탈무드 5(부제: 유대인의 격언). 현용수 편역. 서울: 동아일보.

Touger, Malka. (1988a). *Sefer HaMitzvot Vol. 1.* New York, NY: Moznaim Publishing Corporation.

_____. (1988b). *Sefer HaMitzvot Vol. 2.* New York, NY: Moznaim Publishing Corporation.

Tournier, Paul. (1997). *The Gift of Feeling.* 서울: 한국기독학생회출판부(IVP).

Towns, Elmer. L. Editor. (1984). *A History of Religious Education.* Translated into Korean by Young-Kum Lim. Seoul: The Presbyterian Church of Korea, Department of Education.

Toynbee, Arnold J. (1958a). *A Study of History.* New York, NY: Oxford University Press.

_____. (1958b). *A Study of History.* New York, NY: Oxford University Press.

Twerski, Abraham J. (1992). *Living Each Week.* Brooklyn, NY: Mesorah Publications, Ltd.

Twerski, Abraham & Schwartz, Ursula. (1996). *Positive Parenting: Developing Your Child's Potential.* Brooklyn, NY: Mesorah Publications, Ltd.

Unger, M. F. (1957). *Unger's Bible Dictionary.* Chicago: Moody Press.

Unterman, Isaac. (1973). *The Talmud.* New York, NY: Bloch Publishing Company.

Vilnay, Zev. (1984). *Israel Guide.* Jerusalem: Daf-Chen.

Vine, W. E. (1985). *An Expository Dictionary of Biblical Words.* Nashville: Thomas Nelson Publishers.

Wagschal, S. (1988). *Successful Chinuch.* Jerusalem, Israel: Feldheim Publishers Ltd.

Walder, Chaim. (1992). *Kids Speak Children Talk About Themselves.* Jerusalem, Israel: Feldheim Publishers.

Walker,. et al. (1985). *A History of the Christian Church.* New York, NY: Charles Scribner Sons.

Washington Post. *Dole Plan on Shutdown.* 1996, Jan. 3.

_____. *Malaysia Prime Minister Warns Jews' Influence.* October 16, 2003.

Webster New Twentieth Century Dictionary. (2nd ed.). (1983). New York, NY: Simon & Schuster.

Widiger, Verheul and Brink. (1999). *Personality and Psychopathology.*

Handbook of Personality. Edited by Pervin and John. pp. 347-366, New York, NY: The Guilford Press.

Wilson, Marvin R. (1993). *Our Father Abraham, Jewish Roots of the Christian Faith*. Grand Rapid, MI: William B. Eerdmans Publishing Company.

World Book Encyclopedia Vol. 2. (1986). Chicago, IL: Field Enterprises Educational Corp.

World Book Encyclopedia Vol. 11. (1986). Chicago, IL: Field Enterprises Educational Corp.

Young, R. (1982). *Young's Analytical Concordance to the Bible*. Nashville: Thomas Nelson.

Zlotowitz, Meir. (1989). *Pirkei Avos Ethic of the Fathers*. Brooklyn, NY: Mesorah Publications, Ltd.

Zuck, Roy B. (1963). *The Holy Spirit in Your Teaching*. Scripture Press.

인터넷 자료

Alarming facts about the Cybersex Industry. http://www.enough.org, http://www.protectkids.com. 2003년 7월 29일.

http://www.arthurhu.com

곽근우. 일본 선교: http://www.hanbyul. 2003년 9월 1일.

_____. 일본 선교: http://www.sion.or.kr. 2003년 9월 2일.

http://la.koreadaily.com/Asp/Article.asp?sv=la&src=life&cont=life51&typ=1&aid=20080318151801600651

한국 자료

김무현. (2003). 명심보감 강의록. 발간되지 않은 강의 노트.

김영재. (2004). 쉐마지도자클리닉 간증문. 2004년 10월 21일.

김석환. 범죄 소굴로 변한 러시아 대도시. 중앙일보, 1995년 10월 16일, p. 3.

김종욱. (1998). 민족 번영을 위한 준비. 공군 정신교육원 햇불지 23호. 1998년.

동아 메이트 국어사전. (2002). 서울: 두산동아.

디지털 성결. *한국교인 76.5%, 교회 이동 경험 있다!* 2004년 1월 17일..
미주복음신문. *메아리 칼럼 연재.* 1994년 12월 11일.
_____. *캠퍼스 기도 부활 움직임.* 1994년 5월 15일.
_____. *미국, 세계 최대의 채무국으로 전락.* 1996년 1월 7일.
미주 크리스천 신문. *세계 속 한인의 어제와 오늘을 조명한다.* 1995년 10월 7일, p. 5.
_____. *모유와 우유의 차이점. 윤삼혁 건강 칼럼.* 1996년 2월 3일, p. 6.
박미영. *아이 기르기를 즐기는 이스라엘식 육아법을 아세요?* 라벨르(labelle), 1995년 8월호, pp. 381-393.
_____. (1995). *유대인 부모는 이렇게 가르친다.* 서울: 생각하는 백성.
박우희. *현대교육의 문제점.* 중앙일보, 1994년 10월 14일.
박윤선. (1980). *성경주석, 창세기 출애굽기.* 서울: 영음사.
_____. (1980). *성경주석, 레위기 민수기 신명기.* 서울: 영음사.
박태수(Thomas Park, MD). (1994). *미국은 과연 어디로 가고 있는가?* 서울: 하나의학사
박형룡. (1988). *박형룡 박사 저작전집 I. 서론, 교의신학.* 서울: 한국기독교교육연구소.
박희민. (1996). *'IQ는 아버지 EQ는 어머니 몫이다.'* 서평에서. 1997년 10월 26일.
변태섭. (1994). *한국사 통론.* 서울: 도서출판 삼영사.
성경: (1984). *현대인의 성경.* 생명의 말씀사.
성경: (1956). *한글판 개혁.* 대한성서공회.
신동아. *김태촌 조양은 40년 홍망사.* 2007년 6월 1일.
안희수. *100년 전 8월 1일의 치욕을 잊었는가.* 국방일보, 2007년 8월 1일.
양용희. *미국의 기분문화.* 두란노 뉴스, 2003년 11월 5일.
양춘자. *세상 과외공부 대신 성경 과외공부.* 신앙계, 1993년. 7월호, p. 51.
SBS스페셜. *젖과 꿀이 흐르는 땅. 유대인의 귀국.* 2005년 9월 26일.
엣센스 국어사전. (1983). 서울: 민중서림.
윤종호. *망국 백성의 슬픈 노래.* 크리스천 포스트, 1995년 8월 12일.
이기백. (1983). *한국사 신론.* 서울: 일조각.
이상근. (1990). *갈. 히브리 주석(8).* 서울: 성등사.
_____. (1989). *창세기 주석.* 서울: 성등사.
_____. (1990). *출애굽기 주석.* 서울: 성등사.
_____. (1990). *레위기 주석(상).* 서울: 성등사.
_____. (1994). *잠언·전도·아가서 주석.* 서울: 성등사.

이야기 신한국사. (1994). 신한국사연구회, 서울: 태을출판사.
이원설. 한국인의 병리 현상. 총신목회신학원 특강, 1995년 1월 9-20일, 서울: 한강호텔.
이회창. 정치가 법을 만들지만 법치는 정치의 위에 있다. 월간조선, 1995년 1월호.
일요신문. 사랑 못 받으면 세포 손상. 1997년 11월 8일, p. 8.
전인철. 책읽기 운동이 생활로 바뀌어야. 크리스천 신문(USA), 1995년 8월 19일, p. 12.
정수잔. 엄마 옛날 얘기해 주세요. 크리스천 헤럴드, 200년 9월 23일.
정훈택. (1993). 열매로 알리라. 서울: 총신대학 출판부.
조선일보. 이혼시 편부 부양 증가. 1996년 11월 19일.
_____. '오빠' 찾는 *10대 소녀 50만 명*. 2000년 1월 10일.
_____. '대도 조세형' 치과의사집 털다 들통. 2005년 3월 25일.
_____. '양은이파' 전 두목 조양은 씨 긴급 체포. 2007년 4월 14일.
_____. 친구 흉내 달라 중1 여학생이 성폭행 청부. 2007년 4월 16일.
중앙일보. 용서의 심리학 발표. 1994년 11월 19일.
_____. *제2 박한상, 교수인 아들이 범행*, 1995년 3월 20일.
_____. 국립 서울대학교 수재 뽑아 범재 만드는 교육 실상. 1995년 3월 20일
_____. 서강대 신입생 조사. 1995년 3월 24일.
_____. 신촌 유흥가 무기한 단속. 1995년 6월 3일
_____. *1천만 명이 전과자였다니*. 1995년, 8월 14일.
_____. 한국인 인질 9시간 만에 구출. 김석환. 1995년 10월 16일.
_____. 범죄 소굴로 변한 러시아 대도시. 김석환. 1995년 10월 16일.
_____. 모유 먹여야 산모 아기 모두 건강. 1995년 10월 18일.
_____. 치안 공백 동구권 곳곳에 위험. 1995년 10월 23일.
_____. *20대 흑인 40%가 전과자*. 1996년 2월 13일, 미주판.
_____. 미국의 정직도 이젠 옛말. 1996년 2월 24일, 미주판.
_____. 대학 캠퍼스 범죄 온상화. 1996년 4월 23일, 미주판.
_____. '한 유대인 어머니.' 전서영 칼럼. 1996년 4월 29일, 미주판.
_____. *여성 46%, 남성 28% 종교 집회 참석*. 1996년 5월 9일.
_____. 세대차 세계 최고. 1996년 10월 4일, p. 8.
_____. 먼저 용서하니 기쁨이 충만. 1998년 2월 13일, 미주판
_____. 나이 들수록 남자 뇌 여자보다 더 축소. 1998년 2월 13일, 미주판.

_____. 권영빈 칼럼, 역사 文盲이 늘고 있다. 1998년 4월 24일.
_____. 19세 미만 청소년 출입금지. 1998년 8월 9일.
_____. 한국문화 홍보는 한국인들의 몫. 2001년 10월 29일. 미주판.
_____. 김태촌 씨 '신앙으로 회개' 위선이었나. 2007년 2월 7일.
_____. "메이 아이 해브 어 캔디?" 채수호. 2007년 9월 13일. 미주판.
_____. "당신 초등학교 졸업 맞아?" 김성혜. 2007년 11월 16일. 미주판.
_____. 종교계 대북지원, 기독교가 절반. 2008년 3월 19일.
최찬영. 이민 목회와 21세기 기독교 선교의 방향. 크리스천 헤럴드, 1995년 9월 29일. USA.
KBS 뉴스 대담. EQ와 학업 성취도. 1997년 5월 26일.
크리스천 뉴스위크. 정기적인 예배자가 더 많은 선행 실천. 2003년 7월 25일.
크리스천 투데이. 인본주의 교육의 특징. 1998년 2월 20일.
_____. 교갱협, 목회자 의식조사, 한국 교회 최대과제 "신앙과 삶 불일치". 2005년 11월 9일.
크리스천 포스트. Single Mother의 문제들. 헨리 홍. 1993년 2월 16일.
크리스천 헤럴드. 장로 교단이 집계한 교세 현황. 1995년 9월 29일. USA.
피종진, 한국 교회의 미래. 나성영락교회 대예배 설교에서 발췌. 1995년 2월 26일.
하야시 다케히코(林建彦). (1989). 남북한 현대사. 서울: 삼민사.
한국일보. 흑인 20대 초반 절반이 갱. 1992년 5월 22일, 미주판.
_____. 섹스 미디어 범람 가장 큰 요인. 1993년 3월 23일, 미주판.
_____. 남녀 성격 유전적으로 다르다. 1993년 5월 11일, 미주판.
_____. 실록 청와대, '지는 별 뜨는 별'. 제 34회. 1993년 8월 24일.
_____. 친부모와 사는 미성년자, 백인 56.4, 흑인 25.9%. 1994년 8월 30일, 미주판.
_____. 해외토픽, 러 10대 女 25% '매춘부 희망.' 1997년 12월 8일.
_____. "오늘만이라노 학교 안 갔으면…". 2005년 11월 25일.
한국통계청. 2005 인구주택총조사. 2006년 5월 25일.
한승홍. (1991). 한국신학 사상의 흐름. 서울: 한국신학사상 연구원.
현용수. (1993, 2007). 문화와 종교교육. 서울: 쉐마.
_____. (1996, 1999, 2005). IQ는 아버지 EQ는 어머니 몫이다. 제1권, 서울: 쉐마.
_____. (1996, 1999, 2005). IQ는 아버지 EQ는 어머니 몫이다. 제2권, 서울: 쉐마.
_____. (1996, 1999, 2005). IQ는 아버지 EQ는 어머니 몫이다. 제3권, 서울: 쉐마.

_____. (2002, 2005). *부모여 자녀를 제자 삼아라. 제1권*, 서울: 쉐마.

_____. (2002, 2005). *부모여 자녀를 제자 삼아라. 제2권*, 서울: 쉐마.

_____. (2006). *잃어버린 지상명령 쉐마. 제1권*, 서울: 쉐마.

_____. (2006). *잃어버린 지상명령 쉐마. 제2권*, 서울: 쉐마.

_____. (2006). *유대인 아버지의 4차원 영재교육(아버지 신학). 제1권*, 서울: 동아일보.

_____. (2007). *자녀들아, 돈은 이렇게 벌고 이렇게 써라: 유대인 아버지의 경제교육(아버지 신학). 제2권*, 서울: 동아일보.

_____. (2007). *쉐마교육을 아십니까?* 서울: 쉐마.

혼비 영영한 사전(Oxford Advanced Learner's Dictionary of Current English as Hornby). (1987). 서울: 범문사.

이 책에 사용한 사진의 출처

Canon Institute 조한용 선생 제공 ⓒ, 미국 Los Angeles, CA. Tel. (213) 382-9229 USA(각 사진에 출처가 표기돼 있음).

Shema Christian Education Institute, ⓒ Yong-Soo Hyun, 3446 Barry Ave Los Angeles, CA 90066 USA. (각 사진에 출처가 표기 안 된 모든 사진들)

Solomon, Victor M. ⓒ (1992). Secret of Jewish Survival. Translated into Korean by Myung-ja Kim, Seoul: Jong-ro Books(각 사진에 출처가 표기돼 있음).

Wiesenthal Center Museum of Tolerance, ⓒ Jim Mendenhall, 9786 West Pico Blvd. , Los Angeles, CA USA. 90035-4792 Tel. (310)553-8403 제공 (각 사진에 출처가 표기돼 있음)

Yad Vashem, P.O. Box 3477, Jerusalem, Israel. Tel. 751611 (각 사진에 출처가 표기돼 있음)

교육학 교과서(고등학교, 서울시 교육감 인정): 교학사(1998).

참고 사항

1. 이 책에 사용된 사진의 불법 복사 및 사용을 금합니다.
2. 만약 독자가 이 책에 포함된 사진을 사용하기를 원할 때에는 반드시 사진작가의 허가를 받아야 합니다.
3. 이 책의 저자 이외의 사진은 저자가 권한을 갖고 있지 않으므로 위의 주소로 직접 연락하시기 바랍니다.

교육 혁명이 시작되었습니다!
- 가정교육 · 교회교육 · 교회성장 위기의 대안 -

자녀교육 + 교회성장 고민하지요?

Q1: 왜 현대 교육은 점점 발달하는 데 인성은 점점 더 파괴되는가?
Q2: 왜 자녀들이 부모와 코드가 맞지 않아 갈등을 빚는가?
Q3: 왜 대학을 졸업하면 10%만 교회에 남는가? 교회학교의 90% 실패 원인은?
Q4: 왜 해외 교포 자녀들이 남은 10%라도 부모교회를 섬기지 않는가?
Q5: 왜 현대인에게 전도하기가 힘든가?

근본 대안은 유대인의 인성교육과 쉐마교육에 있습니다

- 어떻게 유대인은 위의 문제를 4,000년간 지혜롭게 해결하고 세계를 지배하고 있는가?
- 어떻게 유대인은 아브라함 때부터 현재까지 세대차이 없이 자손 대대로 말씀을 전수하는데 성공했는가?

■ 쉐마교육연구원은 무슨 일을 하나?

1. 2세 종교교육 방향제시
혼돈 속에 있는 2세 종교교육의 방향을 성경적이고 과학적인 연구에 의해 옳은 방향으로 제시해 준다.

2. 성경적 기독교교육 재정립
유대인의 자녀교육과 기존 기독교교육 자료를 중심으로 백년대계를 세울 수 있도록 한국인에 맞는 기독교교육 방법을 재정립한다.

3. 한국인에 맞는 기독교교육 자료(내용) 개발
현 한국 및 전 세계 한국인 디아스포라를 위해 한국인의 자녀교육에 맞는 기독교교육 내용을 개발한다.

4. 해외 및 기독교교육 문제 연구
시대와 각 지역 문화의 변화에 대처하기 위해 계속 연구하고 대안을 제시한다.

5. 교회교육 지도자 연수교육
각 지교회에 새로운 교회교육 지도자를 양성 보충하며 기존 지도자의 필요를 충족시켜준다.

6. 청소년 선도 교육 실시
효과적인 청소년 교육 프로그램을 개발하여 선도교육을 실시한다.

7. 효과적 성서 연구 및 보급
성경을 교육학적으로 보다 깊이 연구하고 효과적인 전달 방법을 개발하여 이를 보급한다.

8. 세계 선교 교육
본 연구원의 교육 이념과 자료가 세계 선교로 이어지게 한다.

■ '쉐마지도자클리닉'이란 무엇인가?

쉐마교육연구원은 세계 최초로 현용수 교수에 의해 설립된, 인간의 인성과 성경적 쉐마교육을 가르치는 인성교육 전문 교육기관이다. 본 연구원에서 가르치는 핵심 교육의 내용 역시 현 교수가 하나님이 주신 지혜로 계발한 것들이며, 거의 모두가 세계 최초로 소개된 인성교육의 원리와 실제를 함께 가르치는 성경적 지혜교육이다. 본 연구원은 바른 인성교육 원리와 쉐마교육신학으로 가정교육·교회교육·교회성장 위기의 대안을 제시해 준다.

쉐마교육연구원에서 주관하는 '쉐마지도자클리닉'은 전체 3학기로 구성되어 있다. 1주 집중 강의로 3차에 걸쳐 제1학기는 '유대인을 모델로 한 인성교육 노하우', 제2학기는 '유대인의 쉐마교육'이 국내에서 진행된다. 제3학기는 '유대인의 인성 및 쉐마교육 미국 Field Trip'으로 미국에서 진행되며 현용수 교수의 강의는 물론 LA에 소재한 유대인 박물관, 정통파 유대인 회당 및 안식일 가정 절기 견학 등 그들의 성경적 삶의 현장을 견학하고, 정통파 유대인 랍비의 강의, 서기관 랍비의 양피지 토라 필사 현장 체험을 한 후 현지에서 졸업식으로 마친다.

3학기를 모두 마친 이수자에게는 졸업 후 쉐마를 가르칠 수 있는 'Teacher's Certificate'를 수여하여 자신이 섬기는 곳에서 쉐마교육을 가르칠 수 있도록 도와준다.

■ 누가 참석해야 하는가?

- 기존 교육에 한계를 느끼고 자녀교육과 교회학교 문제로 고민하시는 분.
- 한국 민족의 후대 교육을 고민하며 그 대안을 간절히 찾고자 하시는 분.
- 하나님의 말씀을 자손에게 물려줄 수 있는 비밀을 알고자 하시는 분.
- 유대인의 효도교육의 비밀과 천재교육+EQ교육의 방법을 알고자 하는 분.

미국 : 3446 Barry Ave. Los Angeles, California 90066 USA
쉐마교육연구원 (310) 397-0067
한국 : 02)3662-6567, 070-4216-6567, Fax. 02)2659-6567
www.shemaiqeq.org shemaiqeq@naver.com

IQ · EQ 박사 현용수의
유대인 자녀교육 총서

	인성교육론 시리즈	쉐마교육론 시리즈	탈무드 시리즈
1	인성교육론 + 쉐마교육론의 총론: IQ는 아버지 EQ는 어머니 몫이다 (쉐마) 전3권		탈무드 1 : **탈무드의 지혜** (원저 마빈 토카아어, 편저 현용수, 동아일보사)
2	현용수의 인성교육 노하우 1 - 인성교육이란 무엇인가 - (동아일보)	부모여, 자녀를 제자삼아라 (쉐마) 전2권 - 유대인 자녀교육이 필요한 이유 -	탈무드 2 : **탈무드와 모세오경** (이하 동)
3	현용수의 인성교육 노하우 2 - 인성교육의 본질과 원리 - (동아일보)	잃어버린 구약의 지상명령 쉐마 (쉐마) 전3권 - 교육신학의 본질 -	탈무드 3 : **탈무드의 처세술** (이하 동)
4	현용수의 인성교육 노하우 3 - 인성교육과 EQ + 예절 교육 - (동아일보)	유대인 아버지의 4차원 영재교육 (동아일보) - 아버지 신학 -	탈무드 4 : **탈무드의 생명력** (이하 동)
5	현용수의 인성교육 노하우 4 - 다문화 속 인성 · 국가관 - (동아일보)	자녀들아, 돈은 이렇게 벌고 이렇게 써라 (쉐마) - 경제 신학 -	탈무드 5 : **탈무드 잠언집** (이하 동)
6	문화와 종교교육 (쉐마) - 박사 학위 논문을 편집한 책 -	자녀의 효도교육 이렇게 시켜라 (쉐마) 전3권 - 효신학 -	탈무드 6 : **탈무드의 웃음** (이하 동)
7	IQ · EQ박사 현용수의 쉐마교육 개척기 (쉐마) - 자서전 -	신앙명가 이렇게 시켜라 (쉐마) 전2권 - 가정 신학 -	옷을 팔아 책을 사라 (원저 빅터 솔로몬, 편저 현용수, 쉐마)
8	가정해체로 인한 인성교육 실종 대재앙을 막는 길 (쉐마) - 논문 -	성경이 말하는 남과 여 한 몸의 비밀 (쉐마) - 부부 · 성 신학 -	
9		성경이 말하는 어머니의 EQ 교육 (쉐마) 전2권 - 어머니 신학 -	
10		한국형 주일가정식탁예배 예식서, 순서지 (쉐마) - 가정예배 -	
11		하나님의 독수리 자녀교육 (쉐마) - 고난교육신학 1 -	
12		유대인의 고난의 역사교육 (쉐마) - 고난교육신학 2-	

이런 순서로 읽으세요 (전 36권)

인성교육론과 쉐마교육론

- 전체 유대인 자녀교육에 대한 개론을 알려면
  - 《IQ는 아버지 EQ는 어머니 몫이다》(전3권)
- 유대인을 모델로 한 인성교육의 원리를 이해하려면
  - 《현용수의 인성교육 노하우》(전4권)
- 인성교육론이 나오게 된 학문적 배경을 이해하려면
  - 《문화와 종교교육》(현용수의 박사 학위 논문)
  - 《IQ·EQ 박사 현용수의 쉐마교육 개척기》(현용수 박사의 자서전)
- 왜 기독교교육에 유대인의 선민교육이 필요한지를 알려면
  - 《부모여 자녀를 제자 삼아라》(전2권)
- 쉐마교육론(교육신학)이 나오게 된 성경의 기본 원리를 알려면
  - 《잃어버린 구약의 지상명령 쉐마》(전3권)
    (쉐마와 자녀신학이 포함됨)
- 가정 해체와 인성교육과의 관계를 알려면
  - 《가정 해체로 인한 인성교육 실종 대재앙을 막는 길》

각 쉐마교육론을 더 깊이 연구하려면 다음 책들을 읽으세요

- 아버지 신학 《유대인 아버지의 4차원 영재교육》
- 경제 신학 《자녀들아, 돈은 이렇게 벌고 이렇게 써라》
- 효 신학 《자녀의 효도교육 이렇게 시켜라》(전3권)
- 가정 신학 《신앙명가 이렇게 세워라》(전2권)
- 부부·성 신학 《성경이 말하는 남과 여 한 몸의 비밀》
- 어머니 신학 《성경이 말하는 어머니의 EQ 교육》(전2권)
- 가정예배 《한국형 주일가정식탁예배 예식서》(별책부록: 순서지)
- 고난교육신학 1 《하나님의 독수리 자녀교육》
- 고난교육신학 2 《유대인의 고난의 역사교육》

앞으로 더 많은 교육 교재가 발간될 예정입니다. 계속 기도해 주세요.